Erich Schaake

Condoleezza Rice

Erich Schaake

Condoleezza Rice

Die Frau an der Spitze der Macht

Mit 22 Abbildungen

Herbig

Danksagung

Mein besonderer Dank gilt Eckhart Neumann, der die Entstehung des Manuskripts kritisch begleitet hat, sowie Ulrich Staudinger, der meine Arbeit an diesem Buch unterstützt hat.

E. S., im Januar 2004

Der Abdruck des Interviews mit Condoleezza Rice, S. 249–253, erfolgt mit freundlicher Genehmigung von Nathan Gardels.

Besuchen Sie uns im Internet unter:
http://www.herbig-verlag.de

Der Autor wird vertreten durch das Medienbüro München.
Umschlaggestaltung: Wolfgang Heinzel
Umschlagbild: Reuters/Kevin Lamarque
Herstellung und Satz: VerlagsService Dr. Helmut Neuberger
& Karl Schaumann GmbH, Heimstetten
Gesetzt aus der 12/14,3 Punkt Adobe-Garamond
Drucken und Binden: GGP Media GmbH, Pößneck
Printed in Austria
ISBN 3-7766-2382-9

Inhalt

Statt eines Vorworts

An einem Sonntag in »Bombingham«

Ich bin in Birmingham,
weil hier das Unrecht zu Hause ist.
Dr. Martin Luther King jr.

Der türkisfarbene Chevrolet mit den vier weißen Männern kam aus jenem Stadtteil Birminghams, in dem sich die typischen amerikanischen Südstaatenhäuser mit überdachten Veranden idyllisch aneinander reihen. Doch die Idylle täuschte. Denn die Männer in dem Auto fühlten sich wie Kreuzritter, die einen heiligen Krieg führten: Krieg gegen »Nigger«. Sie verwendeten das Wort »Nigger« wie die Nazis das Wort »Juden«, und in ihren Augen war es keine Sünde, einen »Nigger« zu killen.

Während sie in Richtung Stadtmitte fuhren, empfanden sie ein eigentümliches Gefühl der Vorfreude. Sie starrten gespannt durch die Windschutzscheibe und hielten nach der Baptistenkirche in der 16. Straße Ausschau. Das Gotteshaus galt als Zitadelle der schwarzen Bürgerrechtler, die für die Aufhebung der Rassentrennung kämpften. Und ihr prominentester Vertreter war Martin Luther King junior.

Der schwarze Prediger war am 12. April 1963 verhaftet worden. In einem berühmt gewordenen offenen Brief aus dem Gefängnis schrieb er: »Ich bin in Birmingham, weil hier das Unrecht zu Hause ist.«

Die Männer in dem Auto ließ diese Anklage kalt. Sie hielten sich für »White Knights of the Ku Klux Klan«, weiße Übermenschen, und sie trugen ihren Rassenhass stolz wie ein Parteiabzeichen. In ihren Augen waren schwarze Menschen »Nigger«, hässliche Tiere mit krausem, fettigem Haar, die in stinkenden, schmutzigen Wellblechhütten lebten und weiße Frauen belästigten. Diese Tiere mussten ausgerottet werden, damit in Birmingham wieder Recht und Ordnung herrschten.

Und dafür war den Männern jedes Mittel recht. Sie hatten die Lynchjustiz zwar nicht erfunden, aber sie hatten eine andere Methode entwickelt, mit der sie ein paar »Nigger« in die Luft jagen wollten – eine selbst gebastelte Höllenmaschine aus zehn Dynamitstäben.

Langsam näherte sich der Chevrolet dem Kelly Ingram Park im Stadtzentrum. Direkt gegenüber lag die Baptistenkirche in der 16. Straße. Die Männer starrten auf das Eingangsportal. Es war kurz nach 10 Uhr an diesem Sonntag, dem 15. September 1963: Etwa 400 schwarze Gemeindemitglieder, darunter 80 Kinder, hatten sich in der Baptistenkirche zum Gottesdienst versammelt. Das Thema dieses Sonntags war »die Liebe, die vergibt«.

Vier schwarze Mädchen im Alter von elf bis 14 Jahren hüpften fröhlich die Treppe hinunter, die von der Eingangshalle ins Untergeschoss führte, wo sie in den Umkleideräumen ihre Chorgewänder anziehen wollten. Sie fühlten sich in der Kirche in Sicherheit und ahnten nichts Böses.

Draußen blieb der Chevrolet kurz vor dem Gotteshaus mit laufendem Motor stehen. Die Männer hatten die Seitenfenster heruntergekurbelt und konnten aus dem Gebetshaus das Singen hören. Die Gemeinde sang zu Gott und bat um Gnade.

Auch die Killer in dem Chevrolet hielten sich für fromm. Sie beteten, in weiße Kutten gehüllt, im nächtlichen Schein von

Feuerkreuzen für die Vorherrschaft des weißen Mannes. Ihre Religion hieß Amerika. Aber ein Amerika, in dem Schwarze unerwünscht waren – mit Ausnahme von schwarzen Mädchen, an denen sich die Klansmänner vergehen und so ein bisschen zum Bleichen der schwarzen Rasse beitragen konnten. Ein Schwarzer, der mit einer weißen Frau das Gleiche tat, wurde ausgepeitscht, seine Genitalien wurden mit einem glühenden Schüreisen verstümmelt und er bekam ein »KKK« auf die Stirn gebrannt.

Die Männer lauschten dem Gesang, der aus der Kirche kam und in der Straße widerhallte. Deutlich konnten sie die hellen Stimmen von Kindern hören.

»Verdammte kleine Niggerbande«, sagte der Anführer der Gruppe. »Denen wird das Singen gleich vergehen«, antwortete einer seiner Kumpane.

Er schnappte sich die Bombe, stieg aus dem Wagen und deponierte die Dynamitladung unter den Eingangsstufen der Kirche. Dann brannte er seelenruhig die Zündschnur an und ging einige Häuserblocks weiter in Deckung.

Die Bombe explodierte um 10.24 Uhr. Die Mauern der Kirche knirschten. Im Inneren wurden die Menschen von der Druckwelle zu Boden geschleudert. Glühende Splitter fegten durch die Luft. Rauch und Staubfontänen quollen herein.

Der Killer hörte, wie das Singen mit einem Schlag verstummt war. Stattdessen gellten Schreie des Entsetzens. Aus sicherer Entfernung konnte er sehen, dass die Bombe ein Loch in die Ostseite der Kirche gerissen hatte. Fenster, Wände und Türen waren geborsten.

Das Chaos, das im Inneren ausgebrochen war, konnte er nicht sehen. Es hätte ihn auch kalt gelassen. 20 Gemeindemitglieder waren von Splittern getroffen und zum Teil schwer verletzt worden.

»Als uns die Explosion traf, waren wir für eine Minute taub«, berichtete ein Überlebender. »Beizender Rauch und Ruß raubten uns den Atem. Überall waren Schreie und Blut. Alle rannten in Panik aus der Kirche.«

Die Mädchen, die sich in den Umkleideräumen im Untergeschoss aufhielten, hatten keine Chance, der Hölle zu entkommen. Nur Sarah Collins und ihre Schwester Flora überlebten das Inferno wie durch ein Wunder.

»Meine Schwester Addie hatte gerade ihr Chorgewand angelegt und meine ältere Schwester Flora war dabei, ihr das kurze Haar zu kämmen, als es passierte«, berichtete Sarah. »Plötzlich waren meine Augen voller Glassplitter. Aber ich fühlte in diesem Augenblick keinen Schmerz. Ich kann mich nur erinnern, dass ich ›Addie, Addie‹ rief. Aber sie antwortete nicht. Das Letzte, was ich sah, war ein kleiner brauner Schuh, der ihr gehörte.«

Dann verschwamm alles vor Sarahs Augen. Doch irgendwie gelang es ihr, sich zusammen mit ihrer Schwester Flora in Sicherheit zu bringen. Addie und drei andere Mädchen schafften es nicht. Feuer versperrte ihnen den Weg. Sie sahen, wie der rote Schein rasend näher kam. Sie hörten die Luft zischen und begannen leise zu wimmern. Aber sie wimmerten vergebens. Niemand hörte sie in dem Inferno.

Sie schmiegten sich aneinander und kauerten sich auf den Boden. So wurden sie auch später von den Bergungstrupps gefunden: Carole Robertson, Cynthia Wesley, Denise McNair und Addie Mae Collins, die verkohlten Hände ineinander verkrallt.

Sarah Collins hatte 23 Glassplitter im rechten Auge, als man sie ins Krankenhaus brachte. Blut rieselte über ihr Gesicht. Sie wusste nicht, dass ihre Schwester ums Leben gekommen war. In der Folgezeit wunderte sie sich allerdings, dass Addie sie nicht besuchte. Die Eltern erklärten Sarah, dass Addie bei dem

Attentat verletzt worden sei und deshalb nicht kommen könnte. Sie befürchteten, dass Sarah durch die Todesnachricht einen folgenschweren Schock erleiden würde.

Sarah musste drei Monate im Krankenhaus mit bandagierten Augen verbringen. Ihr rechtes Auge konnten die Ärzte nicht retten. Die grausame Wahrheit, dass Addie bei dem Attentat ums Leben gekommen war, erfuhr sie erst Wochen später, als sie zufällig ein Gespräch zwischen ihrer Schwester Janie und einer Krankenschwester mithörte.

Addie war 14 Jahre alt und das siebte von acht Kindern von Oskar und Alice Collins. Die Collins waren die sozial schwächste Familie, die bei dem Anschlag ein Kind verlor. Oskar arbeitete als Hausmeister, Alice als Näherein. Addie und ihre Geschwister halfen der Mutter beim Verkauf von handgemachten Schürzen und Topflappen aus Baumwolle. Nach der Schule tingelten die Kinder von Haus zu Haus und boten die Artikel für 50 Cents an und besserten auf diese Weise die Haushaltskasse auf.

Carole Robertson, 14 Jahre alt, war sehr musisch veranlagt. Sie sang im Schulchor, nahm Ballettunterricht und interessierte sich auch für modernen Jazztanz. Ihr Vater war »Bandmaster«, Leiter des Orchesters, an einer Grundschule, ihre Mutter Bibliothekarin.

Cynthia Wesley, ebenfalls 14 Jahre alt, war das Adoptivkind von Claude und Gertrude Wesley, ein Mädchen von zierlichem Wuchs mit einem schmalen Gesicht. Sie galt als fröhlich und aufgeweckt, liebte Soulmusik und Partys. Die Mutter nähte die Kleider für sie. Cynthia besuchte die Ullman High School und tat sich besonders durch sehr gute Leistungen in Mathematik hervor.

Denise McNair war mit 13 Jahren das jüngste Opfer. Ihre Freundinnen nannten sie »Niecie«. Sie liebte ihre Puppen und hatte ein Herz für Kranke. Jährlich organisierte sie in der Nachbarschaft eine Kollekte für Kinder, die unter Mangelerscheinungen litten.

Die Identifizierung der vier bei dem Bombenanschlag getöteten Mädchen war äußerst schwierig. Sie waren wie Fackeln verbrannt. Cynthias Identität konnte nur aufgrund eines Rings ermittelt werden, den ihr eine Freundin geschenkt hatte. Cynthias Vater identifizierte das Schmuckstück.

Zum Zeitpunkt, als die Bombe in der Baptistenkirche in der 16. Straße explodierte, befand sich Condoleezza Rice etwa zwei Meilen vom Tatort entfernt in einer anderen Kirche, der »Westminster Presbyterian Church«, an der ihr Vater als Prediger wirkte.

Als sie die Explosion hörte, spürte sie fast gleichzeitig, wie der Boden unter ihren Füßen vibrierte. Dann erklangen die Sirenen. Condoleezza war zwar erst neun Jahre alt, aber sie wusste, was dies bedeutete. Es war der Krieg weißer Männer gegen Menschen mit schwarzer Haut.

Als schwarzes Mädchen wurde Condoleezza in ihrer Geburtsstadt Birmingham fast täglich mit diesem Terror konfrontiert. Sie hatte schon früh gelernt, dass es die Leute mit der weißen Hautfarbe waren, vor denen sie sich in Acht nehmen musste. Die Eisen- und Stahlstadt mitten im Süden von Alabama war in den sechziger Jahren berüchtigt als der Ort mit der schärfsten Rassentrennung – das amerikanische »Johannesburg«. Eine Stadt der Angst, der Schikanen und des Todes. Ihr Spitzname lautete »Bombingham«.

Mit selbst gebastelten Bomben versuchten weiße Rassisten die schwarze Bevölkerung einzuschüchtern. Der Ku-Klux-Klan griff Pastoren an, bombte schwarze Schulen, Kirchen und Wohnhäuser. Das Attentat vom 15. September 1963 war der 25. Anschlag in acht Jahren und der dritte in elf Tagen. Viele

Schwarze waren bereits durch die Gewalt der weißen Terroristen gestorben.

Heute erinnert eine nachgestellte Szene im »Civil Rights Institute« von Birmingham an die Ächtung der Schwarzen vor 40 Jahren: An einer langen Theke sitzt ein Weißer und isst. Ein schwarzes Mädchen steht verloren in der Ecke und schaut sehnsüchtig zu.

Wie dieses Mädchen ist auch Condoleezza Rice in ihrer Kindheit durch die Rassendiskriminierung, die durch die so genannten Jim-Crow-Gesetze zementiert war, gedemütigt worden. Sie bekam täglich zu spüren, was dies bedeutete: Du bist zweitklassig, du zählst nichts, du bist den Weißen unterlegen, du hast den Mund zu halten.

Das war eine harte Lektion. Sie durfte nicht mit ihnen am gleichen Tresen essen und musste ihre Hamburger am Hinterausgang abholen. Sie durfte nicht aus den gleichen Wasserspendern trinken wie Weiße und auch nicht die gleichen öffentlichen Toiletten benutzen. Sie musste im Bus ihren Platz abgeben, wenn weiße Leute auf diesem Platz oder in der gleichen Reihe sitzen wollten. Und sie durfte nicht in den gleichen öffentlichen Parks wie die weißen Kinder spielen. Weiße Kinder waren in Birmingham die Crème, Schwarze der Aussatz.

Langston Hughes, Dichter und Kämpfer der schwarzen Emanzipation, hat in einem Gedicht beschrieben, was es damals bedeutete, ein »coloured child« – farbiges Kind – zu sein. Da sucht ein kleines schwarzes Mädchen auf einem Jahrmarkt an einem Karussell die »Jim-Crow-Sektion«: »Mister (...), wo ist hier das Pferd für ein schwarzes Kind?«

Der weiße Polizeichef Theophilus Eugene »Bull« Connor sorgte dafür, dass die Rassentrennung eingehalten wurde. Er regierte die Stadt schon seit 23 Jahren mit Brutalität, Rassenhass und Terror. Er ließ Bürgerrechtler niederknüppeln und Hunde auf schwarze Kinder hetzen.

Sheriff Connor unternahm nichts, um die Täter des Bombenanschlags auf die Baptistenkirche in der 16. Straße zu ermitteln. Er hielt es für Zeitverschwendung. Die lokale Gerichtsbarkeit lag in den Händen der Weißen und eine weiße Jury hätte zu jener Zeit niemals einen Weißen für ein Verbrechen an einem Schwarzen bestraft. Das FBI kannte sogar die Bombenleger, verhinderte aber jahrelang deren Festnahme.

In einem solchen Klima des Rassenhasses und der Paranoia war es damals auch möglich, dass Reverend Connie Lynch, Pastor der »Jesus Christus Church« und Sprecher des Ku-Klux-Klan, den Tod der vier Mädchen folgendermaßen kommentierte:

»Und ich sage euch, wenn man je die Leute findet, die die Kirche in die Luft gesprengt haben, dann sollte man ihnen Medaillen geben. Jemand sagte: Ist es nicht eine Schande, dass so kleine Kinder getötet wurden? Erstens: Sie waren nicht klein. Sie waren 14, 15 Jahre alt gewesen – alt genug, um Geschlechtskrankheiten zu haben, und es würde mich nicht wundern, wenn sie nicht eine oder mehrere gehabt hätten. Zweitens: Sie waren keine Kinder. Kinder sind kleine Leute, kleine Menschen – und das heißt Weiße. Es gibt kleine Hunde und kleine Katzen und kleine Affen und kleine Paviane und kleine Stinktiere, und es gibt kleine Nigger. Aber das sind keine Kinder. Das sind bloß kleine Nigger.«

Denise McNair, das jüngste der bei dem Bombenanschlag getöteten vier Mädchen, war eine enge Freundin von Condoleezza Rice. Sie hatte Denise im Kindergarten kennen gelernt und sie hatten oft viele Stunden zusammen verbracht. Ihr Tod muss ein schrecklicher Schock und zugleich ein traumatisches Schlüsselerlebnis für sie gewesen sein.

Neben Martin Luther King kamen Tausende Trauernde zur Beerdigung der Mädchen. Als Condoleezza die vier kleinen Särge sah und Abschied von Denise nahm, realisierte sie vermutlich zum ersten Mal in vollem Umfang, dass sie in einer Stadt lebte, in der das Leben von Schwarzen keinen Cent wert war. Schwarze waren Freiwild. Und selbst vor Kindern machte das Monster des Rassenhasses nicht Halt.

Bisher hatte sich Condoleezza einigermaßen sicher gefühlt. Ihre Eltern hatten versucht, ihr Liebe und Geborgenheit zu geben und sie vor Übergriffen weißer Rassisten zu schützen. Jetzt war sie zum ersten Mal ganz persönlich mit der grausigen Wirklichkeit konfrontiert worden. Die Bombe, die Denise tötete, hätte genauso gut in der »Westminster Presbyterian Church«, der Kirche ihres Vaters, explodieren können. Statt Denise hätte es dann sie getroffen, und sie läge jetzt in einem dieser kleinen Särge.

Sie musste mit diesem Albtraum leben. Wie fürchterlich ohnmächtig muss sie sich damals gefühlt haben? Liegt in diesem Kindheitstrauma der Schlüssel für ihren weiteren Lebensweg, dem Streben nach absoluter Sicherheit, Kontrolle und Macht?

Zunächst war Condoleezza nur traurig und wütend. Sie verstand nicht, dass sich die Schuldigen des Massakers viele Jahre lang ihrer Taten brüsten konnten, ohne dass sie zur Rechenschaft gezogen wurden. Die weißen Rassisten glaubten, sie könnten ungestraft morden, und sie konnten es lange Zeit tun. Sie waren bekannt, aber die Zeugen schwiegen aus Angst vor dem Ku-Klux-Klan. Tatsächlich blieb das Verbrechen zunächst bis in die neunziger Jahre ungesühnt, während es für schwarze Angeklagte in der damaligen Zeit vor US-amerikanischen Gerichten keinerlei Pardon gab.

Bereits 18 Monate nach dem Anschlag auf die Baptistenkirche in der 16. Straße hatte das FBI die Täter im Visier. Ein

Agent berichtete in einem Protokoll an FBI-Direktor J. Edgar Hoover: »Die Bombardierung trägt die Handschrift der ehemaligen Ku-Klux-Klan-Männer Bobby Frank Cherry, Hermann Frank Cash, Thomas E. Blanton und Robert Chambliss.« Sie seien als notorische Rassisten bekannt und Chambliss als »Dynamite Bob«. Als Beweise dienten Tonbänder mit Aufnahmen der Klanmitglieder. Das FBI hatte Wanzen in der Küche von Blanton angebracht und mehrere Gespräche, die er mit seiner Frau führte, mitgeschnitten.

Einmal erzählte ihr Blanton von einem »Meeting« des Ku-Klux-Klan: »Wir hatten dieses Treffen, um die Bombe zu machen.«

Seine Frau: »Tommy, über welche Bombe sprichst du?«

Bei einer anderen Gelegenheit sagte Blanton: »Die kriegen mich nicht, wenn ich nächste Woche die Kirche in die Luft sprenge.«

Ein anderes Mal protzte er: »Ich geh gern mit dem Gewehr schießen, ich geh gern jagen, und ich gehe gern Bomben legen.«

Der Lastwagenfahrer Bobby Frank Cherry brüstete sich ebenfalls gegenüber seiner Frau mit dem Anschlag: »Die Zündschnur habe ich angebrannt.« Und seiner Enkeltochter erzählte er: »Ich habe mitgeholfen, ein paar Nigger in Birmingham in die Luft zu jagen.«

Trotz dieser erdrückenden Beweise geschah nichts. Die Bundespolizei verhinderte, dass die Tonbandaufzeichnungen publik wurden und als Beweismaterial gegen die Tatverdächtigen in einem Prozess eingesetzt werden durften. Begründung: Solche Abhörmaßnahmen seien nicht zulässig.

Die Gerechtigkeit ließ sich viel Zeit: Erst 14 Jahre später war die amerikanische Justiz so weit, dass sie Richard Chambliss, den Anführer der Birminghamer Ku-Klux-Klan-Gruppe, vor Gericht stellte. In den sechziger Jahren wäre ein Verfahren gegen ihn nicht möglich gewesen; die Jury hätte aus weißen Männern bestanden. Er wurde zu lebenslanger Haft verurteilt und starb acht Jahre später im Gefängnis.

Verspätete Gerechtigkeit erfolgte auch im Fall seiner Komplizen. 1993 einigten sich FBI und schwarze Kirchenführer auf eine Aufnahme des Verfahrens gegen Thomas E. Blanton und Bobby Frank Cherry. FBI-Agent Rob Langford hatte 9000 Dokumente und Bandaufzeichnungen entdeckt, die das Büro Birmingham in den sechziger Jahren zusammengetragen, aber gegenüber der Staatsanwaltschaft unterschlagen hatte. Doch das Verfahren gegen Cherry wurde zunächst wegen Zweifel an dessen Zurechnungsfähigkeit abgetrennt.

Im Prozess gegen Blanton setzte sich die Jury aus einem Afroamerikaner, drei schwarzen und acht weißen Frauen zusammen. Reverend Cross, der Pastor der Baptistenkirche in der 16. Straße, schilderte dem Gericht in bewegenden Worten, wie er die Leichen der Mädchen in den Trümmern fand: »Sie lagen eine auf der anderen, eng umschlungen.«

Blantons Verantwortung für den Anschlag auf die Kirche wurde vor allem mittels mehrerer Tonbandaufzeichnungen nachgewiesen, auf denen er über die Planung des Attentats sprach. Aber auch etliche Zeugen der Anklage beschrieben ihn als »militanten Schwarzenhasser«. Waylene Vaughn, eine ehemalige Freundin, berichtete, Blanton habe sich einen Spaß daraus gemacht, Säure auf die Autositze von Schwarzen zu kippen. Blanton wurde zu lebenslanger Haft verurteilt.

Hermann Frank Cash starb 1994, ohne dass er jemals vor einem Gericht zur Verantwortung gezogen wurde. Der letzte noch lebende Täter des Ku-Klux-Klan-Anschlags, Bobby Frank Cherry, stand 2002 vor Gericht. Der 71-Jährige spielte den Unschuldigen. »Ich weiß nicht, warum ich hier bin. Ich habe nichts mit dem Attentat zu tun.« Aber ein Zeuge belastete den

Angeklagten schwer. Er hatte Cherry zwei Blöcke von der Kirche entfernt kurz nach dem Bombenanschlag gesehen: »Er sah wie ein Brandstifter aus, der auf sein Feuer aufpasst.«

Lebenslänglich – so lautete im Mai 2002 das Urteil der Geschworenen gegen Cherry. Fast 40 Jahre hatte es gedauert, um das abscheuliche Verbrechen zu sühnen. Aber nicht nur für die afroamerikanische Bürgerrechtsbewegung war dies ein Meilenstein in der Aufarbeitung des damals herrschenden Rassenterrors.

Auch Condoleezza Rice wird die späte Gerechtigkeit mit Genugtuung registriert haben. Sie hatte inzwischen das scheinbar Unmögliche geschafft: Getreu ihrem Credo »Schwarze Amerikaner vom Schlage meiner Großeltern haben sich selbst befreit«, hatte auch sie sich trotz aller Widrigkeiten von der Herrschaft der »Halbgötter in Weiß« befreit.

Aber als »black woman« musste sie sich sogar zweimal emanzipieren. Einmal als Schwarze und außerdem als Frau in einer vorwiegend von Männern dominierten Welt. Nichts für naive und zarte Seelen: Vier Jahrzehnte später ist sie in die oberste Liga der amerikanischen Politik vorgestoßen, die bisher nur Weißen vorbehalten war. Sie berät den 43. Präsidenten der USA, George Bush junior, als nationale Sicherheitsberaterin. Ihr Büro im Weißen Haus an der Washington Pennsylvania Avenue ist nur wenige Schritte vom »Allerheiligsten«, dem Oval Office und Amtszimmer des Präsidenten und Zentrum der Weltmacht, entfernt.

Amerika liebt Superstars. Und so liest sich auch die offizielle Biografie, die vom Weißen Haus nach der Ernennung von Condoleezza Rice zur nationalen Sicherheitsberaterin im Januar 2001 herausgegeben wurde, wie eine perfekte amerikanische Erfolgsstory.

Bereits im Alter von 15 Jahren wird Rice an der Universität von Denver aufgenommen, besucht Kurse bei dem ehemaligen tschechischen Diplomaten Joseph Korbel, dem Vater der späteren Außenministerin Madeleine Albright, und erhält mit 19 ihren Bachelor (cum laude) in Politikwissenschaften. Anschließend setzt sie ihr Studium an der University of Notre Dame in Indiana und an der Graduate School of International Studies der Universität Denver fort.

Sie habilitiert im Jahre 1981. Im gleichen Jahr kommt sie zum ersten Mal als Fellow in einem Projekt zum Themenbereich Waffenkontrolle und Abrüstung an die Elite-Universität Stanford. Dort erhält sie schließlich eine Anstellung als Assistenz-Professorin und ab 1987 als außerordentliche Professorin.

1982 wird sie Mitglied der Republikanischen Partei. Von 1985 bis 1986 ist sie Fellow am renommierten Hoover Institute. Ihre Spezialgebiete: Ostmitteleuropapolitik, die damalige Sowjetunion und internationale Sicherheitspolitik. 1987 macht sie einen ersten Schritt von der theoretischen Lehre zur praktischen Politik und berät in Washington, D.C., die »Joint Chiefs of Staff« in Sachen Nuklearstrategie. George Bush senior engagiert sie als Direktorin für osteuropäische und sowjetische Angelegenheiten in seiner Administration und als Beraterin des Präsidenten für Nationale Sicherheit.

In dieser Funktion bereitet sie das Gipfeltreffen zwischen Bush und dem sowjetischen Präsidenten Michail Gorbatschow zur Erarbeitung eines neuen globalen Friedensplans vor und ist 1990 an den »Zwei-plus-vier-Gesprächen« in führender Stellung beteiligt. In diesen »Sternstunden der Diplomatie« – so der Titel ihrer Darstellung jener Ereignisse – wurden die deutsche Einheit und das Ende der Spaltung Europas vollzogen. Von 1991 bis 2001 ist sie auch Aufsichtsratsmitglied der Ölfirma

Chevron. Chevron dankt es ihr und tauft einen 136 000-Tonnen-Tanker auf ihren Namen.

1991 kehrt sie nach Stanford zurück und wird dort zwei Jahre später als erste Frau und erste Afroamerikanerin zur Dekanin, der obersten akademischen Chefin, Budgetverantwortlichen und zweithöchsten Beamtin nach dem Uni-Präsidenten, ernannt. Im Juli 1999 gibt sie dieses Amt auf, um als Beraterin des Republikaners George W. Bush junior, Gouverneur von Texas und Präsidentschaftskandidat für die Wahlen im November 2000, das außenpolitische Briefing Bushs zu übernehmen. Nach dem knappen Wahlsieg im November 2000 wird sie von Bush zur Sicherheitsberaterin ernannt, allerdings ohne Kabinettsrang.

So weit die amtliche Biografie der Frau, die als »Bushs charmanter Colt« mit entwaffnendem Lächeln pure Machtpolitik verkauft und ihn als Lotsin durch militärische Feldzüge führt. Aber dieses Lächeln kann nicht darüber hinwegtäuschen, dass ihr Leben etwas komplizierter verlief, als es sich in dem offiziellen Drehbuch der Erfinder des amerikanischen Traums liest, und vor allem nicht wie ein Traum begann.

Denn ihre afroamerikanischen Urgroßeltern haben noch die Hölle der Sklaverei erlebt. Zwei Generationen später gilt die glänzend ausgebildete schwarze Professorin als die mächtigste Frau der USA: Ein weiblicher Henry Kissinger mit messerscharfem Verstand und die einzige Frau in Bushs konservativem Männer-Kabinett. Als nationale Sicherheitsberaterin koordiniert sie die Zusammenarbeit mit dem Verteidigungsministerium im Pentagon, dem Außenministerium und der CIA. Mehr Macht hat nur der Präsident, und der hört auf ihren Rat.

Rice, die als kleines Mädchen von einer Karriere als Konzertpianistin träumte, hat heute die meiste »face time« mit

Bush, wie die Amerikaner die kostbaren Minuten im Angesicht des Präsidenten nennen. Niemand im Weißen Haus hat ein solch enges familiär-freundschaftliches Verhältnis zu ihm wie sie. Inoffiziell gilt sie als die eigentliche starke und treibende Kraft, ohne die der Präsident keine Entscheidung trifft. Auch während der Feldzüge in Afghanistan und im Irak war sie ständig an seiner Seite.

Der USA-Experte Thomas Jäger: »Sie ist ohne Frage eine ausgesprochen einflussreiche Person im engen Umfeld von Präsident Bush. Der Einfluss geht vor allem auf ihr persönliches Verhältnis zum Präsidenten zurück. Rice steuert im Wesentlichen die Administration, sie sorgt dafür, dass hauptsächlich die Positionen vertreten werden, die dem Präsidenten nutzen.«

»Condi«, wie die 48-Jährige von Bush genannt wird, genießt sein absolutes Vertrauen und Insider erkennen im Handeln des Präsidenten immer wieder die Handschrift der »heimlichen Präsidentin«. Professor Stephan Bierling, der Internationale Politik an der Universität Regensburg lehrt, schrieb in der *Frankfurter Allgemeinen Zeitung*: »George Bush war bei seinem Amtsantritt der Präsident mit der geringsten Erfahrung in internationalen Angelegenheiten seit Truman. Fast alles, was Bush über Außenpolitik wusste, hat er binnen kurzem von der Politikprofessorin Condoleezza Rice erlernt.«

Sie gilt als die Vordenkerin von Bushs Außenpolitik und als seine »intellektuelle Geheimwaffe«. Sie sitzt mit ihm manchmal stundenlang über seinen Reden. Er liest sie ihr laut vor. Sie kann gut zuhören, delegieren und zügig entscheiden. Anmutig und elegant kämpft sie ausgerechnet für George Bush.

»Ja, ausgerechnet George Bush, der vermeintliche Legastheniker und Wahlbetrüger, der Wildwest-Cowboy und Pretzel-Esser«, so die *Süddeutsche Zeitung*, »ausgerechnet er will die Welt verändern und neu formen nach dem Ebenbild Amerikas.

Ob man dies gut findet oder schlecht, er wird es durchziehen, und weder ihm noch seiner Nation wird dabei der Atem ausgehen.«

Der *New Yorker* schrieb: »Wenn man Rice sprechen hört, dann ist das, wie Bush klingen würde, falls er sich so gut artikulieren könnte.« »Tatsächlich ist die Sicherheitsberaterin mehr als eine enge Vertraute des Präsidenten«, meint Professor Bierling. »Sie ist sein außenpolitisches Alter Ego. Auf Fragen bei ihren häufigen Auftritten im Fernsehen antwortet Frau Rice meist mit den Worten: »Der Präsident meint ...« Damit demonstriert sie nicht nur Bescheidenheit, sondern hebt auch hervor, dass sie die Autorität hat, für den Präsidenten zu sprechen.«

Ihre Parolen lauten: »Macht zählt« und »America first«. Sie vertritt einen klaren USA-zentrierten Kurs. Stärkung der NATO, Klärung des strategischen Verhältnisses zu den Großmächten Russland und China und Sicherung der Erdölreserven im Mittleren Osten. Die amerikanische Außenpolitik soll ihrer Meinung nach in erster Linie die nationalen Interessen der Vereinigten Staaten im Blick haben: »Die Europäer kichern und sagen, wir seien naiv. Aber wir sind keine Europäer, sondern Amerikaner, und wir haben andere Grundsätze.«

Sicherheitspolitisch setzt Bushs Globalstrategin dabei auf militärische Stärke. So entwickelte sie für den Präsidenten ein Verteidigungskonzept, dass die USA durch einen Raketenschild für »Schurkenstaaten« unangreifbar machen soll. In einem Strategiepapier geht sie sogar so weit, dass sie der »Achse des Bösen«, potenziellen Feinden der USA, mit atomaren Gegenschlägen droht. Die *Moscow Times* schrieb: »Sie spricht nicht übers Kochen, sondern über Raketen.«

Wie hat sie es geschafft, sich in der weißen Machowelt Washingtons durchzusetzen und als Bushs »Superhirn« maßgeblichen Einfluss auf die Außen- und Sicherheitspolitik des Präsidenten zu haben? Wie weit reicht ihre Macht im Weißen Haus? Wie tief geht der Einfluss, den sie auf Bush hat? Welche Seelenverwandtschaft verbindet diese beiden Menschen, die von Herkunft, Talent und Temperament nicht gegensätzlicher sein können und aus zwei verschiedenen Welten kommen:

Hier der bibelfromme weiße Millionärssohn aus Texas, der ehemalige Alkoholiker und vermeintliche Wahlbetrüger, der neo-koloniale Öl-Cowboy und Eroberer von Bagdad, der vor dem Amtsantritt außenpolitisch als unterbelichtet galt und gerade mal zwei verschiedene Länder besucht hatte, Kalifornien und Mexiko, wo seine Frau billig einkaufen gehen konnte.

Dort die dunkelhäutige, selbstbewusste, charismatische Politikprofessorin. Daniel Clendenin, der sie in Stanford kennen lernte, bewundert ihren Mut und Glauben. »Sie ist eine Frau des Gebets«, sagt er. Sie stammt aus einer Pastorenfamilie und kam im tiefen Süden der USA zur Welt. Ihre Kindheit war geprägt von Gewalt und Demütigungen. Heute spielt sie in der amerikanischen Regierung eine Führungsrolle: Insider sind sich einig, dass sie dem mächtigsten Mann der Welt intellektuell haushoch überlegen ist. Ist der Präsident nur eine Marionette für sie, die an ihren Drähten hängt und für ein subtiles Machtspiel benutzt wird?

Ein starkes Motiv, dass sie mit Bush verbindet und beide in ihrem religiösen Sendungsbewusstsein zu einem Team zusammenschweißt, ist sicherlich das gemeinsame Streben nach Kontrolle, Macht und Sicherheit. Beide scheinen in der Sicherheitspolitik ihre Lebensaufgabe zu sehen und vom Gedanken der Unverwundbarkeit getrieben zu werden. Beide wollen einen Schutzschild über die Vereinigten Staaten von Amerika legen und das Land unangreifbar machen. Das mag mit ihren persönlichen Erfahrungen zu tun haben und ein Ausdruck des

Wunsches sein, nie mehr im Leben traumatischen Erfahrungen von Hilflosigkeit ausgesetzt zu werden. Die Indizien sprechen jedenfalls dafür. Beide hatten solche Angst- und Ohnmachtserfahrungen zu bewältigen: Condoleezza Rice in ihrer Kindheit im rassistischen Süden der USA, George Bush junior in der Erfahrung seiner Alkoholkrankheit.

Zwar ist Rice nicht die First Lady der USA, dafür aber die wichtigste Frau im politischen Leben des Präsidenten und seine einflussreichste politische Vermittlungsinstanz. Die Bushs sind für sie so etwas wie eine Ersatzfamilie. Jedenfalls verbringt sie die Wochenenden selten in ihrer spartanisch möblierten Wohnung im noblen Washingtoner Watergate-Komplex, sondern mit George, Laura und den Hunden auf der Präsidentenfarm in Camp David. Sie isst zusammen mit der Bush-Familie und sieht mit dem Präsidenten Baseball im Fernsehen, was in Amerika als besonders hohe Auszeichnung gilt. Sie geht mit den Bushs in die Kirche, liest in der Bibel und betet mit ihnen zusammen. Für »Gottes Trost und Gottes heilende Kräfte«.

Aber so einzigartig und mächtig ihre Position auch sein mag, so verkörpert Condoleezza Rice zugleich auch eine populäre feministische Seite von Amerika, wo Frauen mittlerweile ganz selbstverständlich hochrangige politische Jobs ausüben, im Big Business tätig sind, Milliarden-Unternehmen führen und sich für das Präsidentenamt bewerben.

Ist sie dazu geboren, die erste schwarze Präsidentin zu sein, die eines Tages an jenem Schreibtisch Platz nimmt, an dem im Augenblick George Bush sitzt?

I

Des Menschen schwarze Haut

Ein Vorbild für die Getto-Kids
ist die »schwarze Lady im Weißen Haus« wohl kaum.
Glenn C. Loury

Durch die Hölle in die Neue Welt: Afrikaner wurden auf Sklavenschiffen unter grausamen Umständen »verfrachtet«.

Condoleezza Rice hat sich im knallharten politischen Business durchgesetzt und macht heute unter dem neokonservativen Republikaner Bush als nationale Sicherheitsberaterin im Zentrum der Macht einen einflussreichen Job, von dem selbst unter dem Demokraten Jimmy Carter die kühnsten schwarzen Bürgerrechtler nicht zu träumen gewagt hätten.

Sie gilt als kompetent und allemal tüchtiger als vergleichbare Männer, sonst wäre sie gar nicht in diese Position gelangt. Sie scheint das Symbol für eine tief greifende gesellschaftliche Veränderung zu sein – ist sie doch momentan eine der wichtigsten Frauen unserer Zeit und auf jeden Fall die wichtigste in unserer politischen Welt.

Eine solche Akkumulation von Macht in den Händen einer schwarzen Frau hat es in den USA noch nie gegeben und dies ist sensationell. Das Magazin *Newsweek* schrieb optimistisch: Einer Generation von jungen schwarzen Amerikanern, die aufgewachsen sind im Glauben, sie hätten bessere Aussichten im Gefängnis zu landen als in einem Firmenvorstand, müsste dieser Aufstieg klar machen, was »Black Power« bedeuten kann.

Die Botschaft scheint aber in den heruntergekommenen »inner cities«, den schwarzen amerikanischen Slum-Dschungels, nicht angekommen zu sein. Ein Symbol für die Vereinigung zwischen Schwarz und Weiß scheint Condi nicht zu sein. »Ein Vorbild für die Getto-Kids ist die ›schwarze Lady aus dem Weißen Haus‹ wohl kaum«, meint der schwarze Harvardprofessor Glenn C. Loury. »Junge Schwarze empfinden jemanden wie Rice, unabhängig vom Pigment ihrer Haut, nicht wirklich als schwarz.«

Dass sie es in der »VIP-Lounge« des Weißen Hauses so weit gebracht hat, macht sie nach Auffassung des Universitätslehrers bei vielen jungen Afroamerikanern eher verdächtig. Sie polarisiert und spaltet. Vermutlich ist die Zahl ihrer Gegner größer als die Zahl ihrer Anhänger. Sie war nie eine »Gettokämpferin«, und so wird sie von radikalen schwarzen Bürgerrechtlern nur mit Mühe als »legitime Schwarze« anerkannt.

Man sagt, dass sie nicht auf der Seite der Schwarzen, sondern auf der Seite der Weißen stehe. Man wirft ihr »Verrat an der eigenen Rasse« und »Selbstentfremdungs- und Anpassungssucht« vor. Man unterstellt ihr, sie habe sich als Schwarze ins »Exil des weißen Establishments« abgesetzt und sich dort angepasst, wo Bush mit seinem »Falken-Kabinett«, seiner »Kamarilla aus Geschäftsfreunden« regiert und allein weiße Gesetze herrschen. Man glaubt, dass sie für den 43. Präsidenten nichts anderes sei als ein Symbol, ein Alibi, ein Aushängeschild, mit dem er um schwarze Wähler wirbt. Man schmäht sie als seine »Haussklavin« und sein »schwarzes Maskottchen«.

Schon zu Zeiten der Sklaverei habe es zwei Arten von Schwarzen gegeben, meint der farbige Calypso-Sänger Harry Belafonte. Solche, die auf den Plantagen schufteten, und die Geschmeidigen, die sich ein Plätzchen im Herrenhaus zu suchen wussten.

Condoleezza Rice muss mit diesen harten Vorurteilen, die viele Schwarze in Amerika gegen sie hegen, leben – auch wenn sie aufgrund ihrer Hautfarbe wahrlich nie in den Genuss von Sonderprivilegien gekommen ist. Wie wird sie mit dem Riss fertig, der durch ihre Biografie verläuft? Den zwei Gesichtern einer Frau. Dem Gesicht der Vergangenheit und dem Gesicht der Zukunft. Der Art, wie sie früher von Weißen unterdrückt wurde, und der Art, wie sie heute als Schwarze im Weißen Haus mit ihnen kooperiert.

Unbestritten ist: Sie wurde von zwei grundverschiedenen Ordnungen und Welten geprägt, die auch heute noch durch tiefe Gräben von Tabus und Vorurteilen getrennt sind. Wie verarbeitete sie diesen Rollenkonflikt? Welchem dieser Einflussbereiche ordnete sie sich innerlich zu? Kann sie die Geister dieser beiden Welten genau auseinander halten?

Wer ihre Lebensgeschichte, ihren kometenhaften Aufstieg und ihr Streben nach Macht in der weißen Welt beurteilen will, muss auf der Suche nach ihren Wurzeln tief graben und sich mit den Schatten der amerikanischen Geschichte beschäftigen, um zu verstehen, wie aus einem kleinen Mädchen mit dunkler Hautfarbe eine der markantesten Frauen von Amerikas schwarzer Elite und Intelligenzia wurde.

Ihre Lebensspuren reichen zurück in das dunkelste Kapitel Amerikas: die Zeit der Sklaverei. Denn wie die meisten »African Americans« wurden auch Condoleezzas Vorfahren aus Afrika in die Neue Welt verschleppt. Sie waren Entrechtete und Verdammte und ihre Leidensgeschichte steht stellvertretend für alle Negersklaven, die seit dem 16. bis ins 19. Jahrhundert nach Amerika »transportiert« wurden.

»Wir haben bis heute noch nicht ganz begriffen, wie grausam die Sklaverei eigentlich war«, sagt Harry Belafonte. »Man erinnert sich an all das Leid und den millionenfachen Tod von Menschen, die in Europa in den Gaskammern und Konzentrationslagern von Dachau, Buchenwald und Auschwitz starben. Aber das kann nur einen kleinen Eindruck von dem wiedergeben, was Afrikaner als Sklaven in Amerika und den Kolonien erfahren haben.«

Nicht nur Farbige wie Belafonte sehen in der Deportation ihrer Vorfahren das »Verbrechen des Jahrtausends« und vergleichen es mit dem Holocaust an den Juden in Europa. Der britische Afrikaforscher Dr. David Livingstone schätzt, dass auf dem Weg und Verkauf in die Neue Welt in 250 Jahren Sklaverei mindestens 100 Millionen Schwarze umkamen, zehn für jeden, der an die nordamerikanische Küste gelangte.

Nachkommen der schwarzen Deportierten fordern heute von Unternehmen im Westen materielle Wiedergutmachung für die »historische Schuld«. Ihre Anklage: Der Reichtum vieler amerikanischer Firmen basiere nicht auf Erfindergeist und Tellerwäscherromantik, sondern auf dem Blut und Schweiß der schwarzen Parias. Michael Moore, Regisseur und Autor, schreibt dazu: »Das Amerika, wie wir es kennen, hätte es so nie gegeben, wenn diese Millionen Sklaven nicht gewesen wären, die es erbauten und seine boomende Wirtschaft schufen – und wenn es nicht ihre Millionen Nachkommen gäbe, die heute noch immer für die Weißen die Dreckarbeit erledigen.«

Nach dem Muster der Sammelklage ehemaliger NS-Zwangsarbeiter haben prominente Anwälte vor dem Bundesgericht in New York eine Liste von Firmen vorgelegt, die Millionen an der Sklavenarbeit verdient haben sollen: Der Finanzfirma Fleet Boston etwa wird vorgeworfen, dass einer der Gründungsväter ein bekannter Sklavenhändler war. Der amerikanische Versicherungskonzern Aetha soll Policen auf Sklaven abgeschlossen haben, die deren Besitzern zugute kamen. Die Eisenbahngesellschaft CSX ließ ihr weites Streckennetz vorwiegend von schwarzen Sklaven aufbauen.

Auch der amerikanischen Regierung drohen Reparationsklagen. Denn nach Auffassung der Anwälte hat auch der Staat von der Sklavenindustrie profitiert. Den Klagen werden aber kaum Chancen eingeräumt. Die weiße Mehrheit in den USA lehnt die Forderungen ab. Sie ist auch nicht bereit, sich öffentlich für die Sklaverei zu entschuldigen. Die Nachkommen der Verschleppten in Amerika und der entvölkerten afrikanischen Staaten warten bis heute vergeblich auf diese Geste der Versöhnung. Kommentar der *Süddeutschen Zeitung*: »Was auch damit zu tun haben kann, dass dieses mächtige Land nicht weiß, was ein solches Schuldeingeständnis für die eigene Nation bedeutet.«

Auch wurde jahrzehntelang um die Einrichtung eines Nationalen Museums für Afroamerikanische Geschichte und Kultur gestritten. Schwarze Kriegsveteranen hatten 1917 die Idee ins Leben gerufen. Aber es sollte fast 90 Jahre dauern, bis der Kongress für die Einrichtung 17 Millionen Dollar zur Verfügung stellte. Im Dezember 2003 unterzeichnete Präsident George Bush junior ein entsprechendes Gesetz zur Gründung des Museums als Teil der »Smithsonian Institution«. Ein großer »Staatsakt« war es jedoch nicht. Dabei war der Sklavenhandel keine amerikanische Erfindung, sondern existierte in Afrika als Wirtschafts- und Gesellschaftsform schon lange bevor dort die ersten Weißen landeten. Arabische Sklavenjäger machten südlich der Saraha Jagd auf »Heiden« und tauschten Pferde gegen Schwarze. Aber auch portugiesische Seefahrer kidnappten bereits um 1460 an der Westküste Afrikas Menschen, um sie an Haushalte in Lissabon zu verkaufen. Bei manchen Damen der besseren Gesellschaft waren Afrikaner sogar als exotische Liebhaber gefragt.

Im großen Stil begann der »schwarze Holocaust« mit der Entdeckung und Erschließung von Amerika. Die weißen Konquistadoren, Minen- und Plantagenbarone hatten einen unersättlichen Hunger nach billigen Zwangsarbeitern. Die Ware Mensch kurbelte Geschäfte und Gewinne gewaltig an. Je mehr Sklaven ein weißer Mann besaß, desto angesehener war er. Sklaven waren ein Zeichen von Reichtum. Sie kosteten etwa nur ein Drittel der Lohnkosten eines freien Arbeiters. Sie konnten verkauft und verpfändet werden. Selbst die Schulden eines Verstorbenen konnten durch Sklaven beglichen werden.

Hautfarbe und Herkunft der Sklaven spielten dabei keine Rolle. Hauptsache, man konnte ein Maximum an Leistung und Profit aus ihnen herauspressen.

Erst wurde die indianische Bevölkerung versklavt. Aber die eingeborenen Indios waren der Zwangsarbeit nicht gewachsen und anfällig gegenüber eingeschleppten Seuchen. Sie starben zu Hunderttausenden.

Darauf forderte der spanische Missionar und Dominikanermönch Bartolomé Las Casas ein Verbot der Indianersklaverei. Um die Indios vor der weiteren Ausrottung zu schützen, empfahl der »Apostel der Indianer« die »Einfuhr von Negersklaven«. Sie galten als die stärkere Rasse. Laut spanischen Buchhaltern der damaligen Zeit leisteten sie mehr als das Doppelte der Indios. Außerdem schienen sie resistenter gegenüber Krankheiten zu sein.

Später hat Las Casas seine Entscheidung bitter bereut, aber da war es bereits zu spät: Anstelle der Indianer begann die Jagd auf das »schwarze Elfenbein«. Man sprach von Afrika als der »Vagina gentium«, die Gebärmutter der Völker. Millionen Menschen, die hier geboren wurden, waren für die Menschenjäger lediglich ein »Exportgut«: In den drei Jahrhunderten des Sklavenhandels wurden mindestens zehn Millionen Afrikaner unter grausamen Umständen in die Neue Welt »verfrachtet«: rund 6,5 Millionen in die Karibik und nach Mittelamerika und 4 Millionen nach Brasilien.

Zum Vergleich: Zwischen 1492 und 1820 brachten die Sklavenschiffe fünf Mal so viele Afrikaner wie Auswanderer aus Europa in die Neue Welt. Davon entfielen 500 000 Schwarze auf Nordamerika. Ihre Zahl stieg bis zur Abschaffung der Sklaverei auf etwa vier Millionen.

Die meisten Afrikaner wurden vermutlich von der Insel Goree vor der westafrikanischen Küste auf Sklavenschiffe verfrachtet. Anfangs »rekrutierte« man die Zwangsarbeiter aus den Regionen nahe der Küste. Doch nachdem die Bevölkerung dort mehr und mehr dezimiert wurde, stießen die Sklavenjäger immer weiter ins Innere Afrikas vor.

Die größte Deportation in der Weltgeschichte hatte zwangsläufig zur Folge, dass die gewachsenen afrikanischen Handelsstrukturen und Kulturen zerstört und ganze Regionen entvölkert wurden.

Aber die »christlichen« Menschenhändler kannten kein Erbarmen. »Die Leute, um die es dabei geht, sind ja schwarz von Kopf bis Fuß und haben dermaßen platte Nasen, dass es fast unmöglich ist, Mitleid mit ihnen zu haben«, so zitieren die Geschichtsbücher den Kommentar eines Zeitzeugen. »Denn man kann sich nicht vorstellen, dass Gott in seiner Weisheit eine edle Seele in einem völlig schwarzen Körper wohnen lassen würde (...) Man kann unmöglich annehmen, dass diese Leute Menschen sind, denn sonst könnte man auf den Gedanken kommen, dass wir keine Christen sind.«

Gegen Glasperlen, Schnaps und Textilien aus Europa wurden die Sklaven äußerst billig eingetauscht. Ihr Verkauf brachte dagegen ein Vielfaches: Gold und Silber, Zucker und Rum, Baumwolle und Kaffee, Tabak und Gewürze.

Aber bis es so weit war, musste die menschliche Beute ohne Verlust nach Amerika geschafft werden – und das unter grausamsten Umständen. In den Schiffen der »Seelenverkäufer« auf engstem Raum zusammengepfercht, wurde der Weg in die Neue Welt für sie zur Reise durch die Hölle.

Die häufigsten Krankheiten an Bord waren Skorbut, Ruhr und eine Hautentzündung, »Pian« genannt. Alles dies trieb die Todesrate unter den Sklaven in die Höhe und führte unter den

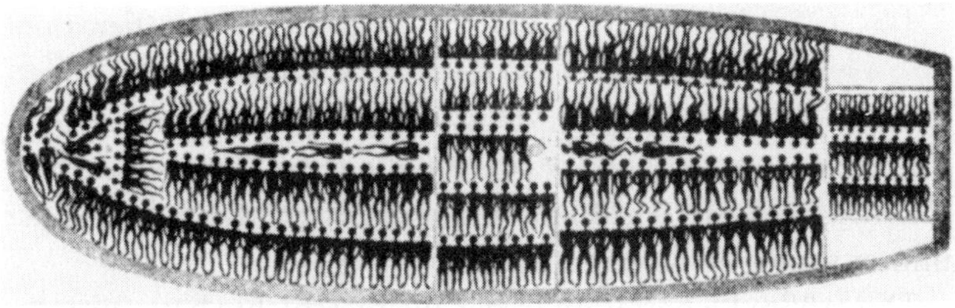

»Exportgut« Mensch: Der Belegungsplan eines Sklavenschiffes zeigt die Grausamkeit des Transports.

Menschenschleusern zu einem abartigen Meinungsstreit über die Rentabilität der Transporte.

Die »loose-packers« argumentierten, man solle den Sklaven ein wenig mehr Raum geben, um die Todesrate zu senken. Sie wollten ihre Fracht möglichst vollzählig auf den Märkten der Neuen Welt abliefern. Anders die »tight-packers«: Sie stapelten so viele Sklaven wie möglich an Bord ihrer Schiffe. Nach der Ankunft am Zielhafen wurden die Überlebenden »gemästet«, man gab ihnen Zeit, sich zu erholen und ihre Geschwüre auszuheilen. Auf diese Weise aufgefrischt, erzielte man auf den Sklavenmärkten in der Karibik Höchstpreise.

1619 wurden die ersten schwarzen »Gastarbeiter« von Privatleuten in die Siedlung Jamestown, die erste britische Kolonie in Nordamerika, deportiert. Zunächst war ihre Knechtschaft befristet.

Aber ab 1660 wurde in Virginia und Maryland die Versklavung auf Lebenszeit eingeführt und zwei Jahre später der Sklavenstatus für vererbbar erklärt. Nach 1669 hatte jeder Sklavenbesitzer die absolute Verfügungsgewalt über seinen Sklaven. In den Augen der weißen Herren war der Sklave damit kein Mensch, keine Person, sondern nur ein Gegenstand, eine Handelsware.

Ihren Höhepunkt erreichten die Deportationen zur Zeit der »Befreiungskriege« von 1776 bis 1783. Schon vor dieser Zeit brachten 192 britische Sklavenschiffe jährlich 50 000 Afrikaner nach Nordamerika. Die meisten wurden in Bergwerken und auf Plantagen und in den Haushalten ihrer weißen Herren verschlissen. Bald besaß jeder dritte Selbstständige Sklaven.

1793: Mit der Erfindung der Baumwollentkörnungsmaschine durch Eli Whitney breiteten sich die Baumwollplantagen rapide aus. Im Süden der amerikanischen Kolonien regierte »King Cotton«, die Baumwollindustrie, deren Reichtum auf dem Rücken der Sklaven verdient wurde. Man benötigte Tausende von billigen Arbeitskräften. Dies führte zu einem sprunghaften Anstieg des Sklavenhandels und zu einer neuen Form der Menschenjagd. Skrupellose Banden kidnappten Sklaven von Plantagen und verkauften sie an anderen Orten wieder.

Juristisch besaßen die Sklaven keinerlei Rechte. Die Gesetze waren weiß.

Was dies bedeutete, hat die schwarze Schriftstellerin und Nobelpreisträgerin Toni Morrison in ihrem Buch »Menschenkind« eindringlich beschrieben: »… dass jeder hergelaufene Weiße dich ganz und gar und zu allem benutzen konnte, was ihm gerade einfiel. Nicht nur, um dich arbeiten zu lassen, dich umzubringen oder zu verstümmeln, sondern auch, um dich zu beschmutzen. Dich so schlimm zu beschmutzen, dass du dich selbst nicht mehr leiden konntest. Dich so schlimm zu beschmutzen, dass du vergaßt, wer du warst, und dass es dir auch nicht mehr wieder einfiel.«

Schon bei kleinsten Vergehen wurden die Sklaven ausgepeitscht. Das schlimmste Verbrechen war ein Fluchtversuch. Wer gefasst wurde, dem wurden die Ohren abgeschnitten und eine Lilie auf die Schulter gebrannt. Beim zweiten Fluchtversuch fiel die Strafe noch brutaler aus. Dem schwarzen Paria wurde das Knie gebrochen und auch die andere Schulter gebrandmarkt. Beim dritten Mal erwartete ihn die Todesstrafe.

Schwarze durften zwar heiraten, aber die weißen Herren konnten jederzeit einen der Ehepartner verkaufen. Sklavinnen hatten keine Verfügungsgewalt über ihre Kinder. Diese konnten ihnen jederzeit aus den Armen weggerissen und verkauft werden. Untergebracht wurden die Zwangsarbeiter in kleinen Hütten. Sie mussten auf Brettern schlafen und durften an keinem Unterricht teilnehmen. Die Arbeitszeit betrug täglich 15 Stunden. Sie standen ständig unter der Fuchtel der weißen Aufseher, bekamen wenig zu essen, aber viele Schläge, und Mädchen wurden sexuell missbraucht.

Eine besonders perfide Variante der Sklaverei: Um den »Nachwuchs« zu sichern, begann man Zwangsarbeiter zu züchten. In Maryland, Carolina und New Jersey wurden entsprechende Farmen eingerichtet. Dort hielt man schwarze »Zuchtbullen«, die gezwungen wurden, fremde Frauen zu kopulieren.

Aber auch so mancher weißer Herr fand Gefallen daran und nahm sich nach Belieben eine schwarze Frau: Condis Urgroßvater mütterlicherseits war ein weißer Sklavenhalter, der mit einer schwarzen Haussklavin einen Sohn und zwei Töchter zeugte. Sie musste nicht auf den Feldern arbeiten, sondern war bevorzugt im Haushalt tätig, genau wie Condis Ururgroßmutter väterlicherseits, die aus einer für die damaligen Verhältnisse privilegierten Familie abstammte und lesen und schreiben gelernt hatte. Ihre Tochter, Condis Urgroßmutter Julia Head Rice, wurde in der Zeit der Sklaverei als Kind auf einer Plantage geboren.

In den Nordstaaten wurde die Sklaverei 1804 abgeschafft. Aber die »Kansas-Nebraska-Bill« von 1854 stellte den Einwohnern dieser Staaten weiterhin die Sklavenhaltung frei und hob das Verbot nördlich des Breitengrades 36°30′ auf. Zwei Jahre

Erklärte alle Sklaven für frei: der 16. US-Präsident Abraham Lincoln

zuvor hatte Harriet E. Beecher-Stowe den Roman »Uncle Tom's Cabin«, veröffentlicht, der das Leben und das Leid auf den Sklavenplantagen schildert und zunächst als Fortsetzungsroman in der Zeitschrift *National Era* erschienen war. Von dem Buch wurden innerhalb eines Jahres über 300 000 Exemplare verkauft. Im Süden warf man der Autorin Unkenntnis vor und der Roman erregte großen Unwillen. Im Norden fühlten sich die Gegner der Sklaverei durch den Erfolg des Buches bestätigt. Sie sammelten sich in der Republikanischen Partei. Sechs Jahre später stellten sie mit Abraham Lincoln den neuen Präsidenten.

Seine Wahl verschärfte den Sklavenkonflikt zwischen Gegnern und Befürwortern und führte zur Spaltung von Nord und Süd: Am 4. Februar 1861 wurden die Konföderierten Südstaaten proklamiert, bestehend aus South Carolina, Mississippi, Florida, Alabama, Georgia, Louisiana und Texas. Der neue Vizepräsident erklärte bei seinem Amtsantritt, dass die Regierung der Südstaaten »die erste in der Weltgeschichte ist, die auf der großen physikalischen und moralischen Wahrheit ruht, dass der Neger nicht gleichberechtigt zur Menschheit ist«.

Lincoln konterte und erklärte in der »Emancipation Proclamation« alle Sklaven in den rebellierenden Südstaaten für frei. Da war der amerikanische Bürgerkrieg bereits voll im Gang. Er sollte 385 000 Gefallene und 282 000 Verwundete fordern. Am 9. April 1865 kapitulierten die Konföderierten Truppen bedingungslos.

Fünf Tage nach dem Sieg wurde Lincoln im Ford-Theater in Washington von dem fanatischen Südstaatler John Wilkes Booth erschossen. Aber die Sklaven waren formal befreit und im Dezember 1865 wurde mit der Annahme der 13. Verfassungsnovelle durch den Kongress die Sklaverei in den USA abgeschafft.

Das Ende des alten Südens war besiegelt. Die bisher gültige gesellschaftliche Ordnung von Herren und Sklaven brach zusammen. Etwa vier Millionen Schwarze wurden freigelassen. Auch Condoleezzas Urgroßmutter Julia Head Rice gehörte dazu. Sie heiratete nach dem Krieg John Wesley Rice, einen ehemaligen Sklaven aus Carolina. Er hatte ebenfalls Lesen und Schreiben gelernt. John und Julia ließen sich in Eutaw/Alabama nieder, wo sie eine Farm pachteten.

Sie bekamen neun Kinder, die sie nach dem Glauben der African Methodist Episcopal Church (AME) erzogen. Die AME war 1816 gegründet worden, nachdem die Methodistenkirche im 18. Jahrhundert schwarzen Christen die gleichgestellte Teilnahme am Gottesdienst verweigert hatte. Die African Methodist Episcopal Church war ein früher Arm der Bürgerrechtsbewegung: Sie kämpfte für die gleichen Rechte und Chancen der schwarzen Mitbürger. Heute ist die Kirche, der auch Martin Luther King angehörte, die zweitgrößte Glaubensgemeinschaft unter den Schwarzen in den USA. Sie betreut Obdachlose aller Rassen, unterhält Suppenküchen und führt Kleidersammlungen durch.

Auch John und Julia Rice fanden in der schwarzen Kirchengemeinde eine geistige und soziale Heimat. Sie besuchten regelmäßig die Gospel-Messen und erzogen ihre Kinder nach christlichen Grundsätzen: »Der Glaube ist und bleibt das Wichtigste. Egal, ob ein Mensch reich oder arm ist, nur der Glaube entscheidet.«

II

Das bittere Erbe von »Blackface«

Mein ganzes Leben lang habe ich herausschreien wollen, was es heißt, eingekerkert zu sein. Denn ich kenne die Stille des gesellschaftlichen Gefängnisses, in dem man als Farbiger lebt.

Nina Simone

Bürgerrechtler Martin Luther King führte den Protest gegen die Rassentrennung in Birmingham an.

John und Julia Rice waren frei. Aber nur de facto. Von Bürgerrechten konnten sie weiterhin nur träumen. Denn die Südstaaten reagierten schnell und führten nach der Niederlage die »Black Codes« ein. Diese Sondergesetze schafften die neue Freiheit der Schwarzen de jure wieder ab und versetzten sie in einen Zustand der Neosklaverei. Das Wahlrecht und der Zugang zu öffentlichen Ämtern blieb ihnen verwehrt. In den seelenlosen Köpfen vieler Plantagenbesitzer spukte weiterhin das tief verwurzelte Vorurteil gegen alle Schwarzen. Ein Farmer drückte es so aus: »Meine Neger sind für die Freiheit nicht geeignet. Denn sie lassen sich nicht freiwillig auspeitschen, wenn sie es verdient haben.«

Abgeschafft wurden die »Black Codes« erst 1866, als die Republikaner die Wahlen gewannen. Sie setzten den Zusatzartikel zur Verfassung durch, der allen in den USA geborenen und eingebürgerten Personen die Staatsbürgerschaft und das Wahlrecht garantierte, auch ehemaligen Sklaven wie John und Julia Rice. Aber im alten Baumwollstaat Alabama – genannt »The Heart of Dixie« (Herz des Dixielands) – ging die Unterdrückung der schwarzen Bevölkerung trotzdem weiter und das Prinzip der weißen Vorherrschaft wurde in den so genannten Jim-Crow-Gesetzen fortgesetzt.

Der Name Jim war kein Allerweltsname, sondern stellte für Schwarze eine Beleidigung dar. Der Zusatz »Crow« (Krähe) stand für »du schwarze Krähe« und sollte suggerieren, dass Schwarze wie Krähen schmarotzen, frisch gesäte Saat aus Ackerfurchen picken, sich also von weißen Farmern ernähren.

Das Rassenklischee der Krähe hatte der weiße Schauspieler und Entertainer Thomas Dartmouth »Daddy« Rice erfunden. Er tingelte 1830 in einer Varieté-ähnlichen »Minstrel-Show« wie ein mittelalterlicher Minnesänger durch die Südstaaten und trat als alter, verkrüppelter Sklave namens Jim Crow auf. Für diese Rolle hatte er sich das Gesicht mit verbranntem Kork geschwärzt, eine als »blackface« bekannte Methode. Die Karikatur des naiv grinsenden und tanzenden Schwarzen kam beim weißen Publikum an und machte Rice weltberühmt. Ob in Louisville, Cincinnati, Pittsburgh, Philadelphia oder New York, überall wurde er wie ein Star gefeiert. Selbst in London und Dublin trat Rice als »Blackface« auf.

Nach Meinung von Nancy Spector, Kuratorin für zeitgenössische Kunst des Solomon-R.-Guggenheim-Museums in New York, waren die »Minstrel-Shows« die beliebteste Form öffentlicher Unterhaltung in den Vereinigten Staaten in der zweiten Hälfte des 19. Jahrhunderts: Gespielt von weißen Schauspielern, die schwarz geschminkt waren, boten sie eine »Travestie des Lebens der Afroamerikaner« durch die »übertriebene Darstellung von kulturellen Stereotypen«.

Es gab drei Hauptfiguren: Jim Crow, der unbekümmerte, naive Sklave. Mr. Tambo, der stets gut gelaunte Musiker. Und Zip Coon, der freie Mann, der von einer vornehmen Welt träumte. »Als inszenierte Karikaturen«, so Spector, »verstärkten diese drei Figuren die abschätzigen Ansichten der weißen Gesellschaft von der schwarzen Kultur.«

Auch schwarze Künstler gründeten eigene Minstrel-Theater. Die Gruppe »Georgia Minstrels« pries sich als die »einzig wahre Negertruppe der Welt«. Als die Shows, die aus Musik, Tanz und Sketchen bestanden, um die Jahrhundertwende verschwanden, wurde »Blackface« von den neuen Medien, Radio und Film, entdeckt.

Besonders beliebte Figuren in der Stummfilmära waren der alte Onkel Tom, die dicke schwarze Mammy, die ihren Gatten mit der gusseisernen Bratpfanne verfolgt, und der Hühnerdieb, Rufus oder Rastus genannt. Einer der krassesten »Blackface-Filme« war D.W. Griffiths Klassiker »Die Geburt einer Nation«. Der Streifen zeigte weiße Schauspieler mit schwarz geschminkten Gesichtern, die vergewaltigen und stehlen.

Unbestritten ist: Das diffamierende Erbe von Jim Crow alias »Krähe Jim« alias »Blackface« hinterließ traumatische Wunden, trennt auch heute noch die Gesellschaft in Schwarz und Weiß und weckt die hässliche Erinnerung an die Sondergesetze, die für die Rassentrennung in Schulen, Lokalen oder öffentlichen Verkehrsmitteln standen. Aus Protest gegen die »Segregation« weigerte sich der legendäre Jazz-Trompeter Louis Armstrong in Louisiana zu spielen. »Satchmo« sollte sein Onkel-Tom-Image nie loswerden.

Auch die »Hohe Priesterin des Gospel und Blues«, die schwarze Sängerin Nina Simone, protestierte mit dem kämpferischen Song »Old Jim Crow« gegen die Rassentrennung. Sie wurde 1933 als Eunice Waymon im US-Bundesstaat North Carolina als sechstes von sieben Kindern einer armen Familie geboren. Ihre Eltern waren ein Handwerker und eine Methodisten-Predigerin. Bereits mit vier Jahren begann Eunice Klavier zu spielen. Nachdem man aber die enorme Wirkung ihrer Altstimme entdeckt hatte, wurde sie Sängerin und trat zunächst in einer irischen Bar in Atlantic City auf. In Anlehnung an die von ihr bewunderte französische Schauspielerin Simone Signoret nannte sie sich Nina Simone. Und unter diesem Pseudonym wurde sie in den sechziger Jahren eine der großen Stimmen der Bürgerrechtsbewegung. Sie nahm in vorderster Reihe an zahlreichen Demonstrationen gegen Rassismus teil. Nach dem Tod der vier schwarzen Mädchen in Birmingham schrieb sie den

Song »Mississippi, Goddam«. Als Martin Luther King ermordet wurde, widmete sie ihm das Lied: »Why? The King of Love is Dead«. Ihr Song »To be Young, Giftet und Black« wurde so etwas wie die Hymne der Afroamerikaner.

Später kehrte die Protestsängerin mit der rauchigen Stimme und der schwarzen Seele den USA den Rücken und lebte in Liberia, Trinidad, Großbritannien und in Südfrankreich. Dort starb sie im Alter von 70 Jahren. »Mein ganzes Leben lang«, sagte sie einmal, »habe ich herausschreien wollen, was es heißt, eingekerkert zu sein. Denn ich kenne die Stille des gesellschaftlichen Gefängnisses, in dem man als Farbiger lebt.«

Wie haben die ehemaligen Sklaven, John und Julia Rice, die von Präsident Lincoln befreit worden waren, das »gesellschaftliche Gefängnis« erlebt? Was bedeuteten die Jim-Crow-Gesetze für sie? Fest steht: Sie mussten das mit »Nigger« gleichsinnige Schimpfwort »Jim Crow« weiter hinnehmen. Denn angesichts der an allen öffentlichen Orten aufgestellten Schilder »Nur für Weiße« fanden sie sich erneut als Entrechtete und Unterlegene wieder.

Nur für Weiße: Krankenhäuser, in denen sie nicht behandelt wurden. Nur für Weiße: Restaurants, in denen sie nicht bedient wurden. Nur für Weiße: öffentliche Trinkwasserspender, aus denen sie nicht trinken durften. Nur für Weiße: Gewerkschaften, die sie nicht aufnahmen. Nur für Weiße: Schulen und Universitäten, die ihren Kindern verschlossen blieben.

Nur für Schwarze: das Schimpfwort »Nigger«. Nur für Schwarze: die meist überfüllten und verdreckten Jim-Crow-Abteile in Straßenbahnen und Bussen. Nur für Schwarze: schlecht ausgestattete Schulen und miese Jobs. Nur für Schwarze: Kinder-Karussells mit hölzernen »Jim-Crow-Pferden«.

Der Traum von einem harmonischen Miteinander zwischen »Black and White« war erst einmal gescheitert. Wahrscheinlich hatte in Alabama sowieso niemand ernsthaft damit gerechnet. Immerhin war die Hauptstadt Montgomery vor dem Bürgerkrieg Sitz der Südstaatenregierung mit dem ersten Weißen Haus der Konföderierten. Auf dem Boden vor dem Kapitol markiert ein bronzener Stern die Stelle, an der Jefferson Davis seinen Amtseid als erster und einziger Präsident der abtrünnigen Südstaaten abgelegt hatte.

Auch nach dem Bürgerkrieg blieb das Herz Alabamas gespalten und die Geister des Hasses ließen die weißen Hardliner nicht ruhen. Schon bald darauf schlossen sie sich unter dem Banner des Ku-Klux-Klan (KKK) zusammen und erfanden eine neue Form des Terrors: »Nigger« teeren, federn, lynchen und verbrennen. Solche »Veranstaltungen« wurden in den Zeitungen des Südens sogar öffentlich angekündigt. Oder maskierte Klansmitglieder marschierten durch die Straßen mit Plakaten, auf denen Schwarzen Strafen angedroht oder sie aufgefordert wurden, die Stadt zu verlassen.

Der terroristische und rassistische Geheimbund war Weihnachten 1865 kurz nach dem Sezessionskrieg in Pulaski (Tennessee) von sechs ehemaligen Armeeoffizieren der besiegten Südstaaten gegründet worden: Söhne jener Farmer, die den großen Sklavenaufstand unter Denmark Vesexs niedergeschlagen und ihn samt 46 Rebellen hingerichtet hatten.

Erster »Grand Wizard«, also oberster Hexenmeister der rassistischen Bruderschaft, wurde der konföderierte Ex-General Nathan Bedford Forrest. Er war kein unbeschriebenes Blatt: Vor dem Krieg hatte er es als Sklavenhändler und Plantagenbesitzer zu Reichtum und Wohlstand gebracht. Ausgestattet mit einem Killerinstinkt gegen alle Yankees und alle Schwarzen, stieg er im Sezessionskrieg zum Brigadegeneral auf. Als Sieger der Schlacht von Fort Pillow ließ er über 100 schwarze Gefangene der Unionstruppen hinrichten. Dieses Massaker hätte ihn eigentlich vor ein Kriegsgericht bringen müssen. Aber der im Süden populäre General wurde vom Kongress begnadigt.

Nach dem Krieg nahm er seine Tätigkeit als Pflanzer wieder auf und widmete sich den Zielen des Klans: die Schwarzen an ihren neu erworbenen Rechten zu hindern, die alte Ordnung wieder herzustellen und die »weiße Vorherrschaft« zurückzugewinnen. Denn der Klan war der Überzeugung, dass die Schwarzen von Natur aus den Weißen unterlegen waren. Diese rassistische Botschaft fand hauptsächlich unter der einfachen Landbevölkerung viele Anhänger und bereits 1870 war der KKK in allen Bundesstaaten mit mehr als 500 000 »Brüdern« vertreten.

Besonders populär wurde der Klan durch die Verfilmung eines Romans von Thomas Dixon, der den Titel »The clansmen« trug. Die Story suggerierte dem Zuschauer, dass der Süden zu Unrecht gelitten habe und der KKK eine patriotische Organisation sei. Der Film lief 1915 in den amerikanischen Kinos und wurde von Millionen Menschen begeistert aufgenommen. 1925 zählte der Klan fünf Millionen Mitglieder. Sie waren hauptsächlich in den Südstaaten politisch aktiv, stellten Senatoren und Gouverneure. Der KKK besaß eine eigene Zeitung, einen Verlag, eine Immobiliengesellschaft und eine Textilfabrik, in der die Kutten und Kapuzen hergestellt wurden. Seit den neunziger Jahren schwankt die Mitgliederzahl zwischen 30 000 und 70 000 Personen.

Der Name des Klans stammt vom griechischen kuklos (Ring oder Kreis) ab. Das Wort Klan kommt aus dem Keltischen und heißt ursprünglich »Familie«. Die Zentren des Klans nannten sich »Höhlen«. Da der Klan illegal war und deshalb im Untergrund arbeiten musste, gab er sich auch die Bezeichnung »unsichtbares Reich«.

Aufnahmekandidaten wurden mit verbundenen Augen zu einem geheimen Platz geführt und gewissenhaft auf ihre »amerikanische Gesinnung« überprüft. Es kamen nur Personen infrage, die von weißen amerikanischen Eltern abstammten und in Amerika geboren waren. Sie durften weder Katholiken noch Juden sein. Man belehrte sie, dass Amerika nicht von Kolumbus entdeckt wurde, sondern von dem nordischen Seefahrer Leif Ericson. Dann folgten die Weihe und der Treueid auf den Glaubensgrundsatz des Klans: »Nur der weiße Mann ist das Abbild Gottes.«

Die selbst ernannten »weißen Ritter« des »unsichtbaren Reiches« erschreckten anfangs abergläubische Schwarze mit billigen Tricks. Sie gaben sich als Geister gefallener konföderierter Helden des letzten Krieges aus. Sie kleideten sich in weiße Kutten und maskierten sich mit spitzen Kapuzen. Sie kamen hoch zu Ross, streckten ihren Opfern hölzerne Arme entgegen und suggerierten mithilfe eines Kürbisses, den Kopf abnehmen zu können.

Ihre »Meetings« hielten sie mit Vorliebe nachts auf großen Lichtungen unter freiem Himmel ab. Wie so mancher hundertprozentige Amerikaner hatte jeder Klansmann das Sternenbanner und die Bibel im Gepäck. Aber das wahre Zeichen ihrer Gesinnung war ein Feuerkreuz, das sie nachts auf Anhöhen in der Nähe der Häuser ihrer Opfer entzündeten und dessen Schein weithin sichtbar war – als Warnung an alle Schwarzen.

Denn es blieb nicht lange nur beim Erschrecken. Bald war das brennende Kreuz Teil grausamer Nacht- und Nebelaktionen, die unter dem Motto standen: »Ein guter Nigger ist ein toter Nigger« und denen zwischen 1882 und 1962 mindestens 4733 Menschen zum Opfer fielen. Meist kamen die Klansmänner nachts, rissen ihre schlafenden Opfer brutal aus dem Bett und entführten sie an einen abgelegenen Ort, um sie auszupeitschen und ihnen die Hoden abzuschneiden. Die Klansmänner rechtfertigten solche Maßnahmen zum »Schutz der weißen Frauen«. In Wirklichkeit projizierten sie ihren Neid auf die Schwarzen, deren Potenz sie sich unterlegen fühlten.

Die Hetzjagden des Klans erinnern an die großen Hexenverfolgungen im Mittelalter: sadistische Folterungen, Kastrationen, Aufschlitzen von schwangeren Frauen, Aufhängen, Vierteilen durch Pferde und Verbrennungen auf dem Scheiterhaufen waren an der Tagesordnung. Aber nur wenige Klansmänner wurden vor Gericht gestellt.

Nicht nur den Schwarzen wurde das Leben zur Hölle gemacht. Der Terror richtete sich auch gegen Juden, Indianer und die »carpetbaggers«. So bezeichnete man nach dem Bürgerkrieg jene Nordstaatler, die in den besiegten Süden kamen: weiße Lehrer und Beamte, die sich für die ehemaligen Sklaven einsetzten. Sie wurden geteert, gefedert und getötet. Manchmal ließ man den Opfern Zeit, mit ihrem eigenen Blut ihren Familien im Norden Abschiedsbriefe zu schreiben. Die Briefe wurden dann gewissenhaft bei der Post aufgegeben.

Die Bevölkerung im Norden war empört. Und auch im Süden wuchs der Widerstand gegen den blutigen Terror des Geheimbundes. Darauf sah sich 1869 der große »Magier«, Ex-General Forrest, gezwungen, den Klan offiziell aufzulösen. Doch die lokalen KKK-Zellen, »klaverns« genannt, folterten und lynchten weiter. Darauf wurden Bundestruppen in den Süden entsandt. Außerdem verabschiedete die US-Regierung mehrere Anti-Klan-Gesetze, um dem Höllenspuk ein Ende zu bereiten. Aber die Verordnungen wurden nur halbherzig durchgesetzt. Der Klan agierte im Untergrund weiter, und als 1870 die Farbigen das Wahlrecht erhielten, wurden sie in altbekannter Terrorform daran gehindert, ihre Stimme abzugeben. Farbige Abgeordnete zwang man ihre Ämter niederzulegen. Schulen und Kirchen für Farbige wurden in Brand gesteckt. Wer sich widersetzte, kam auf die Todesliste des Klans.

Nach der Abschaffung der Sklaverei 1865 waren 1870/72 erstmals Farbige im US-Kongress.

Dies war die Situation in Alabama, als John Rice, Condoleezzas »Granddaddy«, sich 1918 entschloss, die Farm seiner Eltern in Eutaw zu verlassen, um ein College zu besuchen. Einerseits war er sich klar darüber, dass er die Rassendiskriminierung im Süden einstweilen als unabänderlich hinnehmen musste. Andererseits hatte John einen Traum: Er war fest davon überzeugt, dass Schwarze wie er sich nur durch Bildung und Wissen von der absoluten weißen Vorherrschaft befreien konnten. Wenn sie Erfolg hatten, würden die Bürgerrechte ganz von allein kommen – ein Traum, der John am düsteren Firmament von Alabama wie ein Stern der Verheißung erschien. Er kratzte alle Ersparnisse zusammen und machte sich auf die Suche nach einem College. Der Stern führte John ins 50 Meilen entfernte Tuscaloosa, was in der Indianersprache »schwarzer Krieger« bedeutet. Der Ort war 1818 gegründet worden und von 1826 bis 1864 die Hauptstadt Alabamas gewesen.

Bereits seit 1831 existierte in Tuscaloosa die »University of Alabama«. Aber John wusste, dass er dort als schwarzer Student niemals zugelassen würde. So bewarb er sich am »Stillman College«, einer Lehranstalt, die 1874 von weißen Presbyterianern als Ausbildungsstätte für schwarze Prediger und Missionare gegründet worden war. Dr. Charles Allen Stillman, dessen Namen die Schule trug, gehörte zu den Pionieren der Gruppe.

Als John einen Studienplatz erhielt, ging für ihn ein lang ersehnter Traum in Erfüllung. Mit Begeisterung nahm er am Unterricht teil und tat sich durch intensives Lernen hervor. Aber schon nach einigen Monaten war er finanziell völlig abgebrannt und wusste nicht mehr, wie er das Schulgeld bezahlen sollte.

Andere Studenten klärten John auf, dass er ein Stipendium beantragen könne, wenn er sich zum »Presbyterian Minister« ausbilden lasse. Aufgabe der ehrenamtlichen Seelsorger war es, das Wort Gottes zu verkünden und neue Kirchengemeinden zu gründen.

John überlegte nicht lange und ließ sich zum Prediger ausbilden. Es war der Beginn einer langen Erfolgsstory, die über zwei Generationen das Leben seiner Familie prägen sollte. Dieser soziale Aufstieg unter den Bedingungen der Segregation, der Stolz auf die eigenen Fähigkeiten, das Selbstbewusstsein und der tiefe Glaube an Gott sollten auch für seine Urenkelin Condoleezza eine elementare Motivation sein und ihr früh in Fleisch und Blut übergehen: einer der Schlüssel für ihren Karrieresprung ins Weiße Haus und die absolute Krönung der Familiensaga.

Nach dem erfolgreichen Abschluss seiner Ausbildung war John Rice zunächst als Prediger in Baton Rouge (Louisiana) tätig, wo er für gleiche Rechte, Chancen und bessere Lebensbedingungen der schwarzen Gemeindemitglieder eintrat. Später schickte ihn die Kirche in die junge Industriestadt Birmingham. Die Stahlindustrie hatte hier große Werke aus der Erde gestampft, nachdem ganz in der Nähe Kohle und Erzvorräte entdeckt worden waren. Die Stahlhütten zogen Tausende von schwarzen »underdogs« an, die arbeitslos und ohne Perspektiven waren. Birmingham hatte den höchsten Anteil schwarzer Bevölkerung in den USA.

John gründete hier die »Westminister Presbyterian Church«. Er setzte sich maßgeblich dafür ein, dass schwarze Jugendliche die Chance auf eine Schulausbildung erhielten. Dies war in Birmingham nicht der Regelfall. Schwarze Schulen waren unverhältnismäßig schlecht ausgestattet. Die größte Stadt Alabamas galt als Hochburg der »white supremacy«, der weißen Überlegenheit. Schwarze waren nichts wert. Sie wurden unterdrückt, geschlagen und angespuckt, nur weil sie Schwarze waren. Sie durften einem weißen Mann nicht die Hand geben. Ein Farbiger, der die Hand einer weißen Frau berührte, konnte wegen Vergewaltigung angeklagt werden.

Schwarze Prediger wie John Wesley Rice, die für die Bürgerrechte eintraten, riskierten jeden Tag ihr Leben. Aber er ließ sich nicht von seiner Vision abbringen. Er predigte keinen Hass und keine Gewalt. Er war ein friedlicher Rebell, der sich im Vertrauen auf Gott für eine bessere Zukunft einsetzte. Eine Welt, in der es keine Rassentrennung gab. Das war ein gewagter Traum und seine Art des Widerstandes.

Er heiratete Theresa Hardnett Rice. Sie bekamen zwei Kinder: John und Angela Theresa, die in Baton Rouge geboren wurden. Tochter Angela studierte später an der Universität von Wisconsin englische Literatur und veröffentlichte 1979 ein viel beachtetes Standardwerk über den großen englischen Schriftsteller Charles Dickens, dessen Bücher wie »Oliver

Die »Westminster Presbyterian Church« in Birmingham, an der Condoleezzas Vater als Pastor wirkte.

Twist« oder die »Weihnachtsgeschichte« längst zu Klassikern geworden sind. Angela sollte für ihre Nichte Condoleezza ein großes Vorbild sein.

John Rice junior trat in die Fußstapfen seines Vaters: »Ich bewunderte ihn ungeheuer. Er war mein großes Vorbild.« Wie sein Vater studierte John dann ebenfalls am »Stillman College« und wurde zum »Presbyterian Minister« ernannt. Später arbeitete er 13 Jahre als Lehrer und Berater an allgemeinen Schulen, setzte sich für die Gleichberechtigung der schwarzen Jugendlichen ein und betreute als Coach ein Basketball-Team sowie eine Football-Mannschaft.

Außerdem war er als Schulinspektor an der »Fairfield Industrial High School« tätig. Die Schule befand sich in einem überwiegend von Schwarzen bewohnten Stadtteil im südwestlichen

Außenbezirk von Birmingham in unmittelbarer Nähe der Stahlhütten. Als sein Vater sich 1951 zur Ruhe setzte, trat John dessen Nachfolge als Pastor an der »Westminster Presbyterian Church« in der Sixth Avenue an.

An der High School lernte er eine junge hübsche und talentierte Pianistin und Lehrerin kennen: Angelena Ray. Sie unterrichtete Musik und Biologie und spielte bei Gottesdiensten in der »Westminister Presbyterian Church« Orgel. Die Rays zählten damals in Birmingham zu den sichtbaren Vertretern eines angesehenen schwarzen Mittelstands. Sie waren eine der wenigen Familien, die ein Auto besaßen.

Albert Robinson Ray, Condoleezzas Großvater, war ein fleißiger und selbstbewusster Mann. Er hatte nicht die Möglichkeit gehabt, eine Schule zu besuchen, und bereits mit 13 sein Elternhaus verlassen. Aber er ging unbeirrbar seinen Weg. Er glaubte an den Erfolg durch Arbeit. Er schuftete hart. Zunächst in einer Mine. Später, als er eine Familie gründete, hatte er zeitweise drei Jobs: Er war Minenarbeiter und Schmied und samstags baute er Eigenheime. So brachte er es in der schwarzen Gemeinde zu Respekt und bescheidenem Wohlstand.

Zusammen mit seiner Frau Mattie Lula sorgte er dafür, dass alle seine fünf Kinder das College besuchen konnten. Er wollte ihnen ersparen, dass sie wie er in einer Mine arbeiten mussten. Auch tat er alles, um sie vor der Konfrontation mit weißen Rassisten zu schützen. Seine Kinder sollten in der Jim-Crow-Ära nicht mit einem Minderwertigkeitskomplex aufwachsen. Deshalb empfahl er ihnen, die diskriminierende Welt der Weißen, soweit dies möglich war, zu ignorieren und ihr aus dem Weg zu gehen. Sie sollten keine öffentlichen Toiletten und Busse mit separaten Eingängen und Sitzplätzen für Weiße benutzen. Auch verbot er ihnen, im Haushalt von Weißen zu arbeiten, was damals für viele schwarze Familien in Birmingham eigentlich eine alltägliche Verdienstmöglichkeit war. Leidenschaftlich erklärte er: »Denkt immer daran, dass ihr Rays seid.«

John Rice junior und Angelena Ray: Ihre Liebe nährte sich vor allem aus ihrem tiefen christlichen Glauben, dem Streben nach Wissen, der Freude an der Jugendarbeit und dem Lehrerberuf sowie dem Wunsch, eine eigene Familie zu gründen. Sie heirateten Anfang der fünfziger Jahre.

III

Lebe deinen Traum

Auch wenn du in manchen Restaurants keinen Hamburger bekommst, kannst du der Präsident von Amerika werden. Du musst allerdings zweimal so gut sein wie alle anderen.

John Rice jr.

Die »Eins-plus-Studentin«: Condoleezza Rice in ihrer Studienzeit an der Universität von Denver

Condoleezza Rice wurde an einem Sonntag, dem 14. November 1954, in Birmingham geboren. Als Tochter von emanzipierten Eltern, die ihr schon früh erzählten: Du kannst alles. Beide waren über 30, als sie zur Welt kam. John Rice hatte sich eigentlich einen Jungen gewünscht. Mit seinem Sohn wollte er später seine Hobbys Football, Baseball und Basketball teilen.

Aber in dem Augenblick, als Condoleezza das Licht der Welt erblickte, war sie ihm genauso willkommen wie ein Sohn. Sie war etwas Besonderes für ihn. Stolz verkündete er: »Condi gehört nicht uns. Sie gehört Gott.« Sein sechster Sinn schien ihm schon damals zu sagen, dass ihr eine große Karriere bevorstand. Er nannte sie »little star«, und das blieb sie für ihn ein Leben lang, auch noch, als sie bereits ein Superstar war.

Auch Condoleezzas Mutter war von Anfang an von den Wunderkind-Qualitäten ihrer Tochter überzeugt. Schon sehr früh ließ sie sie an der Southern University in Baton Rouge psychologisch testen. Das Ergebnis der Untersuchung bestätigte sie in ihrem Glauben: »Ich wusste, dass mein Baby ein Genie ist.«

Angelena träumte davon, dass ihr »Baby« später eine glanzvolle Karriere als Konzertpianistin machen würde. Und so nannte sie ihre Tochter »Condoleezza«. Der Name ist aus der italienischen Musiksprache entliehen, wo »con dolcezza« so viel wie »mit Süße« spielen bedeutet. Vier Jahrzehnte später scheint Condoleezza dieses subtile Spiel als Bushs »Cheftrainerin« perfekt zu beherrschen und dirigiert ihn durch die komplizierte Welt der Außenpolitik.

In Birmingham lebte die Familie Rice zunächst in einer Pastorenwohnung der »Westminster Presbyterian Church«. Später zogen sie nach Titusville, einen Stadtteil in Birmingham mit einem stolzen schwarzen Mittelstand, der eine gewisse soziale Reputation besaß. Lehrer, Priester und Handwerker, die versuchten, ihre Kinder christlich und unabhängig zu erziehen, und die bemüht waren, sie durch Weiterbildung und eine qualifizierte Ausbildung von der totalen Unterwerfung unter die weißen Rassengesetze zu befreien.

Menschen brauchen Vorbilder, vor allem wenn sie jung sind. Condis Vorbilder waren ihre Eltern. Sie lebten ihr vor, was möglich ist, gaben ihr Liebe und Geborgenheit. Außerdem waren sie sehr ehrgeizige und disziplinierte Lehrer, die ihre Tochter leidenschaftlich und mutig mit den Realitäten des Lebens in Birmingham vertraut machten. Ihr Credo lautete: Alle Menschen sind gleich und dürfen nicht aufgrund ihrer Rassenzugehörigkeit benachteiligt oder bevorzugt werden. Nicht Hautfarbe oder Geschlecht sind entscheidend, sondern allein die persönliche Leistung.

»Auch wenn du in manchen Restaurants keinen Hamburger bekommst, kannst du Präsident von Amerika werden«, schärfte John Rice seiner Tochter ein. »Du musst allerdings zweimal so gut sein wie alle anderen.«

Er sagte dies zu einer Zeit, als die meisten Schwarzen in den Südstaaten noch nicht einmal wählen durften. »Rassentrennung gibt es nun mal«, erklärte John seiner Tochter. »So ist eben das Leben. Aber lass dir das bloß nicht als Problem einreden. Wir werden alles Erdenkliche tun, damit du die gleichen Chancen bekommst wie andere Kinder auch.«

Er impfte Condi ein, dass jeder Mensch seines Glückes Schmied sei. Nur durch Wissen könne sie selbstständig, unabhängig und stark werden. Wissen, dass sie einmal im Kopf habe, könne ihr niemand wegnehmen. Und nur durch Wissen könne sie die Vorurteile entkräften und sich von den Fesseln der weißen Rassisten befreien.

Nach diesem Plan und Prinzip wurde Condi erzogen: Bildung und Disziplin, nicht Rassenstigma standen ganz oben auf der Agenda ihrer Ausbildung. Schon sehr früh weckten und förderten John und Angelena das Interesse ihrer hochbegabten Tochter an »weißer Kultur«: klassischer Musik, Ballett, Literatur, Sprachen und Sport. Angetrieben von ihren ehrgeizigen Eltern, entwickelte sich Condi zu einem Multitalent. Sie wollte schon als kleines Mädchen alles wissen, immer Neues lernen und entdecken und vor allem immer die Beste sein.

Bereits mit drei Jahren, als Condi kaum die Tasten erreichen konnte, gab ihr die Mutter klassischen Klavierunterricht. Damit sollte sie eine alte Familientradition fortsetzen. Schon ihre Ur- sowie ihre Großmutter spielten Piano. Condi hielt sich häufig im Haus ihrer Großmutter Mattie Ray auf und war fasziniert, wenn diese ihr auf dem Klavier vorspielte. Sie versuchte ihr Spiel zu kopieren und entwickelte sich schnell zu einem musikalischen Wunderkind. Noch vor den ersten Wörtern konnte sie Noten lesen und begann auf dem Konzertflügel Bach und Mozart und Tschaikowsky zu üben.

Als sie fünf Jahre alt war, gab sie ihr erstes Konzert: Bei einem Kaffeekränzchen zu Ehren der neuen Lehrer in ihrer Heimatstadt spielte sie Tschaikowskys »Das Begräbnis der Puppe«: »Ich sehe mich noch heute dasitzen in einem Taftkleid mit einer wuscheligen Schottenmütze auf dem Kopf – ich weiß nicht, wie meine Mutter auf die Idee gekommen ist. Aber es war mein erster Auftritt, der erste von vielen.«

So bewies Condi schon früh ihre »Star-Qualitäten« und lernte, nach Höherem zu streben. Ein Jahr bevor sie in die Schule kam, ließ sich ihre Mutter vom Schuldienst befreien und unterwies die Tochter zu Hause in Musik, Sprachen und Kunst. Der Unterricht lief wie in einer regulären Schule nach einem strengen Stundenritual ab. Condi verbrachte ihre Freizeit nicht etwa mit Mickey-Mouse-Heften. Sie war auch kein wildes Kind, das auf der Straße herumtobte und ständig Streiche ausheckte. Meistens paukte sie unter der Aufsicht ihrer Eltern. Sie las unheimlich viel und die Bücher begannen sich neben ihrem Bett zu stapeln.

Zweimal so gut wie alle anderen: Schon als Kind wollte Condi die Beste, die Schnellste und Klügste sein. Dieses Streben war sicherlich auch Ausdruck ihrer besonderen Begabung. Als sie eingeschult wurde, schaffte sie spielend den Sprung zur »Eins-plus-Schülerin«. Mit zehn Jahren wurde sie als erste schwarze Musikstudentin am »Birmingham Southern Conservatory« aufgenommen und entwickelte sich zu einer hervorragenden Brahms-Interpretin. In ihrer Freizeit drehte sie als »Eislaufprinzessin« Pirouetten und sprang locker Axels, Flips und Rittbergers. Sie bekam auch Ballett- und Geigenunterricht und gewann durch ihren harten Aufschlag im Tennis gegen die meisten Jungen. Außerdem wurde sie ein großer Football-Fan.

Die umfassende Förderung seitens ihrer Eltern muss für Condis Selbstgefühl und Energie ungeheuer wichtig gewesen sein. Ihre Stärken waren Disziplin, Entschlossenheit und Glaube an sich selbst. Vorsicht, Zweifel und Zaudern schien sie nicht zu kennen. Sie wollte die Beste sein und wusste schon im zarten Alter von neun Jahren, wo sie hinwollte. Als der Vater sie bei einem Besuch in Washington D.C. vor dem Amtssitz des US-Präsidenten für ein Erinnerungsfoto ablichtete, meinte die Musterschülerin: »Eines Tages werde ich in diesem Haus sein.«

Das war im Jahr 1963 und ein verwegener Traum für ein kleines, farbiges Mädchen, dessen afroamerikanische Urgroßeltern Sklaven gewesen waren. Aber Condoleezza Rice hat Recht behalten: Fast 40 Jahre später ist sie im Weißen Haus und zieht im Hintergrund die Fäden.

Kein Zweifel: Das Erziehungsmodell, der Ansporn ihrer Eltern zur geistigen Gymnastik, haben Condis Lebensweg entscheidend geprägt, waren eine wichtige Triebfeder für sie. Aber auch ihr Ausnahmetalent dürfte eine zentrale Rolle gespielt haben. Und: Obwohl damals in Birmingham überall weiße Rassisten lauerten, konnte sie sich in der Obhut und Geborgenheit der Familie relativ sicher fühlen: »Ich war das Zicklein eines Predigers. Im getrennten schwarzen Birmingham der späten fünfziger Jahre war die Kirche nicht nur ein Ort der Anbetung, sondern der Mittelpunkt unseres Lebens.«

Dies ist sicherlich ein zentraler Punkt in ihrem Selbstgefühl: Ihr wurde schon früh vermittelt, dass sie etwas wert ist. Zusammen mit der Sonderbegabung und dem unbewussten Auftrag, ein Leben zu führen, das den Eltern nicht möglich war, muss dies eine starke Motivation für sie gewesen sein.

Sie war knapp vier Jahre alt, als sie zum ersten Mal einen Weißen sah. Weihnachten stand vor der Tür und ihre Eltern wollten ihr Santa Claus, den Nikolaus, zeigen. Artig näherte sich Condi einem Mann im roten Kostüm. Sie sah ein weißes Gesicht, eingerahmt von einem weißen langen Bart.

Condis Eltern taten alles, um ihre Tochter von dem Birminghamer Apartheid-Dschungel fern zu halten, um ihr das erniedrigende »Nur für Weiße« zu ersparen. Sie benutzten niemals öffentliche Verkehrsmittel oder andere entsprechende Einrichtungen mit »Coloured Zones«.

Dennoch ließ es sich nicht verhindern, dass Condi im täglichen Leben mit der Rassendiskriminierung konfrontiert wurde und vor Menschen mit weißer Hautfarbe Angst haben musste. Im Geschichtsunterricht hatte sie gelernt, wer für die Sklaverei in Amerika verantwortlich war. Der weiße Mann?

Wer hatte die Indianer fast ausgerottet? Die Weißen. Wer hatte die meisten Kriege angezettelt? Die Weißen. Wer tötete mit Bomben unschuldige Schwarze? Die Weißen. Wer hängte Schilder auf »Nur für Neger«? Die Weißen.

Condis Mutter legte Wert auf elegante Kleidung und kaufte für sich und ihre Tochter nur in den besseren Geschäften ein. Einmal kam es zu einem Eklat. Eine Verkäuferin wollte nicht zulassen, dass Condi in einer »Nur für Weiße« reservierten Umkleidekabine ein Kleid anprobierte. »Eine solche Behandlung lassen wir uns nicht bieten«, empörte sich Angelena Rice. Sie ließ den Geschäftsführer rufen und drohte mit Boykott. Ihr Protest hatte Erfolg: Condi durfte die Kabine benutzen.

Wie haben solche Szenen wohl auf Condoleezza gewirkt? Welcher inneren Spannung war sie ausgesetzt? Einerseits vermittelte ihr die Mutter ein starkes Selbstwertgefühl, andererseits erlebte sie ständig im Alltag der Rassendiskriminierung, wie sie als schwarzes Mädchen ausgegrenzt wurde. Ein Pendelschlag zwischen Erniedrigung und Stolz.

Warum diese unerbittliche Trennung? Warum durfte sie in den öffentlichen Schwimmbädern nicht mit den weißen Kindern baden? Warum gab es separate Trinkwasser-Spender, obwohl das weiße Wasser genauso schmeckte wie das schwarze? Warum öffnete der beliebte Freizeitpark »Kiddieland« nur an einem Tag im Jahr seine Pforten für schwarze Kinder? »Vergiss Kiddieland«, sagten ihre Eltern und fuhren mit ihr nach Disneyland auf Coney Island.

Diese Diskriminierungen wirken heute schockierend. Wie konnten Menschen in diesem Albtraum leben? Für Condoleezza Rice war die strikte Trennung zwischen Schwarz und Weiß Alltag. In dieser Hinsicht gehörte Birmingham in den fünfziger und sechziger Jahren zu den schlimmsten Orten in Amerika.

Bombenanschläge auf Kirchen von schwarzen Christen waren an der Tagesordnung. Die meisten wurden nie aufgeklärt. Der weiße Sheriff Theophilus Eugene »Bull« Connor, der damals in der Stadt herrschte, hatte kein Interesse daran. Er war als Mann fürs Grobe und für seinen Rassismus berüchtigt.

Connor stammte aus Selma, Alabama. Sein Vater war Telegrafist bei der Eisenbahn. Connor war acht, als seine Mutter starb. Danach reiste er mit seinem Vater kreuz und quer durch die Staaten. Die Schule kam dabei zu kurz. Er besuchte nie eine Highschool, erlernte jedoch die Telegrafie.

Später arbeitete Connor für Radiostationen. Nachdem er sich einen Namen gemacht hatte, ging er in die Politik und wurde 1934 zum Sicherheitsbeauftragten von Birmingham gewählt. Er verkörperte das Prinzip »law and order« und trat auf, wie man John Wayne aus Westernfilmen kennt: Ich bin das Gesetz und diese Stadt gehört mir.

Wegen seiner bulligen Statur wurde er der »Stier« genannt. In dieser Weise ging er auch gegen schwarze Mitbürger vor, die gegen Rassentrennung und für Bürgerrechte demonstrierten. Er setzte Wasserwerfer gegen sie ein, ließ sie niederknüppeln und ins Gefängnis werfen.

Die schwarze gewaltlose Bürgerrechtsbewegung hatte ursprünglich in Montgomery begonnen. Am 1. Dezember 1955 war hier in den Augen weißer Rassisten etwas Ungeheuerliches geschehen: Die 43 Jahre alte farbige Näherin Rosa Parks hatte sich geweigert, in einem Bus ihren Platz einem weißen Mann zu überlassen. Sie befand sich auf dem Heimweg vom Montgomery Flair, einem großen Warenhaus, in dem sie tagsüber arbeitete, und war in den Cleveland-Avenue-Bus gestiegen. Sie war müde und setzte sich auf den ersten Sitz hinter den für die Weißen reservierten Plätzen. Außer ihr befanden sich noch drei andere Schwarze in dem Bus.

Kaum hatten sie Platz genommen, befahl ihnen der Busfahrer, weiter nach hinten zu gehen, um weißen Fahrgästen ihre Sitze zu überlassen. Während die anderen Schwarzen sofort der Aufforderung nachkamen, blieb Rosa Parks sitzen. Sie war nicht nur müde von einem langen Arbeitstag. Sie war auch müde, sich ständig als Mensch zweiter Klasse behandeln zu lassen.

Der Busfahrer rief die Polizei. Rosa Parks wurde wegen Missachtung der Jim-Crow-Gesetze abgeführt und später zu einem Bußgeld von 14 US-Dollar verurteilt, nach damaligem Wert etwa 30 Euro. Eine relativ hohe Geldstrafe für eine Näherin.

Ihre Verhaftung sprach sich unter der schwarzen Bevölkerung wie ein Lauffeuer herum. In der Nacht darauf trafen sich 50 führende Köpfe der späteren Bürgerrechtsbewegung in einer Kirche, um den Vorfall zu diskutieren. Unter ihnen war der junge Pfarrer der »Dexter Avenue Church«, Dr. Martin Luther King.

Die schwarzen Führer beschlossen einen Bus-Boykott. Für diesen Zweck wurde eine besondere Organisation gegründet, die »Montgomery Improvement Association« (MIA), ein Bürgerausschuss zur Verbesserung der rassischen Beziehungen. Der damals in der Öffentlichkeit noch unbekannte King wurde zum Leiter der Aktion gewählt.

Am 5. Dezember, als der Prozess gegen Rosa Parks beginnen sollte, rief er zum Boykott der öffentlichen Verkehrsmittel auf. Der Protest sollte so lange dauern, bis folgende Forderungen erfüllte waren: 1. Von den Busunternehmen wird den Schwarzen höfliche Behandlung zugesichert. 2. Die Fahrgäste dürfen sich in der Reihenfolge, wie sie kommen, setzen. 3. Auch schwarze Busfahrer werden eingesetzt.

Der Funke des Protests sprang auf alle schwarzen Bürger über. Zu hundert Prozent folgten sie Kings Appell, obwohl viele einen sehr weiten Weg zur Arbeit hatten und auf die öffentlichen Verkehrsmittel angewiesen waren. Aber sie waren sich mit ihm einig: »Wir sind es müde, ständig unterdrückt und brutal mit den Füßen getreten zu werden. (...) Jetzt ist die Zeit, aus dem dunklen und trostlosen Tal der Rassentrennung aufzubrechen und den lichten Weg der Gerechtigkeit für alle Rassen zu beschreiten.«

Am 26. Januar stellte die Montgomery Bus Company den Betrieb in den schwarzen Wohnvierteln ein. Aber Taxigesellschaften, die Schwarzen gehörten, waren bereit, die Leute für den Buspreis von 10 Cent zu befördern. Darauf ordnete der weiße Polizeichef an, dass alle Taxigesellschaften einen Mindestpreis von 45 Cent einzuführen hätten.

Als Ersatz für die teuren Taxis organisierte King einen Autopool. Schon in den ersten Tagen beteiligten sich über 300 Privatleute an dem freiwilligen Mitfahrdienst. Auch viele weiße Hausfrauen waren bereit, ihre schwarzen Hausgehilfinnen in deren Wohnvierteln abzuholen.

Aber die weißen Stadtväter versuchten mit miesen Tricks den Boykott zu brechen. Die Polizei begann Jagd auf die Fahrer des Autopools zu machen. Sie wurden schon für kleine und fingierte Verkehrsverletzungen verhaftet. Ein Gericht erklärte den Bus-Boykott für gesetzwidrig. Der Autopool sollte verboten werden. Er sei ein »öffentliches Ärgernis«, hieß es. Und ein »Privatunternehmen«, das »unbefugterweise und ohne Konzession« arbeite. Versicherungen weigerten sich die Autos zu versichern, da angeblich das Risiko zu groß sei. Über 100 Schwarze wurden angeklagt. Die anderen Streikenden ließen sich jedoch nicht einschüchtern und strömten zum Gefängnis, um sich verhaften zu lassen.

Andere wollten die Schikanen nicht länger hinnehmen und besorgten sich Waffen. Doch King schaffte es, dass der Boykott gewaltfrei blieb: »Wenn ihr Waffen bei euch habt, nehmt sie wieder mit nach Hause. Wenn ihr keine habt, verschafft euch bitte auch keine. Wir können dieses Problem nicht durch Vergeltung lösen. Wir müssen der Gewalt mit Gewaltlosigkeit begegnen. Wir wollen überzeugen und nicht Zwang ausüben. Die Liebe muss unser Tun bestimmen.« So hielt er die schwarzen Demonstranten auch davon ab, weiße Geschäfte zu boykottieren. Er wollte unbedingt eine Eskalation der Auseinandersetzung verhindern.

Für sein Engagement ging King ein hohes Risiko ein: Wegen einer geringfügigen Geschwindigkeitsübertretung wurde er kurzfristig verhaftet. Am 31. Januar 1956 war das Haus seiner Familie in der Jackson Street Ziel eines Attentats. Auf der Veranda explodierte eine Bombe. Kings Frau, seine Tochter Denise und die Frau eines Kirchenmitglieds, die sich im hinteren Teil des Hauses aufhielten, blieben wie durch ein Wunder unverletzt.

Die Bombenleger wurden nicht gefasst. Sie kamen vermutlich aus den Reihen des Ku-Klux-Klan. In einer anderen Nacht war auch das Haus von Ralph David Abernathy, Martin Luther Kings rechter Hand, Ziel eines Anschlags. Obwohl die Bombe direkt vor dem Schlafzimmer an einer Gasleitung platziert war, überlebten Abernathys schwangere Frau Juanita und ihre kleine Tochter Juandalynn. In der gleichen Nacht wurden insgesamt vier schwarze Kirchen in die Luft gesprengt, außerdem das Wohnhaus eines weißen Pastors. Wie durch ein Wunder wurde niemand verletzt.

Trotz mehrerer Bombenanschläge, telefonischen Morddrohungen und tätlicher Angriffe ließ sich King nicht einschüchtern und blieb bei seiner Strategie der Gewaltlosigkeit und Nächstenliebe: »Ihr könnt uns töten und unseren Besitz zerstören, aber wir werden euch trotzdem lieben.« Er war überzeugt, dass Gewaltlosigkeit der einzige richtige Weg war, um das Unrecht zu bekämpfen, und dass Gleiches nicht mit Gleichem vergolten werden durfte. Die Kraft für sein mutiges Engagement bezog er aus seinem tiefen Glauben. Er war überzeugt, dass er für eine gerechte Sache kämpfte. Seine innere Stimme sagte ihm: »Steh auf für die Gerechtigkeit und die Wahrheit. Und Gott wird immer an deiner Seite stehen.«

Nach 381 Tagen hatte King mit seiner Taktik des gewaltlosen zivilen Ungehorsams Erfolg: Der oberste Gerichtshof der USA, der Supreme Court, erklärte die Rassentrennung in den Bussen für verfassungswidrig. Am 21. Dezember 1956 fuhren erstmals schwarze Fahrgäste, geführt von Rosa Parks und Martin Luther King, in einem Bus durch die Stadt – auf Sitzen, die vorher Weißen vorbehalten waren.

Wer war dieser »Apostel der Gewaltlosigkeit«, der unter dem Kürzel »MLK« zum größten Hoffnungsträger für die schwarze Bevölkerung Amerikas wurde? Welche Rolle spielte er im Leben von Condoleezza Rice?

Vergleicht man die Familiensaga der Kings und der Rices, so lassen sich gewisse Parallelen feststellen: Genau wie Condoleezza Rice stammte der 25 Jahre ältere King aus einer Pastorenfamilie, die dem schwarzen Mittelstand angehörte und sich für die Gleichberechtigung der Schwarzen einsetzte. Sein Vater war Baptistenpfarrer, die Mutter Lehrerin. Ähnlich wie Bushs spätere Sicherheitsberaterin wuchs auch King trotz Rassentrennung und Diskriminierung verhältnismäßig behütet auf und seine Eltern sorgten dafür, dass er eine gute Ausbildung erhielt. Sie wollten nicht, dass er als Mensch zweiter Klasse aufwächst. Auch das Klavier spielte im Hause King eine wichtige Rolle.

Am 15. Januar 1929 wurde Martin Luther King als Sohn der Lehrerin Alberta Christine King und des Baptistenpfarrers Michael Luther King in Atlanta, Georgia, geboren. Er hatte eine ältere Schwester, Christine, und einen jüngeren Bruder, Alfred Daniel. Seine Kindheit verbrachte King jr. im schwarzen Stadtbezirk Aubern, der für den Süden damals in kultureller Hinsicht eine Vorreiterrolle spielte. Immerhin gab es hier bereits die erste schwarze Tageszeitung der USA, die *Atlanta Daily World.*

Von 1935 bis 1944 besuchte King die David T. Howard Elementary School, die University Laboratory School und die Booker T. Washington High School in Atlanta. Mit 17 wurde er Prediger. Zunächst assistierte er seinem Vater an der Ebenezer Baptist Church. Zwei Jahre später wurde er zum Pastor berufen.

Ab September 1948 besuchte er das Crozer Theological Seminary in Chester, Pennsylvania, um Theologie zu studieren. Es gab hier nur schwarze Studenten. Ähnlich wie später Condoleezza Rice war auch King der Beste seiner Klasse und hungrig nach Wissen. Er las Plato, Rousseau, Aristoteles und vor allem Ghandi, dessen gewaltlose Botschaft ihn stark beeinflusste. 1951 schloss er seine Ausbildung als Pfarrer mit dem »Bachelor of Divinity« ab.

1953 heiratete er Coretta Scott in Marion, Alabama. Sie sollten vier Kinder bekommen. Im darauf folgenden Jahr zog King nach Montgomery, um an der »Dexter Avenue Baptist Church« zu predigen. Zu diesem Zeitpunkt lebten in der Stadt 130 000 Menschen, davon 50 000 Schwarze, vorwiegend Landarbeiter und Hausangestellte. Es herrschte strikte Rassentrennung.

Genau wie Condoleezzas Vater setzte sich King dafür ein, dass schwarze Kinder zur Schule gehen konnten, und förderte schwarze Künstler und Sportler. 1955 erhielt er von der Bostoner Universität den Doktortitel in Theologie. Amerikaweit bekannt machte ihn dann der Bus-Boykott von Montgomery. King wurde die Leitfigur der schwarzen Bürgerrechtsbewegung.

Aber die Schikanen der Justiz gegen ihn gingen weiter. 1960 zog er nach Atlanta und predigte als Ko-Pastor bei seinem Vater an der Ebenezer Baptist Church. Weil er es unterlassen hatte, seinen Führerschein umzumelden, wurde King festgenommen und zu sechs Monaten Zwangsarbeit verurteilt. Zu dieser Zeit war John F. Kennedy Präsidentschaftskandidat. Er bot King seine Hilfe an, setzte sich mit dem Richter in Verbindung und erreichte, dass der schwarze Prediger gegen eine Kaution freigelassen wurde. Wenige Tage später wurde Kennedy zum Präsidenten gewählt.

Condoleezza Rice war neun Jahre alt, als Martin Luther King am Karfreitag, dem 12. April 1963, nach Birmingham kam, um auch dort gegen die strikten Rassenschranken und für die faire Behandlung der schwarzen Bürger in den Geschäften zu demonstrieren. In dieser Zeit entstand auch das Protestlied »We shall overcome« von John Lennon.

Condi saß auf den Schultern ihres Vater und sah, wie King den Protestmarsch anführte. Sie hielten sich in einiger Entfernung von dem Demonstrationszug auf. Ihr Vater stand zwar auf der Seite von Martin Luther King und diskutierte mit Condi die politischen Ziele der Bürgerrechtsbewegung. Aber er lehnte es ab, sich mit seiner Tochter an Demonstrationen zu beteiligten. Er hielt nichts von dieser Strategie und war der Meinung, dass dies für Kinder zu gefährlich sei. Polizeichef »Bull« Connor war berüchtigt für sein brutales Vorgehen, scheute er sich doch nicht, auch Wasserwerfer und Hunde gegen Kinder einzusetzen.

Aus relativ sicherer Entfernung beobachtete Condi, wie Connors Polizeikräfte gegen die schwarzen Demonstranten vorrückten. King wurde verhaftet und im Gefängnis eingesperrt. Der Kontakt nach draußen wurde ihm verboten. Am 16. April 1963 verfasste er in der Haftanstalt den berühmten »Letter from Birmingham Jail«. Er schrieb ihn auf Zeitungspapier, weil er zwar einen Stift, aber kein Schreibpapier besaß. Der offene Brief wurde aus der Haftanstalt geschmuggelt und in der ganzen Stadt verteilt. Heute erinnert eine Rekonstruktion seiner Gefängniszelle im Bürgerrechtsinstitut der Stadt an die damalige Unterdrückung.

1963 wurde die Situation in Condis Heimatstadt immer unerträglicher. Birmingham glich einem menschlichen Pulverfass, geladen mit Hass und Rassismus. Am 2. Mai erlebte Condi Szenen wie in einem Bürgerkrieg. Zwei Fronten standen sich gegenüber, wie sie unterschiedlicher nicht sein konnten: auf der einen Seite 1000 wehrlose schwarze Schulkinder im Alter von 13 und 16 Jahren, die für die Gleichberechtigung und integrierte Schulen demonstrierten. Auf der anderen Seite mit Schlagstöcken und Schilden, Wasserwerfern und Polizeihunden martialisch bewaffnete Polizisten.

Nie zuvor hatte Condi ein ähnliches Missverhältnis erlebt. Sie hielt den Atem an, als eine metallische Lautsprecherstimme befahl: »Achtung, hier spricht die Polizei. Dies ist eine verbotene Demonstration. Verschwindet von der Straße.«

Aber sie sah, wie die Schüler unbeirrt ihren Protestmarsch fortsetzten. Dann hörte sie das Kommando: »Wasserwerfer los«.

Fassungslos musste sie mitansehen, wie die Wasserkanone wahllos in die Menge zu feuern begann. Sie sah, wie die Schüler versuchten, sich aneinander zu klammern. Viele traf der harte Wasserstrahl wie ein elektrischer Schlag. Sie schrieen, stürzten zu Boden, wurden über die Straße geschleudert. Dann kamen die Hunde und bissen sich an Kindern fest. Condi hörte panische Schreie. Sie war entsetzt.

Polizeichef Connor ließ an diesem Tag fast 1000 Kinder festnehmen. Die Fernsehbilder von prügelnden Polizisten, die abgerichtete Hunde sowie Wasserwerfer gegen Kinder einsetzten, gingen um die Welt und erschütterten nicht nur die amerikanische Öffentlichkeit. Knapp drei Wochen später erklärte der Bundesgerichtshof die Rassengesetze von Birmingham für verfassungswidrig.

Dessen ungeachtet gingen die Diskriminierungen weiter. Der Gouverneur von Alabama, George Corley Wallace, wollte an der Rassentrennung festhalten. Der ehemalige Profiboxer und Richter hatte bereits bei seiner Antrittsrede 1958 klar gemacht, welches Geistes Kind er war: »Im Namen des großartigsten Volkes, das je die Erde betreten hat, ziehe ich eine Linie in den Staub und werfe meinen Fehdehandschuh vor die Füße der Tyrannei und sage: Rassentrennung heute, Rassentrennung morgen, Rassentrennung für immer.«

Im Juni 1963 entfachte er eine neue Welle des Rassenstreits in den Südstaaten, als er sich höchstpersönlich am Eingang der Universität von Tuscaloosa postierte und farbigen Studenten und den Beamten des »Justice Department« den Zutritt verweigerte. Präsident Kennedy setzte daraufhin die Nationalgarde ein. Erst als die Truppen aufmarschierten, gab der Gouverneur auf. 1968 kandidierte er dann für die eigens gegründete »American Independent Party« für das amerikanische Präsidentenamt. Mit einer Diffamierungskampagne gegen Schwarze und Vietnamgegner sollte er immerhin neun Millionen Stimmen gewinnen.

Auch 1972 bemühte sich Wallace um eine erneute Kandidatur, wurde aber durch ein Attentat bei einer Wahlkampfveranstaltung in Laurel (Maryland) querschnittsgelähmt. Der Täter, Arthur Bremer, erhielt eine Haftstrafe von 63 Jahren. Trotz seiner Querschnittslähmung war Wallace weiter auf der politischen Bühne tätig und wurde 1974 und 1982 mit großer Mehrheit als Gouverneur von Alabama wieder gewählt. Inzwischen hatte er allerdings einen radikalen politischen Gesinnungswandel vollzogen und öffentlich erklärt, dass seine bisherigen Positionen zur Rassenpolitik falsch gewesen seien. Er küsste schwarze Babys, setzte sich als Anwalt für die Belange der Schwarzen ein, von denen jetzt 90 Prozent für ihn stimmten, und leistete in Martin Luther Kings Kirche Abbitte von seinen Sünden. Wallace starb im Alter von 79 Jahren an der Parkinson-Krankheit.

Martin Luther King war inzwischen unbeirrbar seinen gewaltlosen Weg weitergegangen. Am 28. August 1963 marschierte er an der Spitze von ca. 250 000 Menschen, darunter 60 000 Weiße, nach Washington und hielt auf den Stufen des Lincoln Memorial eine bewegende Rede – »I have a dream«:

»Vor hundert Jahren unterzeichnete ein großer Amerikaner, in dessen symbolischem Schatten wir heute stehen, die Emanzipationsproklamation. Er kam wie ein freudiger Tagesanbruch nach der langen Nacht ihrer Gefangenschaft. Aber hundert Jahre später ist der Neger immer noch nicht frei. Hundert Jahre später ist das Leben des Negers immer noch verkrüppelt durch die Fesseln der Rassentrennung und die Ketten der Diskriminierung. Hundert Jahre später schmachtet der Neger immer noch am Rande der amerikanischen Gesellschaft und befindet sich im eigenen Land im Exil. (...)

Heute sage ich euch, meine Freunde, trotz der Schwierigkeiten von heute und morgen habe ich einen Traum. Es ist ein Traum, der tief verwurzelt ist im amerikanischen Traum. Ich habe einen Traum, dass eines Tages diese Nation sich erheben wird und der wahren Bedeutung ihres Credos gemäß leben wird: ›Wir halten diese Wahrheit für selbstverständlich: dass alle Menschen gleich erschaffen sind.‹ (...)

Ich habe einen Traum, dass meine vier kleinen Kinder eines Tages in einer Nation leben werden, in der man sie nicht nach ihrer Hautfarbe, sondern nach ihrem Charakter beurteilen wird.«

Dies war ein Traum, den sicherlich auch Condoleezza Rice teilte. Aber wer hätte sich damals in Birmingham vorstellen können, dass sie eines fernen Tages dem mächtigsten weißen Mann der Welt, George Bush, die Hand schütteln und mit ihm zusammen im Oval Office an einem Tisch sitzen würde?

Während ihrer Kindheit in Birmingham litt sie unter der »Hitze der Ungerechtigkeit und Unterdrückung«, die King in seiner Rede angeprangert hatte. Sie war umgeben von einer feindlichen, kalten und bösen »Außenwelt«. Es war ein Leben in einer fast unerträglichen Spannung. Die Stadt schien im Rassismus erstarrt. Als die Stadtväter endlich nachgaben und versprachen, die Rassentrennung aufzuheben, versuchte dies der Ku-Klux-Klan mit Dynamit zu verhindern. Die »nightriders« kamen meist nachts, sie waren schwer bewaffnet und bombten wahllos schwarze Schulen, Kirchen und Wohnhäuser.

Birmingham schien sich in einem endlosen Kriegszustand zu befinden. Condi musste täglich um ihr eigenes Leben, um das Leben ihrer Familie und das Leben von Freunden bangen: Arthur Shores, ein enger Bekannter der Familie, bezahlte seine Nähe zum »Dynamite Hill«, einem von Weißen dominierten Viertel, wo auch schwarze Familien sich angesiedelt hatten, mit einem hohen Preis. Im August und September 1963 war sein Haus zweimal das Ziel von Bombenanschlägen und wurde fast total zerstört. Condi und ihre Eltern versorgten die obdachlose Familie mit Lebensmitteln und Kleidung. Wegen der Anschläge konnte sie auch häufig nicht zur Schule gehen.

Als Bollwerk gegen die Klansmänner gründeten schwarze Familien schließlich eine Bürgerwehr. Condis Vater schloss sich der Garde an und patroullierte nachts mit einer »shortgun« bewaffnet in den Straßen. Doch die Klansmänner ließen sich

Vorbild für die Tochter: John W. Rice, ein engagierter Lehrer und Prediger

davon nicht abschrecken und gingen in die Offensive: Am Morgen des 15. September 1963 erfolgte auf die Baptistenkirche in der 16. Straße, die als Hauptquartier der Bürgerrechtsbewegung galt, der verheerendste Anschlag. Dabei kamen vier schwarze Mädchen ums Leben: Denise McNair, Cynthia Wesley, Carole Robertson und Addie Mae Collins.

Dieser erlebte Terror erklärt vielleicht, warum Condoleezza Rice heute als Bushs Sicherheitsberaterin nicht gerade das Image einer »Friedenstaube« genießt: Warum sie »Schurkenstaaten« mit allen Mitteln entwaffnen will, aber verschärfte Waffenkontrollen in den USA ablehnt. Der US-Bürger soll nicht auf die Waffe zum persönlichen Schutz verzichten. Wären die »shortguns« der schwarzen Milizen damals registriert gewesen, hätte Polizeichef Connor das legale Recht gehabt, die Waffen einzuziehen. Die bedrohte schwarze Bevölkerung hätte dann überhaupt keine Möglichkeit zur Selbstverteidigung gehabt.

Fatal für die Bürgerrechtsbewegung: Am 22. November 1963, nur einen Monat nach dem Attentat in Birmingham, fiel Präsident John F. Kennedy in Dallas, Texas, einem Mordanschlag zum Opfer. Ein Jahr zuvor hatte er Martin Luther King im Weißen Haus zu einer Bürgerrechtskonferenz empfangen.

Wie Kennedy sollte auch King durch Mörderhand sterben: Fünf Jahre später, am 3. April 1968, hielt er in Memphis, Tennessee, seine letzte Rede. Er war inzwischen für sein Engagement mit dem Friedensnobelpreis ausgezeichnet worden. In Memphis wollte er den Streik der 1300 schwarzen städtischen Müllarbeiter für Gleichberechtigung und sozialere Arbeitsbedingungen unterstützen.

»Wie jeder würde ich gerne lange leben«, sagte er. »Langlebigkeit hat ihren Wert. Aber darum bin ich jetzt nicht besorgt. Ich möchte nur Gottes Willen tun. Ich habe das Gelobte Land gesehen. Vielleicht gelange ich nicht mit euch dorthin. Aber ihr sollt wissen, dass wir als Volk in das Gelobte Land gelangen werden.«

Später deuteten viele Kings Rede als Todesahnung. Tatsächlich hatte er in den letzten Tagen verschiedene telefonische Drohungen erhalten, die von der Polizei offenbar aber nicht ernst genommen wurden. Am Tag nach seiner Rede stand er abends auf dem Balkon seines Zimmers Nummer 306 im ersten Geschoss des Lorraine-Motels, der einzigen Herberge in der Stadt, die Schwarze aufnahm. Er unterhielt sich mit Mitarbeitern, die vor dem Hotel standen. Um 18 Uhr fielen 23 Schüsse.

Mehrere Kugeln trafen King in den Hals. Um 19.05 Uhr wurde er im St.-Joseph-Krankenhaus für tot erklärt. Er war 39 Jahre alt. Als Attentäter wurde James Earl Ray festgenommen. Nach den Ermittlungen der Polizei hatte er die tödlichen Schüsse aus einem schräg gegenüberliegenden Haus abgefeuert. Ray bestritt jedoch die Tat.

Nach Kings Ermordung entluden sich Schmerz und Trauer in Aufruhr und Zorn. In mehr als 100 Städten brachen Tumulte und Unruhen aus. Die Gettos in Washington brannten und Schwarze rückten auf die Villen der Weißen vor. 39 Menschen kamen ums Leben. Aber Coretta Scott, Kings Frau, rief die Bevölkerung zur Gewaltlosigkeit auf und konnte durchsetzen, dass die Beerdigung zu einer Demonstration des Friedens wurde. 50 000 Menschen säumten den Weg zum ehemaligen Sklavenfriedhof in Atlanta, auf dem King beigesetzt wurde. Später fand er nahe der Ebenezer Baptist Church in seiner Geburtsstadt seine letzte Ruhe. Auf seinem Grabstein stehen die Worte: »Free at last, free at last, thank God Almighty, I'm free at last.«

James Earl Ray wurde 1969 zu 99 Jahren Haft verurteilt. Er starb 18 Jahre später im Gefängniskrankenhaus in Nashville, Tennessee. Bis zuletzt hatte er die Tat geleugnet und noch kurz vor seinem Tod ein letztes Gespräch mit Dexter King, dem jüngeren Sohn Martin Luther Kings, geführt, der von Rays Unschuld überzeugt war. Ein Jahr später kam eine Jury von zwölf Bürgern des Shelby County in Memphis zu dem Schluss, dass King das Opfer einer Verschwörung von Regierungsorganen einschließlich der Stadt Memphis geworden war.

Seitdem versucht die Familie King die wirklichen Mörder vor Gericht zu bringen. Aber die Akten des gesamten Verfahrens liegen bis zum Jahr 2029 unter Verschluss. Wer sind die wahren Schuldigen? Vieles spricht dafür, dass FBI, CIA sowie örtliche und staatliche Regierungskreise an dem Mordkomplott beteiligt waren, um der schwarzen gewaltlosen Bürgerrechtsbewegung den Todesstoß zu versetzen. FBI-Chef Hoover ließ King jahrelang abhören.

Heute ist das Motel in Memphis, in dem Martin Luther King starb, ein Museum. Sein Zimmer ist hinter Glas im Originalzustand zu besichtigen. Auf dem Balkon markiert ein Kranz die Stelle, an der er von den tödlichen Schüssen getroffen wurde. Vor dem Hotel steht eine Gedenktafel mit einer für diesen Ort bezeichnenden Inschrift: »Lasst uns den Träumer erschlagen; dann werden wir sehen, was aus seinen Träumen wird.«

In ihren Erinnerungen schrieb Coretta Scott King über ihren Mann: »Einer Nation, die im bittersten Rassismus erstarrte, weckte ein Schwarzer das schlummernde Gewissen; einer Nation, die krank von Gewalt war, predigte ein Schwarzer Gewaltlosigkeit; einer Nation, die Entfremdung zersetzte, predigte ein Schwarzer Liebe; einer Welt, die während 20 Jahren in drei Kriege verstrickt war, predigte ein Schwarzer Frieden.«

IV

Little Star

Mozart brauchte nicht zu üben. Ich muss arbeiten und arbeiten und werde niemals brillant sein.

Condoleezza Rice

In Denver besuchte Condoleezza zunächst die St. Mary's Academy, eine katholische Mädchenschule.

Condoleezza Rice war 14 Jahre alt, als Martin Luther King erschossen wurde. Ebenso wie Millionen Menschen empfand sie Trauer und Wut über den Tod des schwarzen Bürgerrechtlers, der keine Rachegelüste kannte und Schwarzen wie Weißen die Kraft gab, den Rassismus friedlich zu bekämpfen.

Inzwischen hatte sie Birmingham verlassen. Sie war mit ihren Eltern in das 60 Meilen entfernte Tuscaloosa gezogen, wo John Rice als Dekan am Stillman College tätig war. Ein kurzes Gastspiel, denn 1969, fünf Jahre später, kehrte die Familie dem heißen und gewalttätigen Süden entgültig den Rücken und zog nach Colorado, wo John Rice ein leitender Posten in der Verwaltung der Universität von Denver angeboten wurde.

1300 Meilen trennten Condi jetzt von ihrem alten Leben. Die Gegensätze hätten kaum größer sein können: Im Süden der Albtraum Birmingham, Stadt der Schikanen, der Diskriminierung und Gewalt. Ein Leben im dauernden Alarmzustand. Ein Leben geprägt von Überwachung und Unterdrückung. Wo Schwarze immer noch nur die miesesten Jobs bekamen und Gefahr liefen, gelyncht zu werden, wenn sie auf der Straße ein paar Worte mit einer weißen Frau wechselten.

Im Norden Denver, die junge, saubere und grüne Metropole Colorados am Fuße der Rocky Mountains. Keine besonders aufregende Hauptstadt. Aber in Denver konnte sich Condi zum ersten Mal in ihrem jungen Leben sicher fühlen. Sie brauchte keine Angst mehr zu haben. Hier hatten die Weißen offenbar dazugelernt. Das Wort »Nigger« schien nicht mehr zu ihrem Sprachschatz zu gehören. Hier wurde sie nicht ständig als

Schwarze ausgegrenzt, konnte die besten Schulen besuchen und das ganze Jahr über Eis laufen.

Sie muss sich wie auf einem anderen, netten Planeten vorgekommen sein. Auch das Klima war angenehmer als die subtropische, feuchte Hitze in Alabama. Denver, das auch »Mile High City« genannt wird, liegt genau eine Meile (1,609 m) ü.d.M. Es herrschen milde Temperaturen und es regnet selten. Die Stadt hat 300 Sonnentage im Jahr. Im Winter liegen die Temperaturen bei durchschnittlich sieben Grad Celsius. Mit über 100 Parkanlagen gilt Denver als die grünste Stadt der USA.

Der Ort wurde während des großen Goldrauschs am Cherry Creek und South Plate River 1885 von General William Larimer gegründet. In Lower Downtown erinnert der historische Stadtteil an den legendären Büffeljäger und US-Army-Pfadfinder, Buffalo Bill, der dem »wilden Westen« seinen Namen gab. Wo einst Goldschürfer und Revolverhelden lebten, stehen heute Wolkenkratzer und das 1908 erbaute State Capitol, leicht erhöht zwischen East Halifax und East 14th Avenue. Es wurde nach dem Washingtoner Vorbild erbaut, die Kuppel mit 14-karätigem Gold aus den Minen Colorados vergoldet.

Condi kam auf die St. Mary's Academy, eine katholische Mädchenschule. Die private Lehranstalt war von Schwestern des Loretto-Ordens gegründet worden und lag in unmittelbarer Nähe der Universität, an der Condis Vater seinen Posten angetreten hatte.

Als Condi zum ersten Mal ihre neue Schule betrat, wartete eine ganz neue Lebenserfahrung auf sie: Hier wurden vorwiegend weiße katholische Kinder unterrichtet. Von den 70 Schülern ihrer Altersgruppe waren 67 weiß, nur drei hatten eine schwarze Haut. Aber alle wurden gleich behandelt: die gleiche Schuluniform, die gleichen Regeln, die gleiche Ordnung, die gleiche Disziplin.

Für Condi verliefen die ersten Wochen schwieriger, als sie es sich vorgestellt hatte. Zum ersten Mal in ihrem Leben wurden ihr Genie-Image und ihre großen Zukunftspläne infrage gestellt. Als sie bei einem Standardtest nicht die entsprechende Punktzahl erreichte, meinte ein Schulberater, sie sei für die Universität nicht geeignet.

Eine dramatische Beurteilung für ein Mädchen, das es bis dahin gewohnt war, immer die Beste zu sein. Aber ihre Eltern versicherten ihr, dass die Analyse des Pädagogen falsch sei. Sie solle seine Meinung ignorieren und sich auf ihr Studium konzentrieren. Sie sei eine Rice und die hätten seit drei Generationen Power bewiesen und sich alle qualifiziert.

Die Botschaft kam an: Unterstützt von ihren Eltern, nahm Condis Entwicklung an der St. Mary's Academy einen unglaublichen Verlauf: Sie übersprang zwei Klassen und tat sich vor allem in Englisch und Geschichte hervor. Es war auffallend, wie perfekt sie sich sprachlich ausdrücken konnte und wie ernst und sachlich sie ihre Meinung vortrug. Alle waren beeindruckt von dieser ungewöhnlichen Schülerin.

Dass ausgerechnet dieses zarte Mädchen aus einer schwarzen Predigerfamilie 35 Jahre später als Bushs Sicherheitsexpertin Hardliner-Positionen vertreten und sich für Präventivkriege stark machen würde, hätte damals wohl kaum eine von den Ordensfrauen an der St. Mary's Academy für möglich gehalten. Die Loretto-Schwester Maureen Fiedler, die heute eine eigene Radiosendung in den USA hat, reagierte erschreckt auf die Theorie des »gerechten Krieges«. An die Adresse der ehemaligen Schülerin sagte sie im Jahre 2001: »Wir brauchen religiöse Stimmen, die Jesu friedfertigen Fußstapfen folgen und sich gegen Vergeltung und für Frieden aussprechen.«

Kehren wir ins Jahr 1969 zurück: Condis Eltern waren sehr stolz auf die Leistungen ihrer Tochter und schrieben sie bereits mit 15 an der Universität von Denver ein. Ihr Wunderkind sollte keine Zeit auf dem Weg in die oberste musikalische Liga verlieren. Condi wählte zunächst Musik als Hauptfach, denn sie träumte immer noch von einer Laufbahn als Konzertpianistin.

In dieser Zeit absolvierte sie ein unglaubliches Programm aus Musik, Sport und Studium. Sie raste förmlich von einem Kurs zum anderen. Sie stand jeden Morgen um 4.30 Uhr auf und drehte zunächst ein paar Trainingsrunden als Eiskunstläuferin. Dann ging sie in die Universität und besuchte verschiedene Vorlesungen. Nachmittags büffelte sie an der St. Mary's Academy. Wenn sie abends nach Hause kam, setzte sie sich ans Piano und konzentrierte sich auf Bach, Beethoven und Chopin. Ihre stolzen Eltern hatten ihr inzwischen einen gebrauchten Steinway-Flügel gekauft.

Sie war also schon als Kind ein »workaholic«. Dies bedeutete, dass sie zwölf bis 14 Stunden pro Tag arbeitete, sieben Tage in der Woche, um besser zu sein als ihre Kommilitonen. Manche mögen gedacht haben, dass es verrückt sei, so viel zu arbeiten. Aber für Condi waren Lernen eine Leidenschaft und Leistung ein Lebensprinzip. Vielleicht steckte dahinter aber auch das Motiv, dass sie das weiße Vorurteil über eine angeblich genetisch bedingte Unterlegenheit der Schwarzen widerlegen wollte.

An der Universität von Denver kursiert eine Geschichte darüber, wie Condi auf dieses unhaltbare rassistische Vorurteil reagierte. Einer ihrer Professoren hatte bei einer Vorlesung die Theorie des amerikanischen Physikers William B. Shockley zur Sprache gebracht, dass Schwarze einen deutlich geringeren Intelligenzquotienten (IQ) hätten als Weiße und dass sie diesen deshalb intellektuell unterlegen seien.

Shockley hatte zusammen mit Dr. Walter Brittain und Prof. John Bardeen jenes als Transistor bezeichnete winzige Verstärkerteil entwickelt, das bei der Konstruktion zahlreicher elektronischer Geräte vom gewöhnlichen Radioapparat bis zum komplizierten Elektronengehirn eine immense Rolle spielt. 1956 wurde er dafür mit dem Nobelpreis für Physik ausgezeichnet. Später war er Direktor der Waffenforschungsabteilung im Verteidigungsministerium in Washington.

Trotz seiner wissenschaftlichen Leistungen war Shockley aber sehr umstritten. Vor allem seine Theorie über einen geringeren IQ von Schwarzen führte zu harten Kontroversen. Shockley setzte IQ gleich mit Intelligenz und folgerte daraus, dass bei Schwarzen dieses angebliche Defizit nicht sozial, sondern genetisch bedingt sei. Zusätzlich schürte er mit dieser These die Angst vor der angeblichen stärkeren Vermehrung Ungebildeter gegenüber Intelligenten und forderte die verstärkte Fortpflanzung »intelligenter Menschen«. Er sprach von Wissenschaft, aber seine Kritiker nannten seine Ideen eine »rassistische Zeitbombe«.

Ist Intelligenz messbar? Das erste systematische Verfahren zur Erfassung der Intelligenz wurde 1905 in Frankreich von Binet und Simon entwickelt. Der Test sollte dazu dienen, minderbegabte Schüler früher zu erkennen, um sie auf die Sonderschule zu schicken. 1912 führte der deutsche Psychologe William Stern den Begriff Intelligenzquotient (Verhältnis von Intelligenz zu Lebensalter multipliziert mit 100) ein. Beim IQ-Test müssen unter Zeitdruck so viele »Denksportaufgaben« wie möglich gelöst werden. Die Intelligenzskala: Wer es auf einen IQ von 90 bis 110 bringt, ist »normal begabt«, bei über 139 wird das Prädikat »genial« verliehen, bei weniger als 70 Punkten die Note »schwachsinnig«.

In den fünfziger Jahren wurden erstmals Zweifel an der Methode angemeldet. Die damals üblichen IQ-Tests prüften die Fähigkeiten, in denen weiße Mittelklassekinder geschult waren, die aber schwarzen Familien häufig sehr fremd waren – daher die scheinbar objektiven Unterschiede in den als IQ bezifferten Zahlen. Psychologen wiesen nach, dass der IQ eines Kindes in den ersten Lebensjahren stark von Umwelteinflüssen abhängig ist. Armut, Hunger, fehlende Kontakte, Gettoerfahrung und mangelhafte Schulbildung können die intellektuelle Entwicklung schon früh bremsen und zu schlechteren IQ-Ergebnissen führen.

Trotz dieser Erkenntnisse blieb Shockley bei seiner unhaltbaren Behauptung und schlug sogar vor, dass Menschen mit einem IQ unter 100 staatliche Prämien erhalten sollten, wenn sie sich sterilisieren ließen. Zu diesem Zweck wollte er das Programm »Voluntary Sterilization Bonus Plan (VSBP)« gründen.

Im *New Yorker* berichtete Nicholas Lemann von Condis Reaktion, als einer ihrer Professoren Shockleys These aufgriff und keiner der in der Aula anwesenden 250 Studenten widersprach: Sie sprang erregt auf und erklärte, dass es keine Beweise für eine genetisch bedingte Intelligenzkluft zwischen Schwarz und Weiß gebe: »Sie sollten das nicht als Tatsache darstellen, denn es existieren reichlich Beweise für das Gegenteil. Ich für meinen Teil spreche Französisch. Ich spiele Beethoven. Ich bin besser in Ihrer Kultur als Sie selbst.«

Condi war 17, als sie ihren ersten Abschluss machte, das Diplom der St. Mary's Academy. Sie stand jetzt an der Schwelle einer wichtigen Entscheidung. Sollte sie die Laufbahn einer Konzertpianistin einschlagen oder sich auf eine akademische Karriere konzentrieren?

Zunächst wollte sie unbedingt die renommierte »Juilliard School of Music« in New York City besuchen. Aber ihr Vater gab ihr zu bedenken, dass außer Noten auch eine akademische Ausbildung zu den wichtigen Dingen des Lebens zählte.

Inzwischen waren Condi erste Zweifel an ihrer Begabung als Pianistin gekommen. Keine Frage: Sie hatte Talent, aber andere waren noch brillanter. Auf dem berühmten »Aspen Musical Festival« hatte sie Kinder erlebt, die aus dem Stegreif Partituren spielten, für deren Einüben sie ein ganzes Jahr gebraucht hatte.

Zum zweiten Mal fühlte sie sich in ihrer Wunderkind-Karriere entzaubert, desillusioniert: Sie hatte sich vorgenommen, die beste Konzertpianistin zu werden. Sie wollte eines Tages mit einem Symphonieorchester in der Carnegie Hall auftreten und Chopin und Mozart spielen. Sie hatte davon geträumt, wie sie sich auf der Bühne vor einem begeisterten Publikum verneigt und Ovationen entgegennimmt. Jetzt musste sie sich eingestehen, dass sie von der »wahren Art, das Klavier zu spielen«, wie Bach es nannte, noch weit entfernt war.

Technisch war sie in der Lage, die meisten Stücke zu spielen. Aber sie erkannte, dass sie kein Mozart-Wunderkind war: »Mozart brauchte nicht zu üben. Ich muss arbeiten und arbeiten und werde niemals brillant sein.«

Inzwischen hatte sie auch einen Blick hinter die Kulissen der Musikwelt geworfen. Bei Leistungsprüfungen musste sie mehrmals im Jahr einer Jury vorspielen. Sie arbeitete hart für diese Auftritte. Aber wenn es so weit war, hörten die Prüfer manchmal noch nicht einmal richtig zu und redeten laut miteinander. Oft wurde sie mitten im Spiel unterbrochen und dann hörte sie jemanden sagen: »Vielen Dank, Miss Rice. Die Nächste, bitte.«

Sie verließ die Bühne, verwirrt von der kalten Routine der Prüfer, die es noch nicht einmal wert fanden, dass man ihr zuhört. Das war schwer zu ertragen. Plötzlich erschien ihr der Traum von Glanz und Ruhm sinnlos. Was sollte sie tun? Sie wollte nicht in irgendeiner Piano-Bar enden oder für den Rest ihres Lebens Kindern als Klavierlehrerin Tonleitern einhämmern. Sie musste sich nach einem anderen Betätigungsfeld umsehen, einem Terrain, das ihren Talenten entsprach.

Aber wie sollte sie ihren Eltern den Meinungswandel erklären? Sie hatten an ihr Talent geglaubt, ihr von klein auf die beste Ausbildung ermöglicht und bereits ein kleines Vermögen in sie investiert. Sie hielten sie für etwas Besonderes. Jetzt würden sie wahrscheinlich bitter von ihr enttäuscht sein.

Dieser Tag der Wahrheit war ohne Frage einer der wichtigsten in Condis 17-jährigem Leben. Sie fasste allen ihren Mut zusammen und dann erklärte sie ihren Eltern: »Ich habe meine Meinung geändert. Ich will keine Pianistin mehr werden.«

John Rice und seine Frau waren zwar enttäuscht, aber sie akzeptierten Condis Entscheidung. Ihr fiel ein Stein vom Herzen. Sie war jung, entdeckungsfreudig und begann sich in den nächsten Wochen mit Enthusiasmus an der Universität nach einem neuen Berufsziel umzusehen.

Condoleezzas Mentor: Der Diplomat und Politologe Josef Korbel mit seiner Tochter Madeleine und den Enkelinnen Alice und Anna

Der Zufall wollte es, dass sie im Frühjahr ein Seminar von Professor Joseph Korbel besuchte. Der ehemalige tschechische Diplomat hielt ein Referat über die Sowjetunion und den Diktator Stalin.

»Es machte klick«, beschrieb sie später ihren Eindruck. »Ich weiß noch, dass mir die Vorlesung wie eine Erleuchtung vorkam. Ich wollte mehr über Russland erfahren. Es war wie Liebe auf den ersten Blick.«

Condi wollte Sowjetexpertin werden. »Der Stellenmarkt war besser als der für Klavierspielerinnen«, sagte sie heute scherzend. In Wahrheit hatte sie einen neuen Dreh- und Angelpunkt in ihrem Leben gefunden: Joseph Korbel und sein Seminar über internationale Beziehungen wirkten wie ein Magnet auf sie. Wer war dieser Gelehrte, der als Mentor und »intellektueller Vater« eine entscheidende Rolle im Leben von Condoleezza Rice spielen sollte?

Korbel wurde 1909 in der ostböhmischen Stadt Letohrad geboren. Er studierte in Paris und später an der Prager Karls-Universität Jura. 1933 trat er in den diplomatischen Dienst des tschechoslowakischen Außenministeriums ein. Von 1936 bis 1939 war er Presseattaché an der tschechischen Botschaft in Belgrad und lernte die serbische Sprache.

Als Hitlers Wehrmacht im März 1939 Prag besetzte, musste Korbel befürchten, verhaftet zu werden. Er war jüdischer Herkunft, verheiratet und hatte eine zweijährige Tochter. Aus Gründen des Selbstschutzes verschwieg er seine wahre Abstammung. Auf den Fragebögen der Gestapo gab er an: »Keine Religion.«

Zahleiche Juden änderten damals ihre Namen und ließen ihre Kinder taufen. Auch Korbels Tochter Marie Jana wurde in Unwissenheit ihrer jüdischen Herkunft als Katholikin erzogen. Sie kam am 15. Mai 1937 in Prag als eines von drei Kindern

Korbels und als Staatsbürgerin der Ersten Tschechoslowakischen Republik auf die Welt. Geburtsname: Marie Jana Körbelová. Ihr Kosename lautete Madeleine. Ein populäres Theaterstück, das 1937 in Prag lief, hatte ihre Eltern dazu inspiriert: »Madla aus der Ziegelei« hieß es und Madlenka war der Name der Hauptfigur, gespielt von der jungen Lida Baarová, der späteren Geliebten von Joseph Goebbels.

Wochenlang suchte Korbel nach einer Fluchtmöglichkeit für seine Familie. Dank offizieller Schreiben zweier Belgrader Zeitungen, die ihn als Auslandskorrespondenten angeheuert hatten, bekam er schließlich ein Ausreisevisum nach Belgrad. Er verbrachte dort einige Wochen mit seiner Familie, dann emigrierte er nach London.

Hier verbrachte die Familie den Zweiten Weltkrieg. Korbel schloss sich der Exilregierung an und wurde persönlicher Sekretär des tschechischen Außenministers Jan Masaryk. Später leitete er einen Nachrichtensender.

Während sich die Korbels in London in Sicherheit fühlen konnten, wurden mehr als 20 ihrer Verwandten von Hitlers Schergen verhaftet. Sie überlebten den Holocaust nicht: Drei Großeltern, zwei Tanten, ein Onkel, eine Cousine und 19 andere starben in den Konzentrationslagern Auschwitz und Theresienstadt.

Nach dem Krieg kehrte Korbel nach Prag zurück und trat in die Dienste der tschechoslowakischen Regierung ein. Die Familie bezog ein luxuriöses Apartment in der Nähe des Präsidentenpalastes. 1946 nahm Korbel als Mitglied der tschechoslowakischen Delegation an der Pariser Friedenskonferenz teil. Zur gleichen Zeit wurde er zum tschechoslowakischen Botschafter in Belgrad ernannt.

Seine Tochter Marie war inzwischen neun Jahre alt. Da Korbel nicht wollte, dass sie in einer kommunistischen Schule erzogen wurde, ließ er sie von Privatlehrern unterrichten. Später schickte er sie auf ein Internat in die Schweiz.

Als 1948 die Kommunisten in Prag die Macht übernahmen, war Korbel Vorsitzender eines Sonderausschusses der Vereinten Nationen. Wegen »staatsfeindlicher Tätigkeit« wurde er in Abwesenheit zum Tode verurteilt und musste erneut fliehen. Er ersuchte mit seiner Familie in den USA um Asyl und nahm 1949 eine Professur an der Universität von Denver an.

In den Zeiten des Kalten Krieges machte sich Korbel als hervorragender Kenner der Sowjetunion und der Vorstellungswelt der kommunistischen Funktionäre international einen Namen. Als Gastprofessor war er auch an den Universitäten von Oxford, Harvard und Columbia ein gefragter Analytiker.

Condoleezza war von dem Gelehrten fasziniert. Er gehörte zu den Männern, die sie rückhaltlos bewunderte, und er wurde für sie, neben ihrem Vater, zu einer der wichtigsten Persönlichkeiten in ihrem Leben. Sie war beeindruckt von Korbels Wissen und seinen scharfen politischen Analysen. Dabei verfügte der Professor nicht nur über jede Menge Know-how, sondern zudem über ein gutes Einfühlungsvermögen. Er war in der Lage, sich in verfolgte, verzweifelte Menschen hineinzuversetzen. Menschen, die durch Kriege und Krisen ihre Heimat verloren hatten.

Korbel seinerseits war von der intellektuellen Power, der Rednergabe und den analytischen Fähigkeiten seiner neuen Studentin beeindruckt. Sie würde für jede Institution ein Gewinn sein. Er nahm sie unter seine Fittiche und führte sie in die internationale und sowjetische Politik ein. Condi hatte bereits vorher ein Faible für Russland, seine Autoren, seine Kunst und Musik gehabt. Jetzt wollte sie unbedingt auch perfekt Russisch lernen. In der Schule hatte sie bereits Französisch, Spanisch und Deutsch gelernt.

Sie besuchte Korbel auch häufig privat und traf in seinem Haus seine Tochter Madeleine. Da diskutierten dann zwei sehr unterschiedliche Frauen außenpolitische Fragen. Die eine: 36 Jahre alt, klein und gedrungen, eine kompromisslose Fighterin, knallhart in ihren politischen Argumenten. Sie sprach Französisch, Tschechisch, Russisch, Serbisch und Polnisch und war gerade auf dem Sprung in die Politik. Ihre Weltsicht war davon geprägt, dass sie als Kind vor den Nazis hatte fliehen und den Krieg in den Luftschutzbunkern von London verbringen müssen: »Ich habe gesehen, was passiert, wenn man einem Diktator erlaubt, ein Stückchen von einem Land zu schlucken. Dann geht das ganze Land den Bach hinunter. Und ich habe während des Zweiten Weltkrieges das Gegenteil gesehen, nachdem Amerika in den Kampf eintrat. Für mich sind die USA das wahrhaft unentbehrliche Land. Ich habe es nie als imperialistisches oder kolonialistisches Land erlebt.«

Die andere: schlank und zierlich, aber trotz ihrer erst 19 Jahre schon sehr selbstbewusst, souverän und clever. Aufgewachsen auf einem anderen Kriegsschauplatz, in Birmingham, dem Schlachtfeld der Bürgerrechtsbewegung. Eine junge, stolze und hochmotivierte Vertreterin der schwarzen Elite, die von der Opferrolle nichts mehr wissen wollte.

Condoleezza Rice und Madeleine Albright: Beide waren stark auf ihre Väter fixiert und richteten sich an deren Karriere aus. Beide verband die gemeinsame Kindheitserfahrung von traumatischer Angst, Unterdrückung und Lebensbedrohung. Beide waren Flüchtlinge: Die eine entkam dem Holocaust, die andere den weißen Rassisten. Außerdem litten sie unter der rassistischen Unterstellung, einem »minderwertigen Menschenschlag« anzugehören: Albright als Jüdin und Rice als Schwarze.

Die schon politisch aktive Madeleine Albright sollte für die junge Freundin ein Vorbild sein. Jedenfalls lebte sie Condoleezza einen politischen Traum vor: 1997 wurde das frühere Asylantenkind aus der Tschechoslowakei, als erste Frau in der amerikanischen Geschichte, zur Außenministerin unter US-Präsident Bill Clinton ernannt.

Sie hatte nach der High School Politologie am Wellesley College studiert und mit 22 ihren Bachelor-Grad mit Auszeichnung erworben. Zum Vergleich: Condi schaffte den Abschluss bereits mit 19 Jahren, ebenfalls cum laude.

Albright hatte dann ihr Studium an der »School of Advanced International Studies« der Johns Hopkins University und am russischen Institut der Columbia University fortgesetzt und 1968 ihren Master-Grad sowie 1976 ihr Doktorexamen abgelegt. Da war sie bereits 39. Zum Vergleich: Condoleezza Rice erwarb die Doktorwürde mit 26 und war mit 33 Professorin an der amerikanischen Elite-Universität in Stanford.

Albright hatte 1959 den Journalisten und Zeitungserben Joseph Albright geheiratet. Marie Jana Körbelová nannte sich jetzt Madeleine Korbel Albright. Sie bekam drei Töchter: die Zwillinge Anne Korbel und Alice Patterson sowie Katharina Medill. Die Ehe wurde 1983 geschieden.

Eingespannt durch ihre Familienpflichten als mehrfache Mutter, konnte Albright ihre eigentliche politische Karriere erst nach der Promotion in den siebziger Jahren starten. Zunächst war sie als Wahlkampfhelferin und Rechtsberaterin des demokratischen Senators Edmund Muski von 1975 bis 1978 tätig. Dann stieg sie rasch in den Machtzirkel Washingtons auf. Ihr Doktorvater Zbigniew Brzezinski holte sie ins Weiße Haus.

Während der Präsidentschaft von Jimmy Carter gehörte sie zum Stab des Nationalen Sicherheitsrates. Sie war auch wissenschaftliches Mitglied für sowjetische und osteuropäische Angelegenheiten am Center for Strategic and International Studies und erhielt eine Forschungsprofessur für Internationale Beziehungen an der »School of Foreign Service« der Georgetown University, wo sie das Programm »Frauen im Auswärtigen Dienst« leitete.

Finanziell bestens ausgestattet durch das Vermögen ihres Mannes, empfing sie in ihrer feudalen Villa in Georgetown die politische Elite. Sie engagierte sich für die Demokratische Partei und befreundete sich mit Hillary Rodham Clinton. Nach Clintons Sieg bei den Präsidentschaftswahlen am 3. November 1982 wurde Albright in sein Team aufgenommen, zunächst als Vorsitzende des Übergangsausschusses im Nationalen Sicherheitsrat, dann als neue UNO-Botschafterin.

Sie war die erste Frau auf diesem diplomatischen Posten, die nicht in »Gottes eigenem Land«, wie Albright die USA liebevoll bezeichnete, geboren wurde. Voller Energie trat sie ihren neuen

Condoleezza-Freundin: »Tante Sam«, die frühere US-Außenministerin Madeleine Albright

Job an und nahm sich zunächst die Vereinten Nationen vor. Dem UNO-Apparat attestierte sie »Elefantitis«: »Jetzt verlangen wir, dass der Elefant abgespeckt wird.«

Damit sprach die energische Botschafterin Millionen Amerikanern aus der Seele, die allen Ernstes glaubten, Amerika werde insgeheim vom UNO-Generalsekretär und seinen anonymen Bürokraten beherrscht.

Dann schoss sich Albright auf den ungeliebten UNO-Generalsekretär Boutros Ghali ein. Sie lastete ihm persönlich die Reformunfähigkeit der Weltorganisation an, obwohl unter seiner Führung die größten Etatkürzungen und der radikalste Personalabbau in der Geschichte der Vereinten Nationen stattgefunden hatte.

»Sie sind mein Problem«, teilte sie dem Ägypter knapp mit. »Die Haltung der USA ist völlig klar, und es wird keinen Kompromiss geben.« Gegenüber einer überwältigenden Mehrheit im UN-Sicherheitsrat vertrat sie das amerikanische Veto gegen eine Verlängerung seiner Amtszeit. Ghali seinerseits warf Albright das Fehlen diplomatischer Fähigkeiten vor. Im Foyer des Sicherheitsrates wurden andere Diplomaten Zeugen ihrer heftigen Auseinandersetzungen.

Politik mit der Brechstange: Schon bald erklärte Albright dem Rest der Welt, wo es lang geht, und ließ als »Tante Sam« die Muskeln spielen. Sie boxte die Invasion Haitis durch den Sicherheitsrat und plädierte wiederholt für US-Luftangriffe gegen Saddam Hussein und für NATO-Schläge gegen die Serben. Haitis Militärjunta ließ sie vor der Intervention amerikanischer Truppen wissen: »Sie können freiwillig verschwinden – und zwar schnell.« Dann fuhr sie zum Truthahn-Essen in eine Kaserne, wo die GIs auf den Einsatz warteten.

Auch den Abschuss von zwei Privatflugzeugen durch die kubanische Luftwaffe kommentierte sie im UN-Sicherheitsrat mit spitzer Zunge: Der Angriff sei ein Akt der »Feigheit« (cowardice), nicht von »cojones« (spanisch: Hoden) gewesen.

Nach der Wiederwahl Clintons wurde sie als Nachfolgerin des zurückgetretenen Warren Christopher zur Außenministerin ernannt. Bevor sie zu ihrer ersten Auslandsreise aufbrach, musste Albright eine unerwartete Reise in ihre persönliche Vergangenheit antreten. Ein Reporter der *Washington Post* hatte in der ehemaligen Tschechoslowakei in »Holocaust«-Archiven nach Spuren der Familie Korbel gesucht und die Wurzeln ihrer Herkunft freigelegt. In Letohrad entdeckte er die Abschrift der Geburtsurkunde mit dem Abstammungsvermerk »jüdisch«.

Die Enthüllungen über die von den Eltern verschwiegene Abstammung lösten bei Albright »gemischte Gefühle« aus: »Wie es so oft im Leben geht, sind große Augenblicke des Glücks auch von großen Augenblicken der Trauer begleitet, und dies ist sicherlich eine sehr bittersüße Zeit für mich.«

Sie hatte sich »immer für eine tschechoslowakische Katholikin« gehalten. Zum ersten Mal erfuhr sie jetzt, dass viele ihrer Verwandten in Konzentrationslagern ums Leben gekommen waren. Ihre beiden Eltern waren inzwischen verstorben.

Allerdings dürften Albright die Enthüllungen der *Washington Post* zu diesem Zeitpunkt nicht völlig überrascht haben. Schon während ihrer Amtszeit als Botschafterin bei den Vereinten Nationen hatte es sporadisch Hinweise auf ihre jüdische Herkunft gegeben. Sie hatte diesbezüglich verschiedene Zuschriften erhalten, die aber zum Teil widersprüchlich waren. Auch der Bürgermeister von Letohrad schrieb ihr viele Briefe. Eine Cousine, mit der sie einen Teil ihrer Kindheit in London verbracht hatte, bemühte sich vergeblich um ein privates Zusammentreffen. Die Kontakte zu tschechischen Verwandten blieben jedoch spärlich.

Später besuchte die erste Frau des US-Außenministeriums zusammen mit Hillary Clinton ihre Heimatstadt Prag: »Ich wünschte mir nur, das Land meiner Geburt wäre von den Amerikanern befreit worden, denn dann wäre die Geschichte anders verlaufen.«

Albrights Credo lautete: Amerika habe die Pflicht, Diktatoren auszuschalten. »Viele aus meiner Generation sind im Geist von Vietnam aufgewachsen. Mich hat der Geist von München geprägt.« Damit spielte sie auf die Münchner Konferenz von 1938 an, bei der Hitler durch die Nachgiebigkeit der Alliierten in seinem Kriegswillen bestärkt wurde. Vor seinen Generälen verhöhnte er die Appeasement-Politiker als »kleine Würmchen« und »Regenschirmtypen«. »München« bedeutete auch das Ende der Ersten Tschechoslowakischen Republik.

Albright wollte dagegen amerikanische Interessen notfalls mit US-Waffen durchsetzen. Bisweilen eckte sie damit auch im eigenen Lager an, als sie Generalstabschef Colin Powell rüffelte: »Warum haben wir denn diese überlegene Armee, von der Sie ständig reden, wenn wir sie nicht einsetzen.« Der General konterte: Die GIs seien keine Spielzeugsoldaten.

»Es war nicht einfach, es als Zivilistin mit dem Helden der westlichen Welt aufzunehmen«, kommentierte Albright später den Krieg der Worte. »Es herrscht da ein Gefühl, dass Frauen Heilige sein müssen. Aber das lässt sich nicht immer machen.«

Der Ruf einer »Heiligen« eilte ihr nie voraus. Eher das Image eines »Rambos in Stöckelschuhen«, der Politik mit Wildwest-Methoden macht. Sie liebte symbolträchtigen Schmuck (Schlange, Friedenstraube, Spinne), mit dem sie bei Verhandlungen Signale setzte. Aber die anfangs allseits hochgelobte »Tante Sam« geriet immer mehr in die öffentliche Kritik. Sie konnte weder in der Nahost-Krise noch im Kosovo-Krieg Erfolge verbuchen. Die NATO-Luftangriffe auf Jugoslawien und die damit verbundene Krise des Verteidigungsbündnisses wurden ihr als Niederlage angelastet. Aber Albright blieb ihrer politischen Linie treu: »Lieber stehe ich für das gerade, was ich tue, als dafür, tatenlos zugeschaut zu haben.«

Auch die Tatsache, dass sie den US-Kongress nicht von der Notwendigkeit der Ratifizierung des internationalen Atomteststvertrages überzeugen konnte, wurde ihr negativ angelastet. Die politischen Kommentatoren in Washington warfen ihr vor, nicht effektiv zu sein. Nach dem Ende der Amtszeit von Präsident Clinton, im Januar 2001, trat auch sie ab.

Sie war knapp fünf Jahre die mächtigste Frau der USA. Inzwischen ist Condoleezza Rice als »Madame Security« in den Korridoren der Macht angelangt. Vieles spricht dafür, dass sie die von Albright unerledigte moralische Mission zu Ende führen will. Genau wie Albright will sie Länder von Diktatoren befreien und Demokratie exportieren. Die Welt soll nicht nur sicherer, sondern auch besser werden. »Menschen auf der ganzen Welt wollen menschliche Würde«, sagt sie. »Wenn man Menschen die Wahl gibt zwischen Freiheit und Tyrannei, werden sie die Freiheit wählen. Man kann die Unglücklichen und Bedauernswerten in einer Diktatur nicht einfach ihrem Schicksal überlassen.«

Sie spricht auch über die Fehler Amerikas, den »Geburtsfehler« der Sklaverei: »Diese Demokratie war bei der Geburt nicht perfekt, und es ist wichtig, mit jenen Menschen, die sich um den Aufbau einer Demokratie bemühen, darüber zu sprechen. Man muss sie wissen lassen, dass auch die Vereinigten Staaten nicht voll entwickelt auf die Welt kamen mit einem schwarzen Außenminister. Es dauerte eine ganze Weile, bis wir so weit waren.«

V

Hippies und Nobelpreisträger

Condi ist eine ausgebildete Lehrerin. Sie kann jemandem etwas beibringen, ohne dabei überheblich zu wirken. Und ich denke, dass George W. sehr, sehr zufrieden sein kann mit der Art, wie sie ihm die Welt erklärt.

Coit Blacker

Condoleezza Rice war 27 Jahre alt, als sie an die Elite-Universität Stanford kam.

Früher strömten die Menschen nach Kalifornien, um Gold zu finden. Die Hauptgoldader lag am westlichen Rand der Sierra Nevada, fast genau dort, wo heute der Highway 49 verläuft. Als Condoleezza Rice sich 1981 entschloss, Denver zu verlassen, um ins Land der Sonne und der Zelluloidträume zu ziehen, war es nicht der Lockruf des Goldes, dem sie folgte. Sie wollte in einer »intellektuellen Mine« Wissen schürfen und als Fellow an einem Projekt über Waffenkontrolle und Abrüstung mitarbeiten. Und dafür gab es im »Goldenen Staat« kaum eine bessere Adresse als die der weltberühmten Stanford-Universität in Palo Alto, auch als »Farm« bekannt.

Kalifornien: Surfer, Hippies, Sex und Drogen. Condi war damals zwar jung, aber nicht unbedingt an ausgeflippten Beachpartys, Drugs und Rock 'n' Roll interessiert. Sie war inzwischen einer anderen Droge verfallen, der Politik. Stanford sollte die nächste wichtige Etappe auf ihrem Weg an die Schalthebel der Macht sein. Wer in Stanford Erfolg hat, gehört zur absoluten Elite.

Stanford, nur eine halbe Stunde von San Francisco entfernt, ist mehr als eine gewöhnliche Universität: Die ehemalige Pferderanch gilt als Denkfabrik für Nobelpreisträger. Zugleich ist sie ein erfolgreiches Wirtschaftsunternehmen mit einem Acht-Milliarden-Dollar-Vermögen, weltberühmten Professoren, 1400 Fakultätsangehörigen, einer eigenen Polizei, 14 000 Studenten und einem weltweiten Filialnetz vom japanischen Kyoto über Florenz und Berlin bis nach Buenos Aires. Die Liste berühmter Stanford-Absolventen ist lang: Unternehmer wie

William Hewlett und David Packard gehören genauso dazu wie die Politiker Warren Christopher und William Perry.

Die neben Berkeley zu den renommiertesten Hochschulen der USA zählende private natur- und geisteswissenschaftliche Universität liegt 50 Kilometer südlich von San Francisco im Silicon Valley, dem Tal der Talente und dem Herz der Computerbranche. Ursprünglich befand sich hier eine Pferderanch, die dem Eisenbahnmagnaten und Politiker Senator Leland Stanford gehörte. Der frühere Gouverneur von Kalifornien und Präsident der »Central Pacific Railroad« kaufte 1876 rund 2,6 km^2 und erbaute darauf seine »Palo Alto Stock Farm« für Trabrennpferde, mit denen er 19 Weltrekorde erlangte. 1891 stellte er seine Farm sowie 20 Millionen Dollar zur Verfügung, um eine Universität zu gründen, und die kleine nahe gelegene Stadt nahm den Namen Palo Alto an.

Die Grundsteinlegung der Nobel-Universität erfolgte am 14. Mai 1887. Der Campus wurde von Frederick Law Olmsted entworfen, jenem Landschaftsplaner, der den New Yorker Central Park entworfen hat. Nach sechs Jahren Planung und Bau eröffnete die Hochschule am 1. Oktober 1891 ihre Pforten. Der erste Jahrgang bestand aus 559 Männern und Frauen. Die Universität ist in sieben Fakultäten untergliedert. Zu ihren Instituten gehören die »Hoover Institution on War, Revolution and Peace«, das »Stanford Linear Accelerator Center« (SLAC) und die »National Academy of Education«. Die Lehranstalt verfügt heute über 19 Büchereien, die zusammen 6,3 Millionen Bände besitzen.

1924 wurde Frederick E. Terman, Professor für Radiotechnik, stellvertretender Rektor von Stanford. Er legte den Grundstein zu engen Beziehungen zwischen Universität und Wirtschaft und unter seiner Regie entwickelte sich Stanford zu einer regelrechten Talentschmiede.

Terman gilt heute auch als der »Vater von Silicon Valley«. Er formte und förderte eine ganze Generation von Ingenieuren und ermutigte Studenten, in der Nähe der Universität eigene Firmen aus dem Boden zu stampfen. Zu ihnen gehörten auch Bill Hewlett und David Packard, die 1939 in ihrer legendären Garage in Palo Alto ein Unternehmen gründeten und zu einem der weltweit erfolgreichsten Hightech-Giganten ausbauten. Nicht zuletzt dank ihres neuartigen Firmenstils: Statt strikter Hierarchie setzten sie auf Teamwork und waren mit allen Mitarbeitern per du.

Terman gründete auch den »Stanford Industrial Parc«, einen Forschungspark, der Stanford zu mehr Kapital verhelfen sollte. Die Universität besitzt 3000 Hektar Land. Das Problem war nur, dass laut Schenkungsurkunde nichts davon verkauft werden darf. 1951 kam Terman auf die Idee, einen am Rande des Campus gelegenen Teil (etwa 250 ha) für 99 Jahre an interessierte Firmen zu verpachten.

Der Plan zahlte sich aus. Bereits zu Beginn der achtziger Jahre waren mehr als 90 Firmen, darunter die bekanntesten der amerikanischen Hightech-Branche, im Forschungspark vertreten. Aber nicht nur Spitzenforschung, auch Spitzenkunst ist in Stanford zu finden. Das »Cantor Art Center« besitzt Kunstwerke aus der ganzen Welt.

Bereits die Anfahrt ist ein Erlebnis: Eine rund eine Meile lange, zweispurige, von Palmen gesäumte Straße führt schnurgerade zum Hauptportal der Universität. Den Haupteingang bildet ein Torbogen, der zum »Quadrangle« führt, einem großen viereckigen Platz mit schattigen Arkaden.

Als Condoleezza zum ersten Mal den Campus betrat, sah sie, dass dies kein gewöhnlicher Ort war. Die zweistöckigen Gebäude im spanischen Baustil waren perfekt in die natürliche Umgebung zwischen groß angelegten Grünflächen, Obstgärten und Weinbergen integriert. Sie war fasziniert. Aber trotz der Nähe zu dem Theoretiker des angeblich geringeren Intelligenzquotienten von Schwarzen, Shockley – er starb 1989 im Alter von 79 Jahren in Stanford –, lebte sich Condoleezza schnell auf der »farm« ein.

Was ist das Erfolgsgeheimnis von Stanford? Ehemalige Studenten aus Deutschland, die einige Zeit an der kalifornischen Elite-Universität studierten, beschrieben den schönsten Campus der Welt ironisch als einen Ort, der eigentlich nur zwei Gefahren kennt: »Von einer Frisbee-Scheibe getroffen zu werden oder sich in einen Fahrradunfall zu verwickeln.«

Tatsächlich gehen auf dem Campus in Stanford Spaß, Studium und Forschung Hand in Hand. Die Atmosphäre in den Instituten gilt als sehr locker. Es gibt viele junge Professoren. Sie tragen T-Shirts und Turnschuhe, fahren Harleys und geben sich ganz leger.

Aber die ausgeflippte Atmosphäre unter kalifornischer Sonne kann nicht darüber hinwegtäuschen, dass Stanford-Studenten ein hartes Auswahlverfahren hinter sich haben, dementsprechend motiviert sind und rund um die Uhr pauken. Ein »24h-study-room« macht dies sogar möglich.

Die Vorlesungssäle sind fast wie Hollywoodstudios ausgestattet: Kameras an den Decken, an jedem Sitz ein Mikrofon, in einem Regieraum werden die wichtigsten Vorlesungen aufgezeichnet. Diese sind dann für den Rest des Semesters in der Videothek einsehbar.

Andererseits ist Stanford aber keine Universität voller »workaholics«. Neben dem intensiven Lernen werden auch Sport und Spaß ganz groß geschrieben. Neben Wohnmöglichkeiten für rund zwei Drittel der Studenten gibt es in Stanford auch ein eigenes Postamt, Banken, einen Friseur, eine Tankstelle, Cafés sowie Einkaufsmöglichkeiten. Der Campus ist autark und vermittelt den Menschen an der Universität ein starkes Gemeinschaftsgefühl.

Ideale Voraussetzungen auch für Condoleezza Rice: Sie war 27 Jahre alt, als sie nach Stanford kam, hochmotiviert und gewohnt, ein wahnsinniges Arbeitspensum zu absolvieren. Ihre Badesachen sollten vorerst im Koffer bleiben.

Von 1985 bis 1986 war sie Mitarbeiterin am renommierten Hoover-Institut. Die »Hoover Institution on War, Revolution, and Peace« wurde 1919 von Herbert Hoover, dem späteren 31. Präsidenten der USA, gegründet. Er studierte von 1891 bis 1885 in Stanford. Das Institut verfügt über eine einzigartige Sammlung von Dokumenten über den Ersten Weltkrieg und besitzt eine der größten Bibliotheken der Welt.

Also exzellente Forschungsmöglichkeiten für Condoleezza Rice: Ihre Spezialgebiete waren Ostmitteleuropapolitik, die damalige Sowjetunion, vergleichende Studien von militärischen Institutionen und internationale Sicherheitspolitik sowie das Studium strategischer Waffen mit geheimnisvoller Terminologie wie »Wurfgewicht« und »Mehrfachgefechtsköpfen«. Schon bald erhielt sie eine Anstellung als Assistenz-Professorin und ab 1987 als außerordentliche Professorin – mit nur 33 Jahren.

Nicht nur die Studenten waren von der virtuosen Rednergabe und den brillanten Analysen der farbigen Dozentin fasziniert. Auch die Stanford-Professoren und Experten zogen den Hut vor der Newcomerin für internationale Politik. Coit Blacker, der in Stanford mit ihr gearbeitet hat, brachte es auf den Punkt: »Condi ist eine ausgebildete Lehrerin. Sie kann jemandem etwas beibringen, ohne dabei überheblich zu wirken. Und ich denke, dass George W. sehr, sehr zufrieden sein kann mit der Art, wie sie ihm die Welt erklärt.«

Aber es sollte noch eine Weile dauern, bis Bushs Anruf aus dem Weißen Haus kam. Ursprünglich war Rice Demokratin.

Intelligent, fähig und hochrespektiert: Mit 38 Jahren wurde Condolezza Rice in Stanford zum »Provost« ernannt.

Doch 1982 wurde sie Mitglied der Republikanischen Partei. Sie sagt, Präsident Jimmy Carter sei schuld gewesen, dass sie die Partei gewechselt habe. Sie war schockiert über seine schwache Reaktion auf den Einmarsch der Sowjet-Truppen in Afghanistan. Fortan stritt sie als Republikanerin für das konservative Weltbild der Reagan-Regierung.

1987 kam General Brent Scowcroft als Gastredner nach Stanford. Er war der erste Nationale Sicherheitsberater, der diesen Posten zweimal einnahm. Bei einem Diner traf er zum ersten Mal mit Condoleezza Rice zusammen. Sie trat selbstbewusst auf, zeigte sich bestens über seine Schriften über Nuklearpolitik und Rüstungskontrolle informiert.

Der General wunderte sich, wie »dieses Handtuch von einem Mädchen« einfach aufstand und Fragen stellte, höflich, aber hartnäckig. Scowcroft hatte bereits 1983 für die Reagan-Regierung einen Plan für die Aufstellung der strategischen MX-Rakete und die Entwicklung der Midgetman-Rakete als landgestützte strategische Waffe entwickelt. Er war von Condi beeindruckt und nahm die Gelegenheit wahr, eine ihrer Vorlesungen zu besuchen. Seitdem fühlt er sich als ihr »Entdecker« und bewundert ihren Scharfsinn.

In praxi war es Scowcroft, der Condoleezzas ersten Schritt von der theoretischen Lehre der Universität zur praktischen Politik möglich machte. 1987 vermittelte er sie nach Washington, wo sie zunächst die »Joint Chiefs of Stuff« in Sachen Nuklearstrategie beriet. Diesem Gremium gehören die Kommandanten der Armee, der Luftwaffe, der Marine und des Marinekorps an. Sie beraten im Ernstfall über militärische Pläne und Kampfbefehle.

General Scowcroft, Condoleezzas Entdecker, stammt aus Odgen/Utah, ist Anhänger der mormonischen Glaubensgemeinschaft, strikter Anti-Alkoholiker und Nichtraucher. Er begann seine glänzende Karriere in West Point, der Kaderschmiede der US-Armee, zwei Autostunden nördlich von Manhattan.

Eine sagenumwobene Institution, über 200 Jahre alt, fast so alt wie die USA selbst: 1779 hatte George Washington sein Hauptquartier nach Fort West Point am Hudson River im Staate New York verlegt und zu diesem Zweck noch mehr ausgebaut und gesichert. So wurde West Point in seiner Geschichte auch nie eingenommen.

Im Jahre 1802 unterzeichnete Präsident Thomas Jefferson das Gesetz zur Einrichtung der United States Military Academy (USMA). Seitdem werden in West Point militärische Führungskräfte produziert. Hier wurden alle jene Generäle gedrillt, die später als Kriegsherren Amerikas Schlachten geschlagen haben. So die Heerführer Dwight Eisenhower, George Patton,

Douglas MacArthur. In Stein oder Bronze gegossen, schmücken die Kriegshelden heute neben historischen Flaggen und Kanonen den Campus. Auch Norman Schwarzkopf, General im ersten Golfkrieg, erhielt in West Point seine Ausbildung als Feldherr.

Mehrheitlich ist West Point immer noch eine Kriegsschule für weiße Männer. Wegen der exzellenten, aber kostenlosen Ausbildung bewerben sich jedes Jahr 12 000 High-School-Abgänger in West Point. Die Akademie der Soldaten gilt als intellektuelles Laboratorium der US-Streitkräfte. Über 500 militärisch geschulte Akademiker beschäftigen sich mit Kriegsführung und analysieren den globalen Terrorismus.

Nur etwa jeder zehnte West-Point-Bewerber wird als Kadett aufgenommen. Die Ausbildung eines einzelnen Absolventen kostet 250 000 Dollar. Sie dürfen den Krieg nicht fürchten und müssen ständig das erste Gebot von West Point im Auge behalten: »Honor, Duty, Country – Ehre, Pflicht und Vaterland.«

Nur wer dieses Dogma verinnerlicht, ist für die Kriegsschule geeignet. Eiserne Disziplin bestimmt den Alltag. Die Kadetten müssen meilenweit marschieren und durch braunen Schlamm robben. Wer nicht spurt, der wird bestraft, muss mit geschultertem Gewehr stundenlang im Kreis laufen.

Diesen rigorosen Drill stehen nur die Härtesten durch. Scowcroft gehörte dazu. 1947 schloss er seine Ausbildung mit dem Grad eines Bachelor of Science und dem Rang eines Leutnants ab. Sein Studienkollege war der spätere Oberbefehlshaber der NATO, General Alexander Haig.

1947 trat Scowcroft in die US Air Force ein und ließ sich zum Kampfflieger ausbilden. Als er bei einem Flugzeugabsturz schwer verletzt wurde, musste er seine Fliegerkarriere an den Nagel hängen. Stattdessen studierte er Internationale Beziehungen an der Columbia-Universität in New York und schloss 1953 mit dem Master-Grad ab, 1967 wurde er promoviert.

1959 wurde Scowcroft stellvertretender Militärattaché an der amerikanischen Botschaft in Belgrad. Später lehrte er als Professor für Politische Wissenschaften an der US Air Force Academy von Colorado Springs. Danach kam er zum Stab der Plan- und Operationsabteilung des Luftwaffenhauptquartiers nach Washington.

Jetzt war es für ihn nur noch ein Sprung ins Weiße Haus. 1971 wurde er im Rang eines Brigadegenerals von Richard Nixon als militärischer Berater verpflichtet. Scowcroft begleitete den Präsidenten auf seiner historischen Reise nach China und bereitete auch im Mai 1972 Nixons Reise in die Sowjetunion vor.

In dieser Zeit war Henry Kissinger zunächst Sicherheitsberater. Scowcroft diente ihm als Koordinator und Organisator. Als Kissinger dann Ende 1973 zum Außenminister ernannt wurde, übernahm der General die technische Leitung des Nationalen Sicherheitsrates, dessen Vorsitz aber immer noch Kissinger führte.

Erst nach Nixons Rücktritt und der Amtsübernahme durch Präsident Gerald Ford musste Kissinger das Amt des Sicherheitsberaters aufgeben. Er sorgte dafür, dass der ihm loyal ergebene General sein Nachfolger wurde. Scowcroft hatte damit Einblick in alle Entscheidungen des Weißen Hauses und direkten Zugang zum Präsidenten. Der allen politischen Machtspielen abgeneigte General plante in der Folge unter anderem auch den Abzug der Amerikaner aus Vietnam.

Als Präsident Jimmy Carter ins Weiße Haus einzog, verließ Scowcroft den Nationalen Sicherheitsrat, stand dem Präsidenten aber weiterhin als Berater in Fragen der Rüstungskontrolle zur Verfügung. In dieser Funktion formulierte er den Wortlaut des Salt-II-Vertrages, der 1979 von Carter und Breschnew unterzeichnet wurde.

Als Ronald Reagan im Januar 1981 Präsident wurde, erarbeitete Scowcroft für ihn das Konzept für die Aufstellung der strategischen MX-Raketen. Zwei Jahre später reiste er als »Sonderkurier« nach Moskau, um eine persönliche Botschaft Reagans zu überbringen, wurde aber nicht empfangen. Nebenbei war er auch als Industrieberater für die Firma »Kissinger Associates«, ein internationales Consulting-Unternehmen des früheren Außenministers, tätig.

George Herbert Walker Bush, der 41. Präsident der USA, holte den außenpolitisch erfahrenen General in sein Regierungsteam und machte ihn zu seinem Nationalen Sicherheitsberater. Während des ersten Golfkrieges 1991 spielte Scowcroft in dieser Funktion als Intimus, Ratgeber und Krisenmanager des Präsidenten eine zentrale Rolle. Aber er drängte sich nicht ins Rampenlicht, sondern agierte diskret im Hintergrund. Vielen Beobachtern galt er als einflussreichster Sicherheitsberater

Henry Kissinger, einer von »Condis« Vorgängern als nationaler Sicherheitsberater

seit Henry Kissinger. Bush setzte volles Vertrauen in ihn und verließ sich auf seinen Rat.

Scowcroft war es auch, der Condoleezza Rice in das Bush-Team holte: Zunächst als Ratgeberin der obersten Militärs des Landes in Fragen der Nuklearstrategie und dann als Assistentin des Präsidenten im nationalen Sicherheitsrat. Spezialgebiet Osteuropa und Sowjetunion. Es war eine Welt, in der Männer das Sagen haben und Frauen normalerweise den Mund halten. Aber Condoleezza war aufgebrochen, diese Macho-Welt zu erobern. »Sie war Mitte Dreißig und umgeben von Männern mit grauen Haaren«, berichtet ihre amerikanische Biografin Mary Dodson Wade. »Die Männer trugen Uniformen und hörten auf sie.«

Selbst Boris Nikolajewitsch Jelzin, der spätere mächtige Präsident der russischen Förderation, lenkte vor der jungen durchsetzungsfähigen Diplomatin ein, als er 1989 nach Washington kam. Der Bauernsohn, notorische Trinker und Frauenheld galt im Westen als radikaler Reformer, der selbst den neuen »Glasnost«- und »Perestroika«-Kurs des damaligen Kreml-Chefs, Michail Gorbatschow, übertraf.

Im April 1985 hatte ihn der neue Generalsekretär der KPdSU nach Moskau geholt und ihm die Leitung der ZK-Abteilung für Bauwesen übertragen. In der sowjetischen Hauptstadt stieg Jelzin bald zum Parteichef und gefürchteten Funktionär auf, der öffentlich wirksam die Günstlingswirtschaft der Parteielite anprangerte. So konnte es vorkommen, dass er völlig überraschend inmitten der langen Warteschlangen in Moskau auftauchte, in denen Bürger nach Mangelwaren anstanden.

Zunächst radikaler als Gorbatschow, forderte er die Reform der KPdSU und den Abbau jeglicher Privilegien der Nomenklatura. Der »Parteirebell« scheute sich auch nicht, seinen Förderer Gorbatschow öffentlich zu kritisieren. 1988 erhob er in einem BBC-Interview unverblümt die Forderung, der »Reformbremser« solle zurücktreten. Im Mai 1989 zog Jelzin in den Obersten Sowjet ein, wo er sich zum heftigsten Kritiker Gorbatschows entwickelte und ihn wegen zahlreicher Machtfunktionen angriff. Noch im selben Jahr startete er eine Vortragsreise durch die USA.

Bush und Scowcroft standen damals vor einer schwierigen Frage: Mit welchen protokollarischen Ehren sollte der Gorbatschow-Kritiker im Weißen Haus empfangen werden? Da man den russischen Präsidenten auf keinen Fall brüskieren und keine falschen Signale nach Moskau senden wollte, entschied man sich für folgende Strategie: Condoleezza Rice sollte Jelzin am Eingang des Westflügels des Weißen Hauses empfangen und zu Scowcroft ins Büro bringen. Der Präsident sollte später zu dem Gespräch dazustoßen.

Als Jelzins Limousine vor dem Eingang des Westflügels hielt – die Vordertür ist nur für gesellschaftliche Ereignisse vorgesehen –, glaubte er, man habe ihn zum Dienstboteneingang gebracht. »Dies ist nicht die Tür, die zum Präsidenten führt«, raunzte er Rice an.

Sie ließ sich nicht irritieren, auch nicht von dem Macho-Gehabe eines Boris Jelzin. Kühl erklärte sie ihm, dass er ein Meeting mit dem Nationalen Sicherheitsberater habe, nicht mit dem Präsidenten.

»Ich habe niemals etwas von einem General Scowcroft gehört«, schnaubte Jelzin. »Er ist nicht wichtig genug für mich.«

Jelzin stierte Rice wie ein wütender Bär an und blieb mit verschränkten Armen im Auto sitzen. Aber sie ließ sich von dem gefürchteten Moskauer Funktionär (»Er kam mir sehr launenhaft und schwierig vor«) nicht ins Bockshorn jagen: »Ich sagte ihm, von mir aus können Sie genauso gut wieder in ihr Hotel zurückkehren.«

Jelzin verschlug es für ein paar Sekunden die Sprache. Dann kapitulierte der spätere Kreml-Boss vor der jungen Sowjetexpertin. Er hatte kapiert, dass mit ihr nicht gut Kirschen essen war. Artig stieg er aus dem Wagen und folgte ihr zu Scowcrofts Büro. Hinterher war er hocherfreut, als auch Präsident Bush auftauchte.

VI

Die Diplomatin

Sie ist eine ehrliche Maklerin (…). Sie sagt mir alles, was ich über die Sowjetunion wissen muss.

George Bush senior

Kämpft als Bushs »sanfter Colt« an allen Fronten: Sicherheitsberaterin Rice.

Auf der Südseite des Weißen Hauses war ein Spielmannszug in Uniformen der Kontinentalarmee des 18. Jahrhunderts angetreten. Kanonen schossen Salut. Der »große Bahnhof« galt dem russischen Präsidenten Michail Gorbatschow. Man schrieb den 31. Mai 1990 und es war das erste der drei entscheidenden Gipfeltreffen jenes Sommers, der die deutsche Einheit und das Ende der Spaltung Europas einleiten sollte.

Rice war im Bush-Team für Sowjetpolitik zuständig. Die russischen Delegationsteilnehmer zeigten sich überrascht über ihre Anwesenheit. Sie fragten sich, was eine Frau bei komplizierten Verhandlungen über Bomben und Raketen zu suchen habe. »Es war offensichtlich hart für die Russen, mich zu akzeptieren«, erinnert sich Rice. Wie groß ihr Einfluss aber schon damals war, belegt ein berühmtes Zitat des 41. US-Präsidenten. »Dies ist Condoleezza Rice«, stellte Bush senior seine Mitarbeiterin dem russischen Präsidenten vor. »Sie erzählt mir alles, was ich über die Sowjetunion wissen muss.«

Rice leitete auch die amerikanische Delegation, die Gorbatschow in verschiedene Städte begleitete. Dabei kam es auf dem Flugplatz von San Francisco zu einer peinlichen Konfrontation mit einem weißen Geheimagenten. Sie war die einzige schwarze Person in der Gruppe. Aus unerklärlichen Gründen wollte der Agent sie am Ausgang daran hindern, der Abordnung zu folgen – eine Szene, die kein gutes Licht auf Amerikas Umgang mit Schwarzen wirft. Aber Rice blieb cool, sie wies sich aus und konnte passieren.

Mit Bush verstand sie sich auf Anhieb. »Sie ist eine ehrliche Maklerin«, fand der Präsident. »Wie es sich gehört, behält sie ihre Privatansicht zu Streitfragen für sich.« Rice ihrerseits charakterisiert Bush als einen »stets freundlichen, angenehmen Gesprächspartner«, der aufmerksam zuhörte und wenig Fragen stellte: »Er neigte dazu, seine Argumente fast entschuldigend vorzubringen. Auf das Kompliment eines ausländischen Staatsgastes erwiderte er einmal mit einem Ausspruch von Yogi Berra: »Ich habe nur nicht die falschen Fehler gemacht.«

George Herbert Walker Bush entstammt einer wohlhabenden neuenglischen Patrizierfamilie und ist ein Nachfahre eines der legendären »Pilgerväter«, die 1620 mit der »Mayflower« nach Cape Cod, dem heutigen Boston, segelten. Er wurde am 12. Juni 1924 in Milton/Massachusetts geboren und wuchs in Greenwich/Connecticut auf. Sein Vater Prescott Sheldon Bush war einer von sieben Direktoren der Union Banking Corporation und von 1952 bis 1962 Senator von Connecticut.

Den Grundstein seiner Ausbildung erhielt Bush auf der renommierten Philipps Academy in Andover/Mass. Bei Ausbruch des Zweiten Weltkrieges meldete er sich freiwillig zur Navy. Er war ein Draufgänger, auch wenn er nicht so aussah. Er kam als jüngster Marineflieger auf einen Flugzeugträger im Pazifik und flog 57 Einsätze ohne Schaden zu nehmen. Beim 58. wurde er über Chichi Jima abgeschossen. Ein amerikanisches U-Boot fischte ihn aus dem Pazifik, kurz bevor ein japanisches Kriegsschiff aufkreuzte. 1945 wurde er mit der Auszeichnung »Distinguished Flying Cross« aus dem Dienst entlassen.

Nach dem Militärdienst studierte Bush an der Universität in Yale Wirtschaftswissenschaften und erlangte dort 1948 seinen Bachelor-Grad. An der Universität war er auch Kapitän der Baseball-Mannschaft. Nach dem Examen versuchte sich der aristokratisch wirkende »Yankee aus Connecticut« als »selfmademan« auf den Ölfeldern in Texas. Das Ölgeschäft erlebte gerade einen Boom. Er verkaufte Bohrgeräte, war Mitbegründer der millionenschweren Zapata Petroleum Corporation sowie Präsident der Zapata Offshore Company in Houston/ Texas. Mit dem Verkauf seiner Anteile machte er seine ersten Millionen.

Bush, der sich seither gern als Texaner bezeichnet, wechselte 1964 vom Ölgeschäft in die Politik. Zunächst mit nur mäßigem Erfolg. 1964 bewarb er sich für die Republikaner um einen der beiden texanischen Sitze im US-Senat, unterlag jedoch dem demokratischen Gegenkandidaten, Senator Ralph Yarborough. Erst mit der Unterstützung Richard Nixons wurde er zwei Jahre später ins Repräsentantenhaus gewählt. Er gehört zu jenen gemäßigten wirtschaftsorientierten Republikanern aus dem so genannten »Sun Belt«, den Süd- und Südwestsaaten der USA.

Nachhaltig gefördert von den Präsidenten Nixon und Ford, wurde Bush nacheinander Botschafter bei der UNO, Leiter des amerikanischen Verbindungsbüros in Peking, Direktor der CIA und schließlich acht Jahre lang Reagans Vizepräsident. 1988 wurde Bush als Präsidentschaftskandidat der Republikaner nominiert. In einem der härtesten Wahlkämpfe in der Geschichte der Vereinigten Staaten schlug er den demokratischen Gegenkandidaten Michael Dukakis, den Gouverneur von Massachusetts, und wurde am 20. Januar 1989 zum 41. Präsidenten der USA vereidigt.

Zunächst haftete dem leidenschaftlichen Angler, Golf- und Tennisspieler das Image eines »dithering wimps«, eines »wankenden Weichlings« an. Im Umgang mit ausländischen Politikern, so Rice, habe Bush fast gewunden gewirkt, aber früher oder später seinen Standpunkt deutlich gemacht: Er habe Mitarbeiter um sich geschart, die »seine Vorliebe für nüchterne

Sprache und sachliche, besonnene Arbeit teilten, die umgänglich waren und ihr Ego im Zaum halten konnten«.

Als die dramatische politische Umwälzung in Osteuropa ins Rollen kam und Gorbatschow in Washington eintraf, bewegte sich Rice erstaunlich souverän zwischen den beiden mächtigsten Männern der Welt. Sie hatte schon das erste Gipfeltreffen zwischen Bush und Gorbatschow auf Malta im Dezember 1989 gemanagt. Die Konferenz war als »Zwischengipfel« gedacht, auf dem sich die beiden Präsidenten näher kennen lernen und über die »Perestroika«, Wirtschaftsbeziehungen, Rüstungskontrolle, die europäische Sicherheit und über Deutschlands Zukunft sprechen wollten. Knapp einen Monat zuvor war durch die Maueröffnung die deutsche Frage als zentraler Punkt auf die komplexe amerikanisch-sowjetische Agenda gerückt.

Im Rückblick: Noch elf Monate zuvor, am 19. Januar 1989, verkündete der damalige DDR-Staats- und Parteichef Erich Honecker im Brustton der Überzeugung: »Die Mauer wird … in 50 und auch 100 Jahren bestehen bleiben.« Aber bereits im Juni desselben Jahres geriet der SED-Chef zunehmend unter Druck. Überall Versorgungsschwierigkeiten, Schlangen vor den Geschäften, immer mehr Menschen wollten ausreisen.

Ende Juli/Anfang August rollte dann die erste Flüchtlingswelle: DDR-Bürger setzten sich in die Ständige Vertretung in Ostberlin sowie in die bundesdeutschen Botschaften in Budapest, Prag und Warschau ab. Dessen ungeachtet fanden am 6. Oktober die Feiern zum 40-jährigen Bestehen der DDR statt. Am nächsten Tag kam es zur Begegnung Gorbatschows mit Honecker. Gorbatschow hielt den SED-Generalsekretär für reformunfähig, ein Führungswechsel war unausweichlich.

Honecker musste nach 18-jähriger Herrschaft abtreten. Am 9. November wurden die Berliner Mauer und weitere Grenzübergänge zur Bundesrepublik Deutschland geöffnet. Rund neun Millionen Ostdeutsche, über die Hälfte der Bevölkerung der DDR, besuchten in den ersten Wochen den Westen. Deutschland im Freudentaumel. Der Ruf nach Einheit – »Wir sind ein Volk« – wurde immer lauter.

»Eine geschlossene, dichte Wolkendecke hatte sich jahrzehntelang vor den Stern der deutschen Einheit geschoben, dann tat sich für kurze Zeit die Wolkendecke auf, ließ den Stern sichtbar werden, und wir griffen nach ihm.« So kommentierte Hans-Dietrich Genscher die historische Chance. »Mir war klar, dass dieses Fenster nicht für immer geöffnet sein würde.«

Bundeskanzler Kohl verkündete am 28. November im Bundestag sein 10-Punkte-Programm von der Konföderation bis zur Föderation, ein Programm, das er allerdings mit den alliierten Siegermächten nicht abgesprochen hatte. Es war aus dem Stoff für ein historisches Drama: Der französische Staatschef François Mitterrand warnte Genscher: »Falls die deutsche Einheit vor der europäischen Einheit stattfinden sollte, stehen sie gegen die Dreier-Allianz (Frankreich, Großbritannien, Sowjetunion) und das Ganze endet mit Krieg.« Die englische Premierministerin Margaret Thatcher erklärte eisig, die Wiedervereinigung stehe nicht auf der Tagesordnung, und durch die Londoner Medien geisterte kurz darauf das Gespenst vom »Vierten Reich«. Gorbatschow warf Kohl vor, er wolle die DDR annektieren: »Das kann man nur als Ultimatum bezeichnen, als Diktat.« Und auch Bush war von Kohls 10-Punkte-Plan überrascht und bremste den Kanzler.

Auf Malta bemühten sich Bush und Gorbatschow, die Lage wieder »unter Kontrolle« zu bringen, wie die französische Zeitung *Le Figaro* schrieb. Rice analysierte für Bush die sowjetische Situation und fasste ihre Einschätzung in vier Punkten zusammen, die sie in ihrem Buch (mit Philip Zelikow) »Sternstunde der Diplomatie« wiedergab:

1. Die Sowjets haben die Kontrolle über ihre Osteuropapolitik verloren. Sie haben die gegenwärtige Entwicklung nicht antizipiert und reagieren nur noch auf die Tagesereignisse.
2. Moskau ist gegen die deutsche Vereinigung, die »dem sowjetischen Sicherheitssystem das Herz herausreißen« würde. Ihr schlimmster Albtraum ist ein mit der NATO verbündetes geeintes Deutschland. Ein Warschauer Pakt, der seinen osteuropäischen Anker verloren hat, würde rasch zerfallen, sodass die sowjetische Verteidigungslinie an der Grenze der Ukraine verliefe.
3. Die Sowjets arbeiten derzeit hektisch an der Entwicklung einer Politik, mit der die Existenz zweier deutscher Staaten gesichert werden kann. Sie versuchen mit Frankreich und Großbritannien zusammenzugehen, um den Status quo zu erhalten.
4. Es gibt noch kein Anzeichen dafür, dass Moskau wegen der deutschen Frage in Panik gerät. Sollte ihr Einfluss jedoch weiter abnehmen, könnte die UdSSR auf Forderungen aus den fünfziger Jahren zurückgreifen, etwa der Forderung nach einem gesamteuropäischen kollektiven Sicherheitssystem oder derjenigen nach Verhandlungen über einen Friedensvertrag mit Deutschland.

Ursprünglich wollten Bush und Gorbatschow ihre Gespräche an Bord von Kriegsschiffen der beiden Marinen führen. Als aber Sturmwarnung gegeben wurde, mussten sie auf die »Maxim Gorki« ausweichen, ein Kreuzfahrtschiff, das der sowjetischen Delegation als schwimmende Residenz diente.

Nach Rices Darstellung legte Bush zum Thema Deutschland gleich zu Beginn der Gespräche seine Karten auf den Tisch. »Ich habe mich selbst zurückgehalten, um Ihnen das Leben nicht schwer zu machen«, sagte er zu Gorbatschow. »Deshalb bin ich nicht auf der Berliner Mauer herumgesprungen.«

Gorbatschow bedankte sich und wies darauf hin, dass er wegen der Wiedervereinigung besorgt sei: »Es gibt zwei deutsche Staaten – so fügte es die Geschichte.«

Bush hielt dagegen, man könne von den Vereinigten Staaten nicht erwarten, dass sie die Wiedervereinigung ablehnten. Aber Washington würde nicht auf der Berliner Mauer demonstrieren, um zu zeigen, wie glücklich es sei.

Gorbatschow räumte ein, dass jedes Land das Recht haben müsse, sein politisches, kulturelles und wirtschaftliches System selbst zu wählen. Zugleich warnte er aber vor einer »künstlichen Beschleunigung« der Geschichte.

Aus dem »entspannten Verhalten«, das Gorbatschow im Verlauf der Malta-Gespräche an den Tag legte, zog Rice die Schlussfolgerung, dass er in der deutschen Frage beeinflussbar war. Als Bushs Sowjetexpertin war sie ab 1990 dann in führender Stellung auch an den »Zwei-plus-vier-Gesprächen« beteiligt: jenem beispiellosen politischen Verhandlungsmarathon, der das Ende der deutschen Teilung und gleichzeitig das Ende des Kalten Krieges besiegelte.

In den »Zwei-plus-vier-Gesprächen« berieten die Außenminister der vier Siegermächte des Zweiten Weltkrieges (die Vereinigten Staaten, die Sowjetunion, Großbritannien und Frankreich) sowie die deutschen Außenminister Hans-Dietrich Genscher (BRD) und Markus Merkel (DDR) zum ersten Mal am 5. Mai 1990 in Bonn die außenpolitischen Konsequenzen der Wiedervereinigung.

Als Bushs Top-Diplomatin agierte Rice in jenen dramatischen Wochen und Monaten im Zentrum des politischen Geschehens. Sie hatte Einblick in geheime Staatsdokumente, Gesprächsprotokolle und Telefonnotizen und sie verhandelte in den europäischen Staatskanzleien sowie in Moskau mit zahlreichen Hauptakteuren. In dem Erinnerungsband »Sternstunde der Diplomatie« hat sie zusammen mit dem Politikwissenschaftler Philip Zelikow die schwierigsten Verhandlungen in der jüngeren deutschen Geschichte klar, präzise und ohne Schnörkel protokolliert und analysiert:

»Die deutsche Teilung überschattete mehr als vierzig Jahre die europäische Politik. Die deutsch-deutsche Grenze war die Hauptfront einer stillen, aber stets bedrohlichen militärischen Konfrontation, die Trennungslinie zwischen zwei Gesellschaftssystemen und ein unüberwindliches Hindernis für die politische Aussöhnung Europas.«

Wie konnten Ost- und Westdeutschland eins werden, fragte sich auch Rice, wenn sie gegnerischen Militärbündnissen angehörten und Hunderttausende ausländische Soldaten beiderseits der Ost-West-Trennungslinie auf ihrem Boden stationiert waren?

Für die Wiedervereinigung gab es kein Vorbild und sie schien mit vielen Gefahren verbunden zu sein. »Die sechs Staaten, die über Deutschlands Zukunft entschieden, waren in ein Netz aus Vereinbarungen eingebunden, die dazu dienten, die deutsche Teilung handhabbar zu machen«, so Rices Analyse in »Sternstunde der Diplomatie«. »Trotz gelegentlicher Sonntagsreden mit dem Bekenntnis zur deutschen Einheit war die Welt recht zufrieden mit dem Status quo. (...) Die meisten Westdeutschen hatten sich mit der Teilung ihres Landes abgefunden und erfreuten sich des Wohlstands, in dem sie lebten. Viele Ostdeutsche, auch Dissidenten, die gegen die kommunistische Herrschaft protestierten, wollten die sozialistischen Werte bewahren, und Intellektuelle in beiden deutschen Staaten fürchteten den Aufstieg eines neuen Nationalismus. Die Vereinigten Staaten sahen ihre Position in Europa gefährdet, weil sich ein geeintes Deutschland vom vierzig Jahre alten Nordatlantikpakt abwenden könnte. Großbritannien und Frankreich, mit noch wachen Erinnerungen an den Zweiten Weltkrieg, waren froh, die Integration der Westhälfte Europas mit einem geteilten und leichter zu handhabenden Deutschland als Kern vorantreiben zu können.«

Nach Rices Meinung hatte aber kein Staat im »Endspiel des Kalten Krieges« mehr zu verlieren als die Sowjetunion: »Das geteilte Deutschland bildete das Herzstück des sowjetischen Sicherheitssystems. In der DDR waren die besten Truppen der sowjetischen Streitkräfte stationiert. (...) Und noch etwas bedeutete die deutsche Teilung für den Kreml: Sie war der sichtbare Gewinn aus dem Zweiten Weltkrieg – Vergeltung für den bösartigen Versuch der Deutschen, die Sowjetunion zu vernichten. Überall in der DDR erinnerten Denkmale zu Ehren des Sowjetvolkes und der Roten Armee an den Sieg über Hitler. Weil dieser Kampf das letzte und wohl auch einzige Mal in der sowjetischen Geschichte gewesen war, dass sich Partei und Bevölkerung freiwillig zusammengefunden hatten, war die Erinnerung an den Zweiten Weltkrieg der beliebteste und wirkungsvollste Talisman der Partei gegen ihren eigenen politischen Niedergang.«

Einen strategischen Masterplan für den lang ersehnten Tag X, die deutsche Einheit, gab es nicht. Er musste erst mühsam in den »Zwei-Plus-vier-Gesprächen« erarbeitet werden. Bei den Verhandlungen ging es um die Ablösung der Rechte der Alliierten, wie sie im Potsdamer Abkommen von 1945 für »Deutschland als Ganzes« festgeschrieben worden waren. Die Westmächte forderten, das vereinigte Deutschland müsse Mitglied der NATO bleiben, was die Ausweitung dieses Bündnisses bis an die deutsch-polnische Grenze bedeutete, für die Sowjetunion ein neuralgischer Punkt.

Das erste Treffen der Außenminister der vier Siegermächte sowie der beiden deutschen Delegationen fand am 5. Mai 1990 in Bonn statt. In einer für das Weiße Haus bestimmten Lagebeurteilung stellte Rice fest: »Die Sowjets äußerten sich nicht sehr klar und deutlich, was sie wollten. Sie haben sich heute zurückgehalten und wirkten unvorbereitet. So weit die gute Nachricht.«

Die schlechte Nachricht seien Risse in der westlichen Solidarität. Die Briten wollten einen Friedensvertrag. Die Franzosen sträubten sich, die westlichen Ansichten zu koordinieren, weil sie sich angeblich nicht gegen die Sowjets verschwören wollten. Sowohl London als auch Paris würden für eine umfangreichere Zwei-plus-vier-Tagesordnung eintreten, und die Westdeutschen würden sich dem nicht so vehement widersetzen, wie es die Amerikaner gern gesehen hätten.

Auf dem Weg zur Deutschen Einheit hatte Rice nicht nur Zugang zu allen relevanten Dokumenten. Hinter den Kulissen der damaligen weltpolitischen Bühne lernte sie auch die Hauptakteure, die beteiligten internationalen Staats- und Regierungschefs, kennen und sie konnte sich ein Urteil über deren Visionen und Taktik bilden.

Dem französischen Staatspräsidenten François Mitterrand bescheinigte sie einen Stil, der von »tastenden Annäherungsversuchen, vagen Äußerungen und abwechselnden Vorstößen und Rückziehern« geprägt gewesen sei. Das politische Erdbeben von 1989/90 habe seine Erwartungen und Berechnungen überstiegen. Er habe improvisieren müssen und seine Position sei alles andere als klar gewesen.

Auch die britische Premierministerin Margaret Thatcher, die das rasante Tempo des diplomatischen Zuges in Richtung Einheit zu bremsen versuchte, kommt in Rices Profil-Analyse nicht besonders vorteilhaft weg: Sie habe sich geirrt, wenn sie glaubte, in Mitterrand einen zuverlässigen Verbündeten gewonnen zu haben.

Gut informiert zeigte sich Rice über Bundeskanzler Helmut Kohl: Da er nie ein »charismatischer Redner oder Parteivisionär« gewesen sei und sich nicht als »ideologischer Bannerträger« hervorgetan habe, sei er während seiner gesamten Karriere unterschätzt worden. Tatsächlich hatte Kohl längst erkannt, dass der Zug in Richtung Einheit sich bereits in Bewegung gesetzt hatte. Die Deutschen könnten einsteigen oder ihn fahren lassen, sagte er. Eine zweite derartige Gelegenheit würde es in seinem Leben nicht geben. Die Außenpolitik sei wie das Heumachen. Man müsse einfahren, was man gemäht habe, bevor ein Gewitter es vernichtet.

Lob auch für Gorbatschow. Sein »Neues Denken«, so Rice in »Sternstunde der Diplomatie«, habe die Initialzündung der Ereignisse gebildet und die Entwicklung eine Zeit lang vorangetrieben. Dennoch sei es falsch zu sagen, Gorbatschow habe die Absicht gehabt, die Teilung Europas zu beenden und sie erfolgreich zu verwirklichen. »Er wollte den Kalten Krieg beenden und ein gemeinsames Haus Europa bauen. Er wusste, dass der Status quo unhaltbar war, und es war typisch für ihn, dass er ständig über Umwege und Kompromisse, die er als gewiefter Taktiker zu nutzen verstand, vorwärts strebte, aber wohin die Reise gehen sollte, blieb unklar.«

Gorbatschow, der letzte Chef der Sowjetunion, Reformer und spätere Friedensnobelpreisträger, wurde am 2. März 1931 in dem Dorf Priwolnoje im Gebiet von Stawropol im Nordkaukasus geboren. Sein Vater arbeitete als Mähdrescherfahrer, die Mutter war praktizierende orthodoxe Christin. Den Zweiten Weltkrieg erlebte Gorbatschow als Kind, er war elf Jahre alt, als seine Heimat im Sommer 1942 von deutschen Truppen vier Monate lang besetzt wurde. Nach dem Rückzug der Deutschen begannen die von Stalin angeordneten Deportationen. Gorbatschows Großvater väterlicherseits wurde von der Geheimpolizei verhaftet und nach Sibirien verschleppt.

Gorbatschow besuchte zunächst die Dorfschule und musste in der Kolchose arbeiten. Für seine Mitarbeit in dem Jugendverband »Komsomol« wurde er mit dem Orden des »Roten Banners der Arbeit« ausgezeichnet. Nach dem Abschluss der Schule studierte er an der Moskauer Universität Jura.

1953 trat Gorbatschow in die KPdSU ein, 1956 heiratete er Raissa Maximowna Titorenko, ihre Tochter Irina wurde im Jahr darauf geboren. Den gelernten Beruf eines Juristen übte Gorbatschow allerdings nicht aus. Stattdessen schlug er eine typische Parteikarriere ein. Zunächst war er als Erster Sekretär und Parteiorganisator in verschiedenen lokalen Komitees tätig. Auch besuchte er das Agrar-Institut in Stawropol und erwarb sich den Ruf eines Landwirtschaftsexperten.

Im Anschluss stieg er zum Parteichef der KPdSU in Stawropol auf. 1970 wurde er erstmals in den Obersten Sowjet der UdSSR gewählt, 1971 wurde er Mitglied im ZK der KPdSU in Moskau und 1980 Mitglied des Politbüros. Der mit Abstand jüngste Funktionär in diesen Ämtern wurde im März 1985 zum Generalsekretär der KPdSU ernannt.

Kaum im Amt, übte der neue Chef im Kreml harte Kritik an den Missständen in der Innen- und Wirtschaftspolitik und leitete eine groß angelegte Säuberungsaktion ein: In den ersten zehn Monaten seiner Amtszeit wurden über drei Dutzend Minister und über 50 hohe Parteifunktionäre gefeuert. Auch der langjährige Außenminister Andrej Gromyko, ein Gegenspieler Gorbatschows, musste angeblich aus gesundheitlichen Gründen aus dem Politbüro ausscheiden.

Gorbatschow prägte die Schlagwörter »Glasnost« und »Perestroika«: Glasnost stand für »Öffentlichkeit« und die Abschaffung der restriktiven Informationspolitik. Damit sollte der politische Willensbildungsprozess in Partei und Staat durchsichtig gemacht werden. Perestroika war die Bezeichnung für eine grundlegende Reform der UdSSR durch Demokratisierung des öffentlichen Lebens, Förderung von Eigeninitiative und Eigenverantwortung sowie Einführung marktwirtschaftlicher Elemente.

Die Losungsworte Glasnost und Perestroika brachten der an eine restriktive Politik gewöhnten Sowjetgesellschaft zwar mehr Demokratie, konnten aber letztlich die marode Wirtschaft nicht retten. Und jene, die mit dem Verlust der alten Ordnung, der sozialistischen Ideale und dem Weltmachtanspruch ihren eigenen Einfluss schwinden sahen, fuhren bald scharfe Geschütze gegen Gorbatschow auf. Vor allem auch gegen seine Außen- und Sicherheitspolitik.

Nach einer langen Phase das Kalten Krieges zwischen den USA und der UdSSR war Gorbatschow erstmals im Dezember 1985 mit US-Präsident Ronald Reagan in Genf zusammengetroffen. Der Sohn eines verarmten Schuhverkäufers lernte schon in frühester Kindheit die Kunst der Schauspielerei, der Improvisation und war ein wahrer Meister am Mikrofon. Nach dem Studium in Ökonomie und Soziologie war er als Sportreporter einer Radiostation in Davenport/Iowa und als Ansager für das Baseball-Team »Chicago Cubs« tätig.

Danach begann er eine Karriere als Schauspieler und bekam 1937 in Nick Grindes »Love is on the Air« seine erste Kinorolle. Doch zu einer großen Hollywood-Karriere reichte es nicht. Henry Kissinger behauptete, dass Reagan gerne John Wayne gewesen wäre und diesen um seinen Ruhm beneidete.

Reagan musste mit Nebenrollen als Gangster, Kriegsheld, Sheriff und Ku-Klux-Klan-Mann vorlieb nehmen. In Don Siegels Hemingway-Verfilmung »Tod eines Killers« spielte er einen üblen Gangsterboss, der seine Geliebte verprügelt und reihenweise Leute umbringt. In »Land der Gottlosen« war er 1939 immerhin der Gegenspieler von Errol Flynn.

Später ging er zum Fernsehen und erhielt eine Rolle in der zweitklassigen Western-Serie »Death Valleys Days«. Ursprünglich Demokrat und Anhänger von Franklin D. Roosevelt, trat Reagan 1962 in die Republikanische Partei ein, wo er sich als konservativer Politiker profilierte. Die Arbeitslosenversicherung nannte er einen »voll bezahlten Urlaubsplan für Schnorrer«. Unterstützt von einer Reihe Millionäre wurde er 1966 zum Gouverneur von Kalifornien gewählt. Zu seinen Freunden zählten die Erdöl-Multis Henry Salvatori und A. C. Ruppel, einst Vorsitzender der Union-Oil, Holmes Tuttle, Zwischenhändler von Ford Inc., und viele andere.

Bereits zwei Jahre später unternahm der ehrgeizige ehemalige Kinoheld den ersten Vorstoß, um US-Präsident zu werden. Seine Schauspielerfreunde Bob Hope und John Wayne, Dean Martin und Frank Sinatra unterstützten sein Wahlprogramm gegen Kommunismus und Pornografie, für Familie und Patriotismus. Wayne forderte in zahlreichen Radio- und TV-Spots »Reagan for President«. Doch gegen Richard Nixon hatte der Schauspieler in den Vorwahlen keine Chance. Erst beim zweiten Anlauf 1980 – diesmal war Jimmy Carter sein Gegner – gelang ihm der Sprung ins Weiße Haus und er konnte die größte Rolle in seiner Schauspielerkarriere spielen: den Law-and-order-Präsident.

Reagans Außenpolitik war nicht nur eine Politik der Stärke, sie war auch von einem starken Antikommunismus geprägt. Die UdSSR bezeichnete er als »Reich des Bösen«, in Nicaragua unterstützte er die Contra-Rebellen gegen die linksgerichtete Regierung unter Daniel Ortega und in Afghanistan die Mudschaheddin gegen die prosowjetische Regierung. Am 11. August 1984 inszenierte er eine schwere diplomatische Krise, als er bei einem Mikrofontest vor einer Radiosendung erklärte: »Ich habe soeben das Gesetz zur Auslöschung der Sowjetunion unterschrieben. Die Bombardierung Russlands beginnt in fünf Minuten.«

Als Bushs Sowjetexpertin setzte sich Rice später, in ihrem Buch »Sternstunde der Diplomatie«, kritisch mit Reagans harter Linie auseinander: »Als er ins Weiße Haus einzog, war er entschlossen, den Feind zu stellen und zu bekehren. Dieser Konfrontationsstil wurde in der Art und Weise deutlich, wie er über Atomwaffen dachte und redete. Überzeugt davon, dass die Sowjets den Atomkrieg für gewinnbar hielten, revidierte Reagan die amerikanische Nuklearstrategie und richtete sie auf ›Kriegführung‹ als Basis der Abschreckung aus. Damit erzeugte er bei vielen Europäern Angst, und auch viele Amerikaner reagierten besorgt.«

Laut Rice wollte Reagan Moskau zwingen, sich weltweit zurückzuziehen. Um diese Politik zu untermauern, habe er gewaltige Steigerungen der Militärausgaben in Kauf genommen. Mit der Verkündung der Strategischen Verteidigungsinitiative (SDI), die mittels im Weltraum stationierter Verteidigungsanlagen Schutz vor einem Nuklearangriff bieten sollte, sei eine neue Hochtechnologiefront eröffnet. Der »Sternenkrieg« sei zum »schlimmsten Albtraum« für die sowjetischen Generale geworden.

Erst nach Gorbatschows Amtsantritt signalisierte Reagan seine Bereitschaft zu Verhandlungen, und ein Gipfeltreffen in Reykjavik leitete das Ende des Kalten Krieges ein: 1987 unterzeichneten beide in Washington die weltweit als historisch gefeierte »Nulllösung«, die Beseitigung aller Mittelstreckenraketen. Aus Rices Sicht führte Bush gemeinsam mit Gorbatschow diesen Weg fort. »Außenpolitisch interessiert und erfahren, war er mit ehrgeizigen Zielen angetreten und hatte als erster westlicher Staatsmann offen ausgesprochen, dass der Kalte Krieg erst vorüber sein werde, wenn Europa ›ungeteilt und frei‹ sei.«

Rice dazu in »Sternstunde der Diplomatie«: »Das war ein weit reichender Ansatz, bedeutete er doch, dass der Kalte Krieg nur dort beendet werden konnte, wo er begonnen hatte – in Mittel- und Osteuropa und vor allem in Deutschland.« Vor dem Amtsantritt habe Bush zu seinen Beratern gesagt: »Wir sollten große Träume träumen.«

Als Gorbatschow am 30. Mai 1990, aus Kanada kommend, in Washington eintraf, begann der Eröffnungspoker um die deutsche Einheit. Rice war von ihm beeindruckt: »Er zeigte Intelligenz und Mut« – Eigenschaften, über die Rice selbst verfügt und die sie sicherlich bei anderen schätzt.

»Seine Begrüßung war stets herzlich«, erinnert sie sich. »In der direkten Auseinandersetzung konnte er jedoch stahlhart werden. Dabei stützte er sich auf seine handschriftlichen Notizen, verblüffte seine Gesprächspartner aber auch mit spontanen Äußerungen. Als der frisch gewählte Präsident Bush ihn bei ihrem ersten Treffen fragte, wie die Sowjetunion in drei bis fünf Jahren aussehen würde, erwiderte er: ›Sogar Jesus Christus könnte diese Frage nicht beantworten.‹«

Im Weißen Haus drehten sich die Gespräche hauptsächlich um die Zukunft Deutschlands und Europas. Nach Rices Aufzeichnungen stellte Bush gleich zu Beginn der Partie die Kardinalfrage: die sowjetischen Sorgen in Bezug auf die Vereinigung und die deutsche NATO-Mitgliedschaft. Bush versuchte Gorbatschow davon zu überzeugen, dass die NATO eine stabilisierende Kraft für Deutschland sein werde und es weniger wahrscheinlich mache, dass die Deutschen ihre Nachbarn beunruhigen oder eigene Atomwaffen erwerben würden.

Gorbatschow war skeptisch: Die einseitige Mitgliedschaft Deutschlands in der NATO würde Europa aus dem Gleichgewicht bringen. Ein vereinigtes Deutschland könne beiden Bündnissen angehören oder keinem. Außerdem sprach er sich für die Notwendigkeit einer längeren Übergangsperiode aus. »Sie sind Seemann«, sagte er zu Bush. »Da werden sie doch sicher verstehen, dass ein Anker gut ist, zwei aber besser sind.«

Laut Rice – in »Sternstunde der Diplomatie« – brachte Bush das Argument vor, dass der grundsätzliche Unterschied zwischen ihren Ländern darin besteht, dass die Sowjetunion im Gegensatz zu Amerika ein tiefes Misstrauen gegen Deutschland hege. Dabei könne Deutschland ein guter Freund der Sowjetunion werden, so wie es ein Freund der Vereinigten Staaten sei. Deutschland habe eine wahrhafte Demokratie aufgebaut.

Er habe nicht laut gejubelt, als die Berliner Mauer fiel, sagte Bush weiter. Aber er glaube, dass die deutsche NATO-Mitgliedschaft die stabilste aller Lösungen für die Sicherheit in Europa sei.

Gorbatschow stimmte Bush zu, dass die NATO stabilisierend wirke, aber ein vereinigtes Deutschland dürfe keinesfalls nur einem Bündnis angehören.

Darauf brachte Bush seinen Poker ins Spiel, die KSZE-Schlussakte, wonach alle Staaten das Recht haben, ihre Bündniszugehörigkeit frei zu wählen. Sollte nicht auch Deutschland frei entscheiden dürfen?

Dies war die Schlüsselfrage. Einen Augenblick herrschte atemlose Stille. Alle Augen richteten sich auf den russischen Präsidenten.

»Gorbatschow nickte und pflichtete Bush bei«, beschreibt Rice die entscheidende Szene der Poker-Partie. Damit hatte

Sternstunde der Diplomatie: Condoleezza Rice (2. v. l., stehend) bei der Unterzeichnung des Abschlussdokumentes nach den Zwei-plus-vier-Gesprächen 1990

der russische Präsident soeben zugestanden, dem vereinten Deutschland selbst die Entscheidung zu überlassen, welchem Bündnis es angehören wollte.

»Die Amerikaner waren verblüfft«, erinnert sich Rice, während Gorbatschows Berater »hochschreckten und unruhig auf ihren Stühlen hin und her rutschten«.

Bush lächelte Gorbatschow an: »Ich freue mich, dass Sie offenbar mit mir darin übereinstimmen, dass jedes Land sein Bündnis frei wählen kann.«

Jetzt ging es nur noch darum, eine gemeinsame Formulierung zu finden. Gorbatschow schlug vor: »Die Vereinigten Staaten und die Sowjetunion sprechen sich dafür aus, ... dem vereinten Deutschland selbst die Entscheidung zu überlassen, zu welchem Bündnis es gehören will.«

Nach Rices Darstellung in »Sternstunde der Diplomatie« schlug Bush eine etwas andere Formulierung vor: »Die Vereinigten Staaten sprechen sich eindeutig für eine Mitgliedschaft des vereinten Deutschlands in der NATO aus. Allerdings werden wir, falls es sich anders entscheiden sollte, die Entscheidung nicht anfechten, sondern tolerieren.«

Gorbatschows Einverständnis war für Rice eine der ungewöhnlichsten historischen Entscheidungen, der sie jemals beigewohnt hatte: »In seiner Delegation hatte sich Unruhe breit gemacht. Gorbatschows Berater schienen sich durch Mienenspiel und Körpersprache gewissermaßen physisch von seinen Worten zu distanzieren.«

Wie lässt sich Gorbatschows Gesinnungswandel erklären? »Es kommt in der Diplomatie selten vor, dass jemand direkt am Verhandlungstisch seine Meinung ändert«, meint Rice in »Sternstunde der Diplomatie«. »Die wahrscheinlichste Erklärung, die mit Belegen in Einklang steht, ist die, dass Gorbatschows Entschlossenheit schon vor der Reise nach Washington Stück um Stück aufgeweicht worden war. Nichts, was die Sowjetunion in Bezug auf Deutschland vorschlug, schien zu funktionieren. (...)

Als er schließlich in Washington mit Bush zusammentraf, war sozusagen die Luft heraus. Vielleicht hatte ihn der US-Präsident mit dem Verweis auf das von der KSZE zugestandene Recht auf freie Wahl der Bündniszugehörigkeit gewissermaßen auf dem falschen Fuß erwischt. (...) Das Ergebnis war jedenfalls, dass die Mauer des Widerstandes einstürzte, als Bush sie aus diesem neuen Winkel traf.«

Mit dieser Analyse widerlegte Rice die Legende, es sei Bundeskanzler Helmut Kohl gewesen, der Gorbatschow am 14. Juli 1990 bei seinem Besuch im Kaukasus die NATO-Mitgliedschaft des vereinten Deutschland abgerungen und damit die Tür zur Vereinigung aufgestoßen habe. Tatsächlich hatte Gorbatschow die NATO-Mitgliedschaft bereits am 31. März in Washington zugesagt. Sechs Wochen später hatte sich der

»Kanzler der Einheit« bei seinem Treffen mit Gorbatschow das Ergebnis des Washingtoner »Deals« offenbar nur abgeholt.

Nach dem entscheidenden Washingtoner Durchbruch war Gorbatschow jedenfalls mit Ehrungen und Versprechungen für Wirtschaftshilfe überschüttet worden. Bush signalisierte ein Handelsabkommen mit der UdSSR. Am Abend stand ein Staatsbankett im Weißen Haus auf dem Programm und am nächsten Morgen folgte ein Frühstück mit Kongressabgeordneten. Später sollte im East Room der Vertrag des Handelsabkommens unterzeichnet werden.

Im Weißen Haus herrschte kurzfristig Chaos. Denn die Vertragsdokumente waren nicht rechtzeitig zum Termin eingetroffen. Während Bush und Gorbatschow bereits vor dem Saal warteten, musste Rice in letzter Sekunde Passagen über den Vertrag in Bushs Rede einfügen. Erst als sie damit fertig war, konnten die beiden Präsidenten ihre Erklärung abgeben.

Noch am Abend des gleichen Tages entwarf Rice zusammen mit den anderen Bush-Mitarbeitern eine Presseerklärung, die der US-Präsident zum Abschluss des Gipfels am 3. Juni 1990 abgeben sollte. Es ging darum, Gorbatschows Zugeständnis über das freie Wahlrecht der Deutschen hinsichtlich der NATO-Mitgliedschaft aktenkundig zu machen. Der Textentwurf lautete: »Was die äußeren Bündnisse Deutschlands betrifft, bin ich der Auffassung, wie Kanzler Kohl und andere Mitglieder des Bündnisses auch, dass das vereinte Deutschland ein vollberechtigtes Mitglied der NATO sein soll. Präsident Gorbatschow, offen gesagt, teilt diese Auffassung nicht. Doch stimmen wir darin voll und ganz überein, dass die Frage der Bündnismitgliedschaft, in Übereinstimmung mit der Schlussakte von Helsinki, eine Sache ist, die die Deutschen entscheiden müssen.«

Rice übergab den Text dem russischen Botschafter Alexander Bessmertnych und bat ihn, die Passage mit dem sowjetischen

Staatschef abzusprechen. Sie wollte sichergehen, dass Gorbatschow »voll und ganz« mit Bush übereinstimmte.

Die beiden Präsidenten waren inzwischen in Camp David eingetroffen. »Beim Abendessen machte Gorbatschow einen unbeschwerten, heiteren Eindruck«, erinnert sich Rice. »Nach der Unterzeichnung des Handelsabkommens war die Stimmung warm und herzlich.«

Dennoch saß Rice wie auf heißen Kohlen. Würde der sowjetische Staatschef den Entwurf der Presseerklärung absegnen? Sie wartete bis spät in die Nacht auf eine sowjetische Reaktion. Am frühen Morgen war es endlich so weit. Bessmertnych erklärte, dass Gorbatschow keine Einwände gegen die Textpassage habe. Rice hatte grünes Licht und Bush konnte die Erklärung in der von ihr vorbereiteten Form abgeben.

Für Rice wahrhaftig eine »Sternstunde der Diplomatie«, war sie doch maßgeblich an diesem Erfolg beteiligt. Aber sie brach nicht in Jubel aus. Sie spürte, dass Gorbatschow in der deutschen Frage zwar zu einem Entschluss gekommen war, aber sich noch auf »schwankendem Boden« bewegte. »Wenn die Amerikaner jetzt in Siegesgeschrei ausbrachen, könnte er sich – politisch in eine peinliche Lage gebracht – schnell wieder eingraben.« Ohne Gorbatschows Zugeständnis aufzubauschen, ging es jetzt nach Rices Ansicht darum, dass die Amerikaner hinter den Kulissen daran arbeiteten, den erreichten Erfolg zu konsolidieren. Bush informierte zunächst Kohl, Thatcher und Mitterrand über die Wende. Aber keiner der Gesprächspartner habe beim ersten Hören die volle Bedeutung der Mitteilung ermessen, erinnert sich Rice. Keiner fragte nach. Alle waren vorsichtig. Nur Kohls Unterhändler Horst Teltschik habe die neue sowjetische Position als »Sensation« bezeichnet.

Rices Fazit: »Die Vorsicht war überflüssig. Gorbatschows Bemerkung über das Wahlrecht der Deutschen (bezüglich ihrer

Bündniszugehörigkeit – E.S.) war durchaus ernst gemeint. (...) Es war ein Wendepunkt. Gorbatschow sollte gegenüber der deutschen Zugehörigkeit zur NATO nie wieder eine unnachgiebige Haltung einnehmen.«

Der 1. Juli 1990 markierte einen weiteren Meilenstein im Kalendarium des Vereinigungsjahres: das Inkrafttreten der Wirtschafts-, Währungs-, und Sozialunion. Der Vertag war am 18. Mai unterzeichnet worden. Damit trat die DDR die Hoheit über die Finanz- und Geldpolitik an die Bundesrepublik ab und die D-Mark wurde zum einzigen Zahlungsmittel in der DDR.

Im Juli reiste Kohl ohne größere Delegation nach Washington, um mit dem US-Präsidenten die Strategie für das gemeinsame Vorgehen in den nächsten Wochen zu besprechen. Nach Rices Darstellung betonte Kohl beim Abendessen mit Bush, dass die deutsche NATO-Mitgliedschaft unverzichtbar sei und nicht zur Disposition stehe. Bei der Diskussion über die Stärke der künftigen deutschen Streitkräfte begann Kohl zu pokern. Er wollte sich noch nicht festlegen. Aber er versprach, sich in den folgenden Wochen für eine Zahl zu entscheiden und die Amerikaner dann erneut zu konsultieren.

Der Weg zur deutschen Einheit schien noch immer mit vielen Stolpersteinen gepflastert zu sein. Im Dezember sollten die ersten freien gesamtdeutschen Wahlen seit 1933 abgehalten werden. Rice war skeptisch: »Fraglich blieb allerdings, ob die Wähler die Kosten der Einheit tragen wollten. Eine Ende Mai durchgeführte Meinungsumfrage hatte ergeben, dass lediglich 28 Prozent der Westdeutschen bereit waren, für die Vereinigung finanzielle Opfer zu bringen. Die Mehrheit fürchtete einen Anstieg der Arbeitslosigkeit und eine Schwächung der D-Mark«, schreibt sie in »Sternstunde der Diplomatie«.

Als nächster deutscher Gast reiste der ostdeutsche Ministerpräsident nach Washington. »Es war das erste und letzte Mal, dass ein DDR-Regierungschef mit dem amerikanischen Präsidenten zusammentraf«, erinnert sich Rice. »Bush und de Maizière führten ein freundschaftliches Gespräch und Letzterer genoss die einmalige Gelegenheit sichtlich. Der US-Präsident wollte seinem Gast allerdings vor allem zu verstehen geben, dass er nicht glaube, dass die DDR eine konstruktive Rolle in den Zwei-plus-vier-Gesprächen spiele.«

Dagegen wollten sich die Sowjets, aus Rices Sicht, nicht zu »bloßen Objekten der westlichen Diplomatie« degradieren lassen. Obwohl der Westen dies zu glauben schien, habe die sowjetische Politik nicht ziellos im »Strom der Ereignisse« getrieben. Außenminister Eduard Schewardnadse habe sogar den Einsatz erhöht. Die Lage in der Sowjetunion sei sehr ernst, sagte er laut Rice. Es wäre für ihn und Gorbatschow das Einfachste, von der politischen Bühne abzutreten. Aber sie wüssten, wer an ihre Stelle treten würde und welche Art von Staat dies bedeute.

Die drei offenen Hauptfragen seien nach wie vor ungeklärt: Die NATO-Mitgliedschaft, der Zeitpunkt der Beendigung des Viermächtestatus und die Stärke der künftigen deutschen Streitkräfte. Die Sowjetunion brauche Antworten auf diese Fragen, betonte Schewardnadse. Die sowjetische Führung müsse in der Lage sein, ihrem Volk zu sagen, dass man vor keiner Bedrohung stehe – weder von Seiten Deutschlands noch der NATO.

Während der Termin für den NATO-Gipfel am 5. und 6. Juli in London immer näher rückte, legte Schewardnadse noch einmal nach und übersandte den Entwurf für eine gemeinsame Erklärung von NATO und Warschauer Pakt:

Ein gesamteuropäisches Militärbündnis aus NATO und Warschauer Pakt zu schaffen, das allen KSZE-Staaten offen stehen sollte; die Schutzgarantie der NATO einzuschränken, wenn eines ihrer Mitglieder Gewalt anwenden sollte, und ihm für diesen Fall Sanktionen anzudrohen; die frühere DDR von der Schutzgarantie der NATO auszunehmen; nicht als Erste Atomwaffen einzusetzen; alle US-Nuklearstreitkräfte aus Europa abzuziehen; alle konventionellen US-Truppen aus Deutschland abzuziehen, während die sowjetischen Streitkräfte aus der DDR abrückten; entmilitarisierte Zonen in Mitteleuropa zu schaffen, ohne Einbeziehung der UdSSR.

Rice war enttäuscht: »Die Sowjets hatten systematisch den Dachboden des Kalten Krieges durchstöbert und jede Idee entstaubt, die sie finden konnten. (...) Die Vorschläge dieses Entwurfs waren für die Amerikaner nahezu ausnahmslos unakzeptabel. (...) Die NATO-Partner reagierten ebenfalls überwiegend negativ«, erinnert sie sich in »Sternstunde der Diplomatie«.

Das Weiße Haus stand vor einem schwierigen Problem: Wie konnten die Meinungsverschiedenheiten bis zum NATO-Gipfel ausgeräumt werden?

Zusammen mit den Chefs der beteiligten Regierungsstellen erarbeitete Rice in den nächsten Tagen in Scowcrofts Büro einen Entwurf für die NATO-Gipfelerklärung. Die Kernpunkte: eine »Verpflichtung zur Nichtaggression« sowie eine neue Strategie, die Nuklearkräfte zu »Waffen des letzten Rückgriffs« zu erklären.

Bush stimmte dem ehrgeizigen Entwurf zu. Spektakulär war auch der nächste Schachzug: Wie Rice sich erinnert, wollte der Präsident das bürokratische Verfahren der NATO umgehen und den Entwurf vor dem entscheidenden Gipfel den Staats- und Regierungschefs übermitteln, damit sie Zeit hatten, die Meinungsverschiedenheiten auszuräumen. Dies war nach Rices Ansicht zwar ein riskanter Plan, aber ein »unharmonischer Abschluss des Gipfels wäre angesichts der an ihn gestellten Erwartungen eine Katastrophe gewesen«.

Unter strengster Geheimhaltung wurden die Briefe am 21. Juni über verschlüsselte Telex-Leitungen an Kohl, Thatcher, Mitterrand und NATO-Generalsekretär Manfred Wörner verschickt und nicht wie sonst üblich von den Botschaftern übermittelt.

Wie waren die Reaktionen der Verbündeten?

Laut Rice nahm Kohls Unterhändler Teltschik den amerikanischen Plan mit Genugtuung auf. Wörner jubelte und schrieb Bush: »Normalerweise trinke ich um 8.30 Uhr Kaffee, als ich jedoch Ihre Botschaft las, griff ich zum Sekt.« Margaret Thatcher war entsetzt. Ihrer Meinung nach brachte der Entwurf die Balance zwischen dem Hauptzweck der NATO und einer soliden Militärstrategie aus dem Gleichgewicht. Besonders die Änderung der Nuklearstrategie stieß auf ihren Widerspruch: »Werden die Menschen sich nicht fragen, welchen Sinn Verteidigung und Sicherheitspolitik noch haben, wenn wir jene, die bis vor kurzem unsere schärfsten Feinde waren – und es schlimmstenfalls wieder werden können –, so dicht an die innerste Führung unserer Verteidigung und Kampfbereitschaft heranlassen.« Mitterrand schloss sich den Bedenken der britischen Premierministerin an. Das Konzept des »letzten Rückgriffs« sei nicht mit einer wirksamen Abschreckung zu vereinen.

Wie konnten Thatcher und Mitterrand umgestimmt werden?

Nach Rices Aufzeichnungen unternahm Bush einen neuen Anlauf, um die »Eiserne Lady« von seiner Doktrin zu überzeugen: Am 1. Juli schrieb er ihr: »Wenn wir beim Londoner Gipfel keine kühnen Schritte unternehmen, (...) werden wir die öffentliche Prüfung nicht überstehen.« Außerdem betonte Bush, dass Helmut Kohl am 15. und 16. Juli in Moskau sein werde und eine »klare Position des Bündnisses« brauche, »wie wir uns den neuen Realitäten in Europa anpassen wollen (und wie nicht)«.

Ein weiterer strittiger Punkt war außer der zukünftigen NATO-Strategie nach wie vor die Obergrenze der künftigen Truppenstärke der Bundeswehr. Laut Rice legte sich der Bundeskanzler schließlich auf eine Personalstärke von 370 000 Mann fest, mit einem Spielraum bis zu 350 000.

Am 5. Juli schlug in London die Stunde der Wahrheit: Nach einem festlichen Diner am Abend des ersten Gipfeltages, zu dem Königin Elisabeth II. in den Buckingham-Palast geladen hatte, diskutierten die Staats- und Regierungschefs am nächsten Tag im Lancaster House den Wortlaut der gemeinsamen Erklärung.

»Die Debatte über den viereinhalbseitigen Text dauerte bis nach Mitternacht«, erinnert sich Rice. Und das Weiße Haus habe sich nicht verschätzt, als es auf das Verhandlungsgeschick von US-Außenminister James Baker setzte.

Baker betonte, dass alle hier seien, um Deutschland bei der Wiedervereinigung zu helfen: »Manchmal war ich besorgt, dass die Verhandlungen festfahren würden. Gentlemen, fühlte ich mich einmal genötigt zu sagen, wir sollten das Eigentliche nicht aus den Augen verlieren. Der Grund unseres Hierseins, der Grund, weshalb wir an dieser Erklärung arbeiten, ist Deutschland zur Vereinigung zu helfen. Wir sollten dieses Dokument nicht verwässern. Das wäre ein Fehler. Wir haben nur einen Schuss bei dieser Sache. Es herrschen andere Zeiten. Hier wird nicht business as usual gemacht.«

Doch trotz Bakers Appell spielten die Franzosen business as usual. Außenminister Roland Dumas erhob bei nahezu jedem Punkt Einspruch. Da noch ein Abendessen mit der Königin auf dem Programm stand, musste die Sitzung unterbrochen werden. Um 22.30 Uhr kamen die Politiker wieder zusammen, um

1.30 Uhr war die Wende endlich geschafft: Mit überwältigender Zustimmung wurde die »Londoner Erklärung« (»Die Nordatlantische Allianz im Wandel«) schließlich gebilligt.

»Der Kalte Krieg ist Geschichte«, jubelte Manfred Wörner, und Bundeskanzler Kohl sprach von einem »Markstein in der Geschichte des Bündnisses«. In der Deklaration erklärte die NATO sich bereit, mit den Staaten des Warschauer Paktes feierlich zu besiegeln, dass man einander nicht mehr als Gegner betrachtete. Gemäß der Charta der Vereinten Nationen und der KSZE-Schlussakte bekräftigte das Bündnis seine Verpflichtung zu einem gesamteuropäischen Gewaltverzicht. Die übrigen KSZE-Staaten wurden aufgefordert, sich der Selbstverpflichtung der NATO-Staaten zum Nichtangriffspakt anzuschließen. Den Warschauer-Pakt-Staaten wurde angeboten, Missionen beim nordatlantischen Bündnis einzurichten. In die Erklärung aufgenommen wurde auch die Ankündigung der Deutschen, bei den Wiener Abrüstungsverhandlungen verbindliche Angaben über die Truppenstärke der Streitkräfte des vereinten Deutschlands zu machen.

Noch auf dem Rückflug nach Washington informierte Bush den sowjetischen Staatschef: »Bevor Sie die NATO-Erklärung lesen, sollten Sie wissen, dass sie vor allem im Hinblick auf Sie geschrieben wurde und dass ich diesen Punkt in London gegenüber meinen Kollegen nachdrücklich betont habe.«

Dieser Brief und die Londoner Erklärung stellten für Kohl die Weichen für die letzte Phase der Verhandlungen. Das Einzige, was noch fehlte, war nach Rices Analyse Geld für die Sowjetunion: »Was Gorbatschow betraf, so brauchte er die Unterstützung des Westens. Ein Hilfsprogramm würde dazu beitragen, ihn an der Macht zu halten. Und ein freundlich gesinnter Gorbatschow schien für den schnellen ungestörten Vollzug der Einheit unverzichtbar zu sein.«

Kohl habe alle Hebel in Bewegung gesetzt, um Gorbatschow zu helfen, erinnert sich Rice. Aber Thatcher versuchte ihn zu bremsen und habe in der Frage der Kredithilfe einen »erschreckenden Mangel an wirtschaftlicher Analyse« konstatiert. Sie wollte die Wirtschaftshilfe von Reformen abhängig machen und nicht »das Sauerstoffzelt liefern, das wesentlichen Strukturen des alten Systems das Überleben sichert«. Kein Vorstand einer großen Firma könne sich eine derart unprofessionelle Herangehensweise leisten.

Aber Kohl ging – laut Rices Niederschrift – nicht auf die Argumente ein: »Es gibt keinen Hinweis darauf, dass die Bundesregierung eine ernsthafte Analyse darüber anstellte, in welcher Weise die fünfzehn bis zwanzig Milliarden Dollar der Perestroika helfen würden. (…) Für Kohl war dies nicht der Punkt. Sein Hauptmotiv war in beiden Fällen politischer Natur – die Notwendigkeit starker politischer Gesten.«

Diese Gelegenheit bot sich dem deutschen Kanzler, als er am 14. Juli 1990 mit einer Boing der Luftwaffe zum Endspiel der deutschen Einheit nach Moskau reiste. Rice verfolgte mit Spannung das Treffen: Am Vormittag des 15. Juli wurde Kohl im Gästehaus des sowjetischen Außenministeriums, einer neugotischen Villa in der Alexej-Tolstoj-Straße 14, von einem wohlgelaunten Gorbatschow begrüßt: »Die Erde ist rund, und wir beide fliegen ständig um sie herum.«

Kohl meinte: »Mein Bedarf ist gedeckt.« Dann zogen sich die beiden Staatsmänner in den Salon der Villa zurück. Nach der ersten Beratungsstunde schlug Gorbatschow vor: »Wir werden unsere Gespräche im kaukasischen Gebirge fortsetzen. In der Bergluft sieht man viel klarer.«

Kohl gab Gorbatschow zu verstehen, dass er nur mitfahren werde, wenn am Ende der Reise in den Kaukasus die völlige Souveränität des vereinten Deutschlands und dessen uneingeschränkte NATO-Mitgliedschaft stünde. Gorbatschow antwortete weder mit Ja noch Nein. Er sagte lediglich: »Wir sollten fliegen.«

In diesem Augenblick wusste Kohl, dass »wir es schaffen werden«.

Eine sieben Tonnen schwere und 400 PS starke Staatslimousine brachte die beiden Staatsmänner zum Regierungsflughafen Wnukowo II. Von hier aus flogen sie mit einer Iljuschin 62 in den Süden des Sowjetreiches, der kaukasischen Heimat des Generalsekretärs. Nach zwei Stunden des 1600 Kilometer langen Fluges landete die Maschine in Stawropol. Die Stadt war 1942 von deutschen Truppen besetzt worden, dann, nach dem Sieg der Roten Armee in Stalingrad, zurückerobert worden.

Gorbatschow zeigte Kohl das Büro, in dem er seine Funktionärskarriere begann. Anschließend legten die beiden Staatsmänner an einem Ehrenmahl für die Toten des Zweiten Weltkrieges Blumen nieder und gedachten der Gefallenen. Nach diesem Zwischenstopp stiegen Kohl und Gorbatschow in einen Hubschrauber und flogen weiter in Richtung Kaukasus. Unterwegs landeten sie auf einem Getreidefeld, wo sie herzlich von Bauern und Bäuerinnen begrüßt wurden. Die Menschen schienen intuitiv zu spüren, dass wichtige politische Entscheidungen mit Deutschland bevorstanden. Junge Bauernmädchen überreichten Brot und Salz als Zeichen der Gastfreundschaft. In alter Tradition küsste Gorbatschow das Brot und bestreute es mit Salz. Der Kanzler machte drei Kreuze auf den Laib. »So hat es früher meine Mutter getan«, erklärte er Gorbatschow. Später kletterten beide auf einen Mähdrescher und fuhren ein Stück damit. Kohl gestand: »Als Junge habe ich davon geträumt, Bauer zu werden.«

Dann flogen die beiden Politiker weiter. Ihr Reiseziel, die Touristenbergstation Archys im Selentschuk-Tal, erreichten sie in der zweiten Tageshälfte. Anschließend fuhren sie direkt zu Gorbatschows Datscha, einer ehemaligen staatlichen Oberförsterei. Das wuchtige Haus aus ockerfarbenem Stein lag 1600 Meter ü.d.M. zwischen majestätischen Bergen. Die großartige Kulisse passte zu dem politischen Gipfel, den die beiden Männer erklimmen wollten.

Ihnen war bewusst, dass sie sich auf einem schmalen Grat bewegten. Bevor sie zur letzten, alles entscheidenden Steilwand aufbrachen, suchte Raissa Gorbatschowa, die Frau des Generalsekretärs, ein Vieraugengespräch mit dem deutschen Außenminister Hans-Dietrich Genscher. Sie wies ihn darauf hin, welches Risiko ihr Mann auf sich nehme. Beschwörend sagte sie: »Herr Genscher, auch Deutschland macht hier Zusagen, auch Deutschland muss etwas geben. Herr Genscher, Sie müssen das einhalten.«

Genscher antwortete: »Sie können sich darauf verlassen. Wir haben in jeder Hinsicht Lehren aus der Geschichte gezogen. Ich weiß sehr genau, was Ihr Mann hier tut. Alles wird gut werden.«

Die Atmosphäre beim Abendessen war herzlich und freundschaftlich. Gorbatschow erzählte von der Zeit, als sein Dorf von Deutschen besetzt gewesen war und ein freundlicher Soldat namens Hans im Haus seiner Eltern gewohnt habe. Auch gratulierte er Kohl zum Gewinn der Fußballweltmeisterschaft in Rom.

Es war kurz nach 22 Uhr, als sich Kohl und Gorbatschow schließlich zu einem kurzen Vieraugengespräch zurückzogen. Sie waren inzwischen längst per du. Im Anschluss unternahmen sie einen kurzen Spaziergang unter dem einzigartigen Sternenhimmel.

Am nächsten Tag besiegelten sie im Konferenzraum der alten Oberförsterei die deutsche Einheit. Kohl sprach von einem historischen Augenblick der Weltgeschichte. Genscher bedankte sich bei Gorbatschow: »Wir werden Ihnen das niemals vergessen.«

Die Welt erfuhr von dem Verhandlungserfolg im Kaukasus am nächsten Tag auf einer Pressekonferenz im Sanatorium »Eichenhain« der Kurstadt Schelesnowodsk: Gorbatschow gestand dem größeren Deutschland die Vollmitgliedschaft in der NATO nach der Vereinigung zu. Die BRD erklärte u.a. ihren Verzicht auf Atomwaffen und die Reduzierung der Bundeswehr auf 370 000 Mann.

In Washington notierte Rice zufrieden: »Es war eine gute Übereinkunft. Die Deutschen hatten genau das getan, was sie dem Präsidenten angekündigt hatten.«

Am 12. September 1990 unterzeichneten die sechs Außenminister in Moskau den Zwei-plus-vier-Vertrag, der die äußeren Aspekte der deutschen Einigung regelte. Nach 41 Jahren der Teilung wurde die deutsche Wiedervereinigung am 3. Oktober vollzogen. Die DDR hörte auf zu existieren. Ihr Gebiet wurde mit dem Beitritt integraler Bestandteil der Europäischen Gemeinschaft.

Alsdann wurden in den Zwei-plus-vier-Staaten die abschließenden Regelungen ratifiziert. Am 10. Oktober gab der US-Senat grünes Licht, am 15. November das englische Parlament und am 13. Dezember die französische Nationalversammlung. Der Oberste Sowjet der UdSSR brauchte etwas länger. Er zog am 4. März 1991 den Schlussstrich unter den Zweiten Weltkrieg. Die Ratifizierungsurkunde wurde am 15. März als letzte im Auswärtigen Amt in Bonn übergeben. Damit waren die Bedingungen nach Artikel 9 des Vertrages erfüllt, er trat in Kraft, Deutschland war nun wieder souverän.

Mit Diplomatie, gutem Willen und großer Sachkenntnis hatte Rice an dem beispiellosen Marathon der Zwei-plus-vier-Gespräche teilgenommen und sich in der politischen Arena zwischen den mächtigsten Männern der Welt profiliert. Dass die deutsche Vereinigung mit so ungewöhnlichem Tempo vonstatten gehen sollte, hatte auch sie nicht vorausgesehen.

Aus ihrer Perspektive spielte Helmut Kohl die zentrale Rolle beim »hastigen Vorwärtsstürmen« in Richtung Einheit. Es sei jedoch nicht die »Vision des Kanzlers« gewesen, sondern sein »exzellentes Gespür« für die Gefühle der Menschen. Er habe den latenten Drang zur Einheit bei den Ostdeutschen wahrgenommen und es sei ihm gelungen, dieses Verlangen zu einer Kraft zu formen, die nicht ignoriert werden konnte. Kohl habe bei allem Geschichtsbewusstsein, das ihn auszeichne, in seiner gesamten Laufbahn stets einen »untrüglichen Instinkt für die Meinung der Straße« bewiesen.

»Wie am Beginn der Französischen Revolution der Sturm auf die Bastille stand«, so Rices Analyse, »wird jede Geschichte der deutschen Vereinigung mit einer Volksbewegung beginnen – mit dem Exodus von Männern und Frauen, die genug hatten vom Mangel und von der Missachtung der Menschenwürde durch das ostdeutsche Regime. Aber es war Helmut Kohl, der diesen Gefühlen Ausdruck verlieh und Kurs auf die Vereinigung nahm. Er ging ein enormes Risiko ein, als er die Vereinigung auf die internationale Tagesordnung setzte, obwohl darauf noch kein Platz für sie war.«

Trotz 45-jähriger Freundschaft hätten die europäischen Verbündeten ein vereinigtes Deutschland immer noch mit Argwohn betrachtet. Briten und Franzosen seien aus dieser Geschichte als »zweitrangige Mitspieler« hervorgegangen. Die Lösung der deutschen Frage sei als Angelegenheit der Vereinigten Staaten, der Bundesrepublik Deutschland und der Sowjetunion eingestuft worden.

Dem amerikanischen Präsidenten Bush bescheinigt die Politikprofessorin »Führungskraft«. Er habe sich schon früh auf die

Unterstützung Kohls festgelegt und ihm wiederholt und deutlich mitgeteilt, dass dieser im »beruhigenden Wissen« auf die Rückendeckung des mächtigsten Verbündeten der Bundesrepublik »seinen Instinkten« folgen konnte. Der Präsident habe sich an das Versprechen gebunden gefühlt, das der Westen Adenauer gemacht hatte: Die Bundesrepublik würde der »Brutkasten der deutschen Demokratie« sein, bis das deutsche Volk eines Tages in einem gemeinsamen Staat vereint werden könnte.

Ironie der Geschichte: Während Deutschland vereint wurde, zerbrach die Sowjetunion und der Warschauer Pakt zerfiel binnen weniger Monate.

Tragisch auch Gorbatschows Schicksal: Der Reformer und Entspannungspolitiker wurde am 21. August 1991 in seinem Urlaubsdomizil auf der Krim von Putschisten unter Hausarrest gestellt. Obwohl die Revolte scheiterte, führte sie dennoch zum Machtverlust des Staatspräsidenten.

Nach Rices Interpretation verstand Gorbatschow nicht, was mit ihm und seinem Land geschah, während er vergeblich versuchte, seine politische Partei zu retten. Zu dieser Zeit habe Boris Jelzin den vor der Abdankung stehenden sowjetischen Staatschef wie »ein verwirrtes Kind« behandelt, dem er die Unterschrift unter Dokumente abnötigte, die zur Auflösung der Sowjetunion führten. Weihnachten 1991 legte Gorbatschow das Amt des Staatspräsidenten nieder, das von seinem Nachfolger Boris Jelzin übernommen wurde.

Gorbatschow habe nie die Absicht gehabt, die Sowjetunion zu zerstören, meint Rice. Er habe an ein Europa der gemeinsamen Werte geglaubt, in dem reformierte und humane kommunistische Staaten ihren Platz haben würden. Aber in dem Europa der gemeinsamen Werte habe es keinen Platz für die Sowjetunion gegeben.

Bei der Unterzeichnung des Zwei-plus-vier-Vertrages schien Gorbatschow bereits zu ahnen, dass sein Stern im Sinken war: »Wer zu spät kommt, den bestraft das Leben«, hatte er bei einem früheren Treffen Erich Honecker gewarnt. Und hinzugefügt: »Tja, wissen Sie, ob wir nicht alle viel zu spät gekommen sind?«

Rices Fazit in »Sternstunde der Diplomatie«: »Die Chance, Deutschland unter westlichen Bedingungen zu vereinigen, wurde Kohl, Bush, Mitterrand und Thatcher eröffnet, weil in der ostdeutschen Bevölkerung die Sehnsucht nach Freiheit über die Jahre der ideologischen Spaltung Europas hinweg lebendig geblieben war und weil die geschwächte Sowjetunion dem in Osteuropa aufkeimenden Drang nach Freiheit und Wohlstand keinen Einhalt mehr zu gebieten vermochte.«

Die deutsche Vereinigung, so die Quintessenz der Sowjetexpertin, habe Europa zwar Schrammen zugefügt, aber keine Wunden. Dies sei ein Beweis von Staatskunst.

Durch ihren brillanten diplomatischen Stil, ihre Professionalität und ihre dynamische Persönlichkeit trug Rice in der Bush-Administration ohne Zweifel zum Erfolg der Zwei-plus-vier-Gespräche bei und hat ein wenig auch sich selbst ein Denkmal gesetzt.

Ein Regierungsbeamter beschrieb ihr politisches Charisma damals so: »Ihr Auftreten ist einfach A-plus-plus-plus. Sie versteht es, Falken und Tauben miteinander auszusöhnen. Die Entscheidung trifft am Ende der Präsident. Doch die Handschrift der Beraterin ist unübersehbar.«

VII

Die Bush-Dynastie

Condoleezza Rice repräsentiert alles, was eine Frau sein kann:
intelligent, fähig und hochrespektiert.
Sie ist ein exzellentes Vorbild für junge Frauen.

Becky Morgan

Im Kreis der Bush-Familie: Condoleezza Rice mit Barbara (Mitte) und Laura Bush (links), während des Wahlkampfes für George W.

Dank dem Erfolg der Zwei-plus-vier-Gespräche stieg Rice im Beraterstab von Präsident Bush von der Novizin zur unverzichtbaren Dame auf dem Schachbrett der Politik auf. Sie hatte souverän gezeigt, wie gut sie mit den Herren der Welt zurechtkommt und dass sie eine Meisterin in der hohen Kunst der Diplomatie ist. Sie war die ideale Besetzung dafür, Menschen zusammenzubringen, auch wenn es sich um starke unterschiedliche Persönlichkeiten handelt.

Setzt sie dabei auch ihre Weiblichkeit als Waffe ein? Immerhin: Ein Hardliner wie der israelische Ministerpräsident Ariel Scharon wurde in ihrer Nähe schwach: »Ich muss beichten, dass es hart war, mich auf die Konversation mit Condoleezza Rice zu konzentrieren, weil sie so hübsche Beine hat.« Der Kommentar des vierschrötigen Ex-Generals amüsierte Rice: »Diese Männer haben zu lange in der Armee gedient. Es ist ihre Art, die Dinge zu sehen.«

Die brillante Analytikerin zählte bald auch zu den wenigen Auserwählten, die ein Entree in die private Welt der Bush-Dynastie hatten. Sie befreundete sich mit Barbara, der Präsidenten-Gattin, und lernte auch die übrigen Mitglieder des mächtigen Öl-Klans kennen.

Die Bushs wurden so etwas wie eine Ersatzfamilie: Sie gehören bereits seit drei Generationen zu den einflussreichsten politischen Klans in den USA. Auf der Seite von Barbara Bush, geborene Pierce, ist die Familie mit Franklin Pierce, Amerikas 14. Präsidenten, verwandt. Die jüngere amerikanische Geschichte kennt zwar auch andere Familien, die Gouverneure und Präsidenten stellten – denken wir an John F. Kennedy und Franklin Delano Roosevelt –, doch selbst die Kennedys, Roosevelts und Rockefellers schafften es nicht wie die Bushs, zweimal das Weiße Haus zu erobern. Dieser Doppelsieg gelang vor ihnen nur der Adams-Familie: John Adams, der 1796 als George Washingtons Nachfolger zum zweiten Präsidenten der damals jungen Republik gewählt wurde, erlebte es im Jahr 1825, dass sein Sohn John Quincy 29 Jahre nach ihm als sechster Präsident ins Weiße Haus einzog.

Als Rice sich mit den »Kennedys der Republikaner« anfreundete, so der Journalist Michael Schwelien in der *Zeit*, gaben die Bushs im Weißen Haus ein Bild ab, das vor »Anstand und Familienglück« nur so triefte: »Ein Bild, das wie die Verwirklichung des amerikanischen Traumes erschien: Die Frau im Zentrum ihrer Familie, einer Familie, die es nach vielen Jahren harter Arbeit zu etwas gebracht hat.«

Die Frau im Zentrum, das war Barbara Bush. Sie stammte aus New York, ihr Vater war Verleger, ihre Mutter Hausfrau. Während des Studiums lernte Barbara auf einer Weihnachtsfeier in Greenwich/Conneticut den späteren Präsidenten der USA kennen. Für die damals 16-Jährige war es Liebe auf den ersten Blick: »Ich heiratete den ersten Mann, den ich küsste.«

Barbara bekam sechs Kinder. Ihre Aufgabe als First Lady sah sie vor allem darin, ihrem Mann eine verlässliche Partnerin zu sein. Aus der Politik hielt sie sich heraus: »Ich nehme keine politischen Standpunkte ein, weil ich mich als Ehepartner eines gewählten Regierungsmitgliedes genauso fühle wie der Vizepräsident gegenüber dem Präsidenten. Man schuldet dieser Person – diesem gewählten Vertreter – in der Öffentlichkeit Unterstützung. Hinter verschlossenen Türen kann man (allerdings) seine eigene Meinung vorbringen.«

Barbara besaß weder das glamouröse Outfit einer Jacqueline Kennedy, noch das skandalträchtige Image einer Nancy Reagan. Sie hatte nicht die feministische Vision einer Hillary Clinton, noch die politische Kraft einer Condoleezza Rice. Trotzdem wurden die beiden Frauen enge Freundinnen.

Während Rice als Sowjetexpertin Bush senior an den Klippen der Osteuropapolitik vorbeilotste, präsentierte sich Barbara ihren Landsleuten als »Mutter der Nation«, umgeben von vier Söhnen (George, Jeb, Neil, Marvin), einer Tochter (Dorothy) und 22 Enkelkindern. Ihr sechstes Kind, die Tochter Robin, war im Alter von drei Jahren an Leukämie gestorben.

Nicht zuletzt aufgrund ihres sozialen Engagements erfreute sich »Mom«, wie sie von ihren Landsleuten genannt wurde, ungemeiner Beliebtheit. Durch die Leseschwierigkeiten ihres Sohnes Neil sensibilisiert, engagierte sie sich gegen den immer noch weit verbreiteten Analphabetismus in den USA. Um Spendengelder zu sammeln, veröffentliche sie 1984 »C. Fred's Story«, ein Blick auf das Leben in Washington aus der Sicht eines Hundes.

Da gab es noch kein Indiz dafür, dass ihr ältester Sohn 16 Jahre später als 43. Präsident das politische Drehbuch seines Vaters übernehmen würde. Da interessierte sich der Junior mehr für Baseball, Bourbon und schöne Frauen. Um Verwechslungen mit seinem Vater auszuschließen, nannte er sich George W. – also »Dubya«, die im Texas-Slang veränderte Form von »Doubleyou«.

»Little George« wurde am 6. Juli 1946 in New Haven, Connecticut, geboren. Sein Vater studierte damals noch in Yale. Bevor Bush junior zwei Jahre alt wurde, zog die Familie nach Westtexas und suchte in der Ölstadt Odessa ihr Glück. Sie lebten zunächst in einer kleinen Wohnung. Nach einem zweijährigen Zwischenspiel in Kalifornien zogen sie ins ölgetränkte Midland, damals eine Kleinstadt mit 25 000 Einwohnern.

Als George sieben Jahre alt war, starb seine dreijährige Schwester Robin an Leukämie. Seit damals soll er eine enge Beziehung zu seiner Mutter haben. Er wuchs als ältestes der sechs Bush-Kinder auf einer Ranch auf, in einer sonnenverbrannten und kargen Gegend, die aussieht wie die Oberfläche des Mondes. Und doch fühlen sich die Menschen hier wie in »Gottes eigenem Land«. Sie praktizieren Bibelstunden und Gebet. Sie glauben an Gott, Familie, Freunde und sich selbst. Lange galt diese Reihenfolge.

Als dann Anfang der zwanziger Jahre in Texas das Ölfieber ausbrach, wurde diese Lebensphilosophie durch eine neue Variante bereichert: »Das große Geld ist irgendwo da draußen«, hieß es plötzlich. »Du musst nur lange und tief genug bohren.« Mit diesem Glauben wuchs auch Bush junior auf, war doch inzwischen auch sein Vater als Unternehmer im Ölbusiness tätig.

Der Sohn spielte damals noch für ein zweitklassiges Baseball-Team der Stadt. Aber Daddys Bekanntheit und Beziehungen öffneten ihm bald alle Türen. Schon früh trat er in die Fußstapfen des »Übervaters«. »Es ist nicht möglich, den Sohn zu betrachten, ohne den Vater zu sehen«, schreibt der Journalist Stefan Kornelius. »George ist die Miniaturausgabe des ehemaligen Präsidenten – physisch gesehen. Einen Kopf kleiner als der Senior, etwas lockerer in den Hüften, den texanischen Slang mit größerer Glaubwürdigkeit auf der Zunge.«

Wie »Big George« besuchte der Sohn die gleiche angesehene Philipps Andover Academy, eine exklusive Prominentenschule im Bundesstaat Massachusetts. Clay Johnson, der mit ihm das Zimmer teilte, beschreibt den jungen Bush so: »Er war nicht der Klügste, nicht der Athletischste, aber die Leute fühlten sich irgendwie zu ihm hingezogen.«

Von 1964 bis 1969 studierte George dann an der renommierten Universität von Yale Geschichte. Er wurde wahrscheinlich nur deshalb aufgenommen, weil er Bush hieß und schon sein Vater Absolvent dieser Hochschule war. Andere Bewerber, die einen besseren Eignungstest machten, wurden jedenfalls abgelehnt.

Wie George W. Bush selbst zugibt, war er kein akademischer Überflieger. Das Magazin *New Yorker* veröffentlichte ein Zeugnis: miserabel in Astronomie, schwach in Politikwissenschaften, Soziologie und Wirtschaft, befriedigend in Geschichte, Anthropologie und Philosophie. Notendurchschnitt: »C+«, was nach den Bewertungskriterien amerikanischer Eliteschulen nahezu dem Prädikat eines intellektuellen Leichtgewichts entspricht.

Später, nachdem er zum Präsidenten gewählt worden war, hielt der langjährige Versager eine Rede an seiner alten Hochschule und machte allen »C+«-Studenten Mut, dass auch aus ihnen etwas werden könne. Dabei verschwieg er allerdings, dass er sich während seiner Studienjahre vor allem als trinkfester und partyfreudiger »tough guy« der Burschenschaft »Skull and Bones Fraternity« einen Namen gemacht hatte. Immerhin schloss er im Jahr 1968 sein Studium mit dem Titel eines Bachelor ab.

Auch danach kopierte er die Laufbahn seines Vaters, zunächst als Pilot, dann als Ölhändler. Trotz schlechter Testergebnisse und langer Wartelisten wurde George zum Pilotentraining bei der Nationalgarde zugelassen. Von 1968 bis 1973 diente er als Jagdpilot einer F-102-Maschine in der Texas Air National Gard und avancierte zum Leutnant.

Im Gegensatz zu seinem Vater, der im Zweiten Weltkrieg über dem Pazifik abgeschossen wurde, entging George dem Einsatz in Vietnam. Eines Tages, so berichtete der *Boston*

Globe, blieb er einfach vom Dienst weg. Eineinhalb Jahre lang. Brauchte er seinen Wehrdienst nicht ableisten, weil er Bush hieß?

Jedenfalls konnte er seine Studien an der Harvard Business School fortsetzen. Danach ging er nach Midland zurück und stieg wie sein Vater vor ihm ins Ölgeschäft ein. Er gründete eine unabhängige Öl- und Gas-Company, die er »Arbusto« (span. für Bush) nannte. Unter den zweifelhaften Geschäftspartnern, mit denen er sich umgab, soll angeblich auch ein Halbbruder Osama bin Ladens, nämlich Salim bin Laden, gewesen sein.

In Wirklichkeit interessierte sich Bush nicht so sehr fürs Öl. Eher für Bourbon und unbestätigten Berichten zufolge auch für Kokain. Wie es sich für einen Playboy gehörte, fuhr er einen Triumph Roadster. Im Suff demolierte er Mülltonnen und machte Jagd auf schöne Frauen. 1976 wurde er wegen Trunkenheit am Steuer verhaftet. »Das waren meine Nomadenjahre«, so beschrieb er später seinen damaligen Lebensstil. »Ich weiß nicht, ein wie großer Anteil von Midland in mir steckt. Aber wer mich verstehen will, muss Midland verstehen und die Einstellung der Menschen, die dort leben.« Fragen nach den Drogen wich er aus.

Dann lernte George im Jahr 1977 auf einer Grillparty die Grundschullehrerin und Bibliothekarin Laura Lane Welch kennen. Die Tochter einer Hausfrau und eines Bauunternehmers stammte aus Midland und war als Einzelkind aufgewachsen. Sie hatte mit 17 einen Autounfall verschuldet, bei dem ein Schulkamerad ums Leben kam. Sie studierte für das Lehramt am College der »Southern Methodist University« in Dallas und erwarb an der Universität von Texas in Austin ihren Magister in Bibliothekswissenschaften. Danach war sie als Lehrerin an verschiedenen öffentlichen Schulen in Austin und Dallas tätig.

Politisch stand Laura eher den Demokraten nahe. Aber schon drei Monate nach ihrer ersten Begegnung heiratete sie den Republikaner Bush, der seine erste Kandidatur für den Kongress anvisierte. »Wir wollten beide dasselbe«, so die spätere First Lady, »heiraten und Kinder kriegen.« 1981 kamen die Zwillingstöchter Barbara und Jenna zur Welt. Sie sollten später gelegentlich wie der Vater wegen Alkoholmissbrauch mit dem Gesetz in Konflikt geraten.

Vor der Hochzeit nahm Laura ihrem Mann das Versprechen ab, nie eine politische Rede halten zu müssen. Sie überwand aber schon bald ihre Scheu, als er sich 1978 für einen Sitz im Repräsentantenhaus bewarb, und unterstützte ihn in seinem ersten Wahlkampf. Allerdings schlug die Kandidatur fehl.

Erfolgreicher war die überzeugte Methodistin in einer anderen Mission: Laut Freunden zähmte sie den wilden, trinkfreudigen Cowboy und läuterte ihn zum tiefgläubigen Christen. Kurz vor seinem 40. Geburtstag stellte Laura ihn vor die Alternative: »Jack Daniels oder ich.« Der bis dahin unkalkulierbare Bush schwor dem Alkohol und dem süßen Leben ab, konvertierte zum methodistischen Glauben und traf sich fortan einmal wöchentlich am Abend mit einer Gruppe von Männern zu Bibelstunde und Gebet, »Community Bible Study« genannt. Laura und Jesus hatten sein Herz verändert.

Nach der ersten gescheiterten Kandidatur für den amerikanischen Kongress war George auch als Ölunternehmer weniger erfolgreich als einst der Vater. Aber dank Daddys Finanzspritzen konnte er seine Firma eine Zeit lang über Wasser halten. Dann forderte die Ölkrise Anfang der achtziger Jahre ihren Tribut. Bush akzeptierte das Übernahmeangebot einer anderen Ölfirma, der »Harken Energy Corporation«, und wurde Direktor dieses Unternehmens. Als dann die Ölpreise komplett zusammenbrachen, verscherbelte er die Firma zu einem Spottpreis.

Im Herbst 1987 zog der Mann aus Texas mit seiner Familie nach Washington D.C. und arbeitete als Berater und Redenschreiber im Wahlkampfteam seines Vaters mit. Dabei bewies er überraschende taktische Qualitäten. Er half, den demokratischen Gegenspieler seines Vaters, Michael Dukakis, in eine »dubiose liberale Ecke« zu drängen. Der Schachzug zahlte sich aus: Mit 54 Prozent gegenüber 46 für Dukakis gewann George Bush senior das Tauziehen um die Macht und wurde zum Präsidenten gewählt.

Nachdem Bush senior ins Weiße Haus eingezogen war, kehrte sein Filius nach Dallas zurück. Er stellte eine Gruppe gut situierter Investoren zusammen (sich selbst inbegriffen) und kaufte sich mit 606 000 Dollar in das Baseball-Team der »Texas Rangers« ein, dem er als Manager vorstand. Mit dem Neubau eines Multimillionen-Dollar-Stadions, das allerdings zum größten Teil vom Steuerzahler finanziert wurde, erwarb er sich große Sympathien und Bekanntheit, was ihm sehr nützlich sein sollte, als er 1995 erfolgreich für das Gouverneursamt von Texas kandidierte. Eine Zeit lang managte er die Baseball-Mannschaft der obersten Liga, dann verkaufte er 1998 seine Klubanteile. Der Deal machte ihn zum Millionär: Aus seinen investierten 606 000 Dollar waren 15 Millionen Dollar geworden.

Als Condoleezza Rice in den neunziger Jahren in die Bush-Dynastie aufgenommen wurde, hatte der einst trinkfreudige »Doubleyou« bereits seine persönliche Metamorphose hinter sich und war ins Lager der Moralisten übergewechselt. Ein alter Freund beschrieb Bushs Wiedergeburt so: »Goodbye Jack Daniels, hello Jesus.« Man kann es auch anders ausdrücken: Der trinkfreudige Baseball-Freak und Kneipengänger mit dem entschlossenen Cowboygang hatte sich zum frommen Kirchgänger und Diener des Herrn gewandelt. Die Religion war die Ersatzdroge für sein verwundetes Trinker-Ego. »Ohne Gott«, sagte er später, »säße ich heute in einer Bar in Texas anstatt im Oval Office.«

Auch Condoleezza Rice wachte 1990 mit einem schweren Kater auf. Schuld war aber nicht Jack Daniels, sondern der Tretmühlenjob in Washington, der Stress, das Tempo, ein Leben außer Atem, ständig das Klingeln des Telefons, Prime Time rund um die Uhr. Gute Nachrichten waren selten. »Wenn man abends ins Bett ging und dann am nächsten Morgen aufwachte, hatten über Nacht einige Länder ihre politischen Systeme geändert«, erinnert sie sich.

Ein solcher Fall trat am 2. August 1990 ein, als der irakische Diktator Saddam Hussein Kuwait besetzte. Der Konflikt war außerordentlich brisant, weil der Gewaltherrscher in Bagdad die Kuwaitfrage mit dem Schicksal der Palästinenserfrage verknüpfte. Auch in dieser heiklen Situation stand Rice dem US-Präsidenten als Krisenmanagerin zur Seite. Sie trat für das Gesetz des Handelns ein. Unverzüglich ließ Bush US-Truppen in Saudi-Arabien stationieren und schmiedete mit Rückendeckung des UN-Sicherheitsrates eine beispiellose internationale Allianz gegen den Diktator.

Nach Ablauf mehrerer Ultimaten autorisierte der UN-Sicherheitsrat die Alliierten, den Rückzug des Irak aus Kuwait mit militärischen Mitteln zu erzwingen. Am 17. Januar 1991 begann die »Operation Wüstensturm«, zunächst mit einer massiven Bombardierung militärischer Ziele im Irak. An der Bodenoffensive, die am 24. Februar folgte, waren 580 000 alliierte Soldaten, darunter 530 000 Amerikaner beteiligt. Der Golfkrieg endete vier Tage später, als der Irak sämtliche UN-Resolutionen akzeptierte.

Aber der Ruhm als Kriegesheld nutzte Bush wenig. Bei den Präsidentschaftswahlen 1992 wurde er für die schlechte Wirtschaftslage in den USA abgewählt, während Saddam am Ruder blieb. Als Bush im April 1993 nach Kuwait reiste, um sich als Befreier feiern zu lassen, soll Saddam versucht haben, ihn ermorden zu lassen. Durch die Aufdeckung des mutmaßlichen Mordkomplotts erlebte die persönliche Feindschaft der beiden Männer einen neuen Höhepunkt. Diese Tatsache hat möglicherweise Bush junior bei seinen späteren Kriegsplänen gegen den irakischen Diktator beeinflusst.

Nach dem ersten Golfkrieg hatte Condoleezza Rice erst einmal genug von internationalen Konflikten. Der zweijährige Krisen-Job im Weißen Haus hatte an ihren Kräften gezehrt. Die Politik fraß ihr Privatleben auf. Keine Zeit, in den Tag hineinzuträumen, planlos herumzulungern, Chips zu knabbern und Football, ihren Lieblingssport, im Fernsehen zu schauen. Sie sehnte sich nach Abstinenz. Sie musste den Kater von einer Überdosis Politik auskurieren.

Im Frühjahr 1991 entschloss sie sich, zurück nach Stanford zu gehen. Sie war jetzt 37. Sie wollte sich niederlassen, eine Familie gründen und ein weniger hektisches akademisches Leben führen. Sie hatte begriffen, dass es sonst schwer sein würde, den Kontakt zu ihren Studenten zu halten, wenn sie länger als zwei Jahre fort blieb. Vor allem wollte sie ihre akademische Karriere nicht für den 1000-Volt-Job in Washington aufs Spiel setzen.

»Es war keine einfache Entscheidung«, erinnert sie sich gegenüber ihrer Biografin Antonia Felix. Zumal Brent Scowcroft, ihr Mentor, sie bat, in Washington zu bleiben. Aber ihr Entschluss stand fest: »Ich dachte, wenn ich bleibe, dann würde ich bis zum Ende weitermachen. Aber ich fühlte, dass ich darauf nicht vorbereitet war. Ich begann müde zu werden. Es war ein Job, der einen voll in Anspruch nimmt. (...) Ein Job, der einen verbrennt.«

Im März 1991 verließ Rice den Washingtoner Watergate-Komplex und kehrte als außerordentliche Professorin in die akademische Idylle von Stanford zurück, um die aus erster Hand gesammelten politischen Erfahrungen mit ihren Studenten zu teilen: Sie konnte jetzt neue interessante Perspektiven einbringen, die sie auf den internationalen Gipfeltreffen gesammelt hatte: »Es ist wichtig zu verstehen, was Leute wirklich denken.«

In Stanford fand sie auch wieder Zeit, Artikel für *Time* sowie wissenschaftliche Publikationen zu schreiben, fundierte Analysen und Studien über ihr Spezialthema, die Sowjetunion. Mit der Gründung der GUS hatte die UdSSR am 25. Dezember 1991 aufgehört zu existieren. Genauso wie die meisten politischen Beobachter war auch Rice von diesem schnellen Ende überrascht worden.

Ihr Insider-Wissen machte sie zu einer gefragten Kolumnistin und zum Medienstar. Bei Einladungen und Vorträgen war ihr stets die besondere Aufmerksamkeit der Politikprominenz sicher, so auch im renommierten Commonwealth Club. Sie berichtete über ihre zweijährigen Erfahrungen in der Bush-Administration, hielt Referate über das Ende des Kalten Krieges, porträtierte Gorbatschow und analysierte seine politische Leistung.

1985 starb Angelena Rice. Der Tod ihrer Mutter war für Rice ein großer Schmerz. Sie konnte ihren Vater dazu bewegen, Denver zu verlassen. Als ihm ein Beraterposten in Stanford angeboten wurde, zog er nach Palo Alto und begann ein neues Leben. Dort lernte er an der Menlo Oaks Middle School im Schulbezirk Ravenswood die Mathematiklehrerin Clara Bailey kennen. Überrascht stellten beide fest, dass sie viele gemeinsame Freunde in Birmingham hatten. John und Clara heirateten im Juli 1989.

Im Armenviertel von East Palo Alto setzte sich John W. Rice vor allem für die Kinder von Minoritäten ein, Jugendliche, die

Für seine aufopferungsvolle Jugendarbeit erhielt John W. Rice 1995 die Ehrendoktorwürde.

zu 70 Prozent hispanischer und zu 20 Prozent afroamerikanischer Herkunft waren. Seit über 25 Jahren verfügte der Schulbezirk Ravenswood über keine eigene allgemeine Highschool. Keines der Kinder, die hier aufgewachsen waren, hatte bisher die Chance erhalten, in Stanford zu studieren, obwohl die Universität nur wenige Minuten von Palo Alto entfernt war.

John Rice wollte dies ändern. Zusammen mit Clara und Condoleezza gründete er das gemeinnützige »Center for a New Generation«. Er steckte seine ganze Energie in dieses pädagogische Projekt. Sein Ziel war es, Jugendlichen, die aufgrund ihrer Herkunft benachteiligt waren, außerhalb der Schulzeit durch zusätzliche Nachhilfekurse die Standards zu vermitteln, damit auch sie in Stanford studieren konnten. Das Bildungsprogramm umfasste Fremdsprachen, Computertraining, diverse Wissenschaften, Sport und Musik. Rice organisierte auch einen Bus-Pool für die Kursteilnehmer und versorgte sie mit Snacks und Imbissen. Außerdem gründete er eine Schulband und besorgte dafür die erforderlichen Instrumente und Uniformen.

Sein pädagogischer Einsatz zahlte sich aus: Nach einigen Jahren wurden zwei seiner Schüler in Stanford akzeptiert. Mehrere gingen an andere Universitäten und studierten dort mit Erfolg. Rice war unheimlich stolz auf ihren Vater: »Ich bin nur sein Kind durch Geburt. Aber er hat über die Jahre viele hundert Kinder beeinflusst. Ich treffe sie heute im ganzen Land.«

Für seine lange akademische Karriere und aufopferungsvolle pädagogische Jugendarbeit wurde Condoleezzas Vater 1995 belohnt: Zunächst zeichnete ihn die National Alliance of Black School Educators mit dem »Living Legend Award« aus, dann verlieh ihm die Daniel-Hale-Universität in Chicago die Ehrendoktorwürde. Freunde und Familienmitglieder nannten ihn jetzt Dr. Rice.

Auch Condoleezza Rice wurde 1992 für ihr Engagement mit dem »Dean's Award« der School of Humanities and Sciences ausgezeichnet und zur »Frau das Jahres« erklärt. Senatorin Becky Morgan lobte: »Condoleezza Rice repräsentiert alles, was eine Frau sein kann: intelligent, fähig und hochrespektiert. Sie ist ein exzellentes Vorbild für junge Frauen.«

Ein Jahr später sorgte sie für eine weitere Überraschung, als sie in Stanford zum »Provost«, der obersten akademischen Chefin und Budgetverantwortlichen und damit zweithöchsten Beamtin nach dem Uni-Präsidenten, ernannt wurde.

Ihre Wahl verblüffte viele Akademiker: Sie war 38 Jahre alt. Alle ihre Vorgänger waren viel älter gewesen, mindestens 60. Nicht wenige Kritiker bemäkelten, sie habe keine Erfahrung für diesen Job, sei nicht qualifiziert. Andere lästerten, sie habe die führende Position nur aufgrund ihrer Hautfarbe erhalten. Diese Abwertung geschah sicherlich aus Neid; ein Ressentiment, mit dem sie sich ihre ganze Karriere lang auseinander setzen musste.

Sicher ist, dass Rice keinen einfachen Job antrat. Als »Provost« war sie nicht nur für das Milliardenbudget der Universität, sondern auch für das Wohlergehen der 1400 Fakultätsangehörigen zuständig. Es gab ein wachsendes Wohnungsproblem. Eine Reform des Studiums für »Undergraduates« war schon länger fällig. Außerdem hatte Stanford ein Defizit von 20 Millionen Dollar.

Rice packte die Probleme entschlossen an und schaffte es, in den folgenden Jahren die Kritiker, die ihr die Befähigung für dieses Amt abgesprochen hatten, zum Verstummen zu bringen: Sie kürzte Budgets und baute Personal ab. Sie minderte die Wohnungsnot, leitete eine Studienreform ein und sorgte für ein ausgeglichenes Budget. Unter ihrer Sparregie kam Stanford aus den roten Zahlen.

»Sie wusste, was sie wollte«, bescheinigt ihr Coit Blacker, stellvertretender Direktor des Stanford-Instituts für Internationale Studien. »Sie sagte: Wir werden das Budget in zwei Jahren ausgleichen. Dies schloss schmerzhafte Entscheidungen ein. (…) Viele dieser schmerzhaften Entscheidungen bedeuteten, dass Leute gefeuert werden mussten. Ein Prozess, der für Rice furchtbar war, aber den sie für absolut notwendig hielt, um das Budget auszugleichen.«

Wie stand Rice zu ihrem Job als eiserne Sparkommissarin? »Ich fühle mich immer schlecht, wenn Menschen ihren Lebensstandort wechseln müssen«, sagt sie. »Wenn ich Leute zu versetzen hatte, dann habe ich versucht, ihnen den Übergang zu erleichtern. Aber manchmal muss man schwierige Entscheidungen treffen und man muss an ihnen festhalten.«

In einem Punkt konnte sich Rice allerdings nicht durchsetzen: in ihrem Bemühen darum, mehr Frauen in führenden Positionen an den Fakultäten unterzubringen.

Dank ihrer Verbindungen zum Weißen Haus und als »friend of the Bushs« saß sie bald auch als Beraterin und Top-Managerin in verschiedenen Aufsichtsräten, u.a. bei dem Ölmulti Chevron Texaco Corp., bei der Broker-Firma Charles Schwab, beim Versicherungsgiganten Transamerica Corp., beim Computerriesen Hewlett-Packard sowie bei der Investment Bank J.P. Morgan mit ihren 30 Millionen Kunden.

Obwohl es in Amerika nichts Besonderes ist, dass Politiker ins Ölgeschäft wechseln oder umgekehrt Ölmanager am Kabinettstisch sitzen, blieb Rices Wechsel in die Vorstandsetage von Chevron vielen Beobachtern bis heute unverständlich. Im gemeinnützigen »Center for a New Generation« setzte sie sich für die Kinder von Minoritäten ein und identifizierte sich mit den Schwachen. Als Ölmanagerin vertrat sie die Interessen der Mächtigen. Manche Leute sehen darin einen Widerspruch und Interessenkonflikt: War sie von der Anwältin der Schwachen zur Anwältin der Mächtigen mutiert? Was waren ihre Motive? Was suchte sie bei dem Ölmulti? Einfluss, Macht, Petrodollars? War ihr die Uni zu klein geworden? Hatte sie Geschmack an Einfluss und Macht gefunden? »Macht ist ein starkes Aphrodisiakum«, sagt Henry Kissinger. War sie dieser Droge verfallen?

Heute vertritt sie eine absolut harte Herrschaftspolitik. War ihr soziales Engagement nur Makulatur und diente der Imagepflege? War es ein Geschenk an den Vater, der zu Lebzeiten ihr soziales Gewissen förderte? Hat sie es später, nach seinem Tod, abgelegt? Er starb Weihnachen 2000 im Alter von 77 Jahren.

1990 kam sie in den Aufsichtsrat von Chevron Texaco. Mit 77 Milliarden US-Dollar an Vermögen, rund 57 000 Mitarbeitern und Vertretungen in 180 Ländern ist das Weltunternehmen die zweitgrößte Energiefirma mit Sitz in den USA. Täglich werden mehr als 550 Millionen Liter Sprit an über 25 000 Tankstellen unter dem Markennamen Chevron, Texaco und Caltex verkauft.

Als Rice dem Lockruf der Petrodollars folgte, stand damals ganz oben auf der Agenda des Konzerns das Projekt einer 1510 Kilometer langen Pipeline von Tengiz in Kasachstan in den russischen Schwarzmeerhafen Novorossijsk. Die ehemalige Sowjetrepublik Kasachstan gilt als eines der wichtigsten Länder für die Gewinnung von Erdöl und Erdgas rund um das Kaspische Meer. Bei Tengiz, am Nordostufer des Kaspischen Meeres, liegt der größte Ölschatz, der seit 30 Jahren weltweit entdeckt wurde. Nach neuesten Schätzungen ca. 30 Milliarden Barrel.

Ökonomisch günstiger wäre nach Meinung von Umweltschützern der kürzere Weg durch den Iran an die Ölterminals im Persischen Golf gewesen. Aber bei Chevron stand man dieser Option eher ablehnend gegenüber. Seit der islamischen Revolution von 1979 und der Geiselnahme in der US-Botschaft Teherans waren die diplomatischen Beziehungen auf Eis gelegt. Auch wirtschaftlich versuchten die USA seit 1984 den Iran mit Sanktionen zu schwächen und Teheran aus dem Ölgeschäft herauszuhalten.

Stattdessen wurde eine Kooperation mit Russland angestrebt. Bei dem »Jahrhundertgeschäft« konnte Rice ihre Erfahrungen als Sowjetexpertin einbringen. 1992 kam es zur Bildung des Caspian Pipeline Consortiums, in dem neben Russland, Kasachstan und Oman auch acht internationale Mineralölgesellschaften vertreten sind. Zwar halten Russland und Kasachstan die größten Anteile, doch wird das 2,65 Milliarden Dollar teuere Projekt von Chevron Texaco geführt, der 15 Prozent hält.

Im Oktober 2001 wurde die »Caspian Pipeline« in Betrieb genommen und von den beteiligten Firmen euphorisch als »Bypass des Westens« gefeiert und mit der Bedeutung der Seidenstraße als Transportweg verglichen. Seitdem fließen jährlich ca. 28 Millionen Tonnen des schwarzen Goldes von den Tengiz-Ölfeldern zu den Terminals in der russischen Hafenstadt Novorossijsk. Hier werden sie auf Tanker verladen, die sich dann in Istanbul durch den Bosporus zwängen. Umweltschützer warnten vergeblich vor den Gefahren dieses Transportweges.

Während Rice im Aufsichtsrat von Chevron saß, warfen Menschenrechtler dem Unternehmen in Nigeria schwere Umweltzerstörungen vor. Durch rücksichtslose Erdölbohrungen, so die Anklage, habe der Konzern im Gebiet von Escravos das Niger-Delta zerstört.

Escravos war im 17. Jahrhundert ein Sammellager des Sklavenhandels, der Name leitete sich aus dem portugiesischen Begriff für »Sklave« ab. Bereits vor Jahrzehnten errichtete Chevron hier die ersten Fördertürme. Aber der Reichtum des Landes wurde zu einem hohen Preis an der Bevölkerung vorbeigepumpt. Menschenrechtler werfen dem Unternehmen vor, die Lebensgrundlage der Bewohner des Ogoni-Landes und anderer Teile des Niger-Deltas durch toxische Hinterlassenschaften zerstört zu haben.

Der Dichter und Schriftsteller Ken Saro-Wiwa warf den Öl-Konzernen Shell und Chevron vor, im Niger-Delta einen »ökologischen Krieg« gegen die Bevölkerung zu führen. Durch die Gasabfackelungen und Ölverschmutzung werde den Menschen die Atemluft und Lebensgrundlage geraubt. Er wurde am 10. November 1965 in Port Harcourt von einem nigerianischen Militärgericht zum Tode verurteilt und erhängt. Sein »Verbrechen« – er hatte eine Gruppe geleitet, die für die Menschenrechte und den Umweltschutz kämpfte.

Da die meisten Bewohner ihr Trinkwasser aus dem Niger-Delta beziehen, hat die Ölverschmutzung katastrophale Folgen für sie. Viele erkranken durch den Genuss von verseuchtem Wasser. Fische und Pflanzen sterben. Wasserproben wiesen einen Hydrocarbongehalt auf, der 360-mal über der für europäisches Trinkwasser genehmigten Höchstgrenze lag.

Viele unschuldige Menschen, die friedlich gegen die rücksichtslosen Erdölbohrungen protestierten, wurden von Todesschwadronen der korrupten und vom Ölgeschäft profitierenden nigerianischen Machthaber ermordet. Staatlich beauftragter Mord war an der Tagesordnung.

Auf Druck von Protesten und Aufständen der Menschen im Niger-Delta verpflichtete sich Chevron, 200 Millionen Dollar für die Verbesserung der Lebensverhältnisse in den Delta-Gemeinden bereitzustellen.

Seit 1993 klagen auch verschiedene Vereinigungen in Ecuador gegen die schmutzigen Hinterlassenschaften des Ölkonzerns im Amazonasbecken. Laut *Global Reporter* sind dort 30 000 Menschen betroffen. Allen voran die Indianerstämme der Cofan, Secoya und Siona.

Sie lebten seit Jahrhunderten im Einklang mit der Natur. Jetzt leiden sie nach Jahrzehnten der Ölförderung unter der toxischen Verseuchung der ehemaligen Fördergebiete. Verseuchtes Trinkwasser und dramatisch angestiegene Krebserkrankungen machen ihnen das Überleben schwer. »Lebten 1970 noch etwa 15 000 Cofan, so sind es heute noch wenige hundert«, schreibt *Global Reporter.*

Experten schätzen die anfallenden Schadensersatzkosten für Chevron auf rund eine Milliarde Dollar. Doch so viel will der Ölriese nicht bezahlen, obwohl er die Umweltverschmutzung nicht bestreitet. Chevron beruft sich auf die damaligen ecuadorianischen Gesetze. Danach wären die industriellen Standards eingehalten worden. Die Beweislage gegen den Ölriesen sei jedoch erdrückend, heißt es bei *Global Reporter*.

Rice vertrat zehn Jahre lang die Kapitalinteressen des Ölgiganten. Manche Kommentatoren sehen darin eine pikante Verquickung ihrer privaten Verflechtungen mit dem Bush-Klan und dem Weltbild der texanischen Ölmänner.

Wie lässt sich diese »Fusion« mit den Werten ihrer eigenen Familie erklären, die sich um Opfer von Gewalt und Unterdrückung kümmerte? Hatte sie innerlich einen Wandel vollzogen und sich von ihrer Familie entfernt?

Sie weist jedes Fehlverhalten zurück: »Die amerikanischen Ölgesellschaften sind sehr wichtig für unsere Sicherheit. (...) Wir können nicht ohne Öl leben. (...) Ich bin stolz auf meine Mitarbeit bei Chevron (...) und ich denke, dass wir alle sehr stolz auf die Arbeit sein sollten, die amerikanische Ölgesellschaften im Ausland leisten, und dass sie dafür sorgen, dass unsere Energieversorgung gesichert ist.«

Als Dank für ihre Dienste bezog sie von Chevron ein lukratives Grundgehalt von 35 000 Dollar im Jahr sowie 1500 Dollar für jede Aufsichtsratssitzung. Außerdem erwarb sie während der zehnjährigen Managertätigkeit für die Firma 3000 Aktien im Wert von 241 000 Dollar. 1995 wurde sogar ein 136 000-Tonnen-Chevron-Tanker auf ihren Namen getauft.

Als Rice dann dem Ölmann Bush junior ins Weiße Haus folgte, wurde »The Condoleezza Rice« drei Monate später still und heimlich umgetauft. Das Schiff hieß jetzt »Altair Voyager«. Wollte man verhindern, dass sie mit Menschenrechtsverstößen in Verbindung gebracht wurde, die Chevron vorgeworfen werden? Rice schien auch nicht besonders glücklich darüber gewesen zu sein, dass der Tanker ihren Namen trug: »Wenn ein Tanker deinen Namen trägt, dann ist keine Nachricht eine gute Nachricht.«

VIII

Die Cheftrainerin

Dr. Rice ist eine kluge und erfahrene Person. Sie kann mir außenpolitische Fragen in einer Art und Weise erklären, dass ich sie verstehen kann. Ich vertraue ihrem Urteil.

George W. Bush

Die Professorin und ihr bislang prominentester Student: Condoleezza Rice und US-Präsident George Bush junior

Nach der Wahlniederlage seines Vaters 1993 gegen den demokratischen Präsidentschaftskandidat Bill Clinton kandidierte George Bush junior im November 1994 für den Gouverneursposten in Texas.

Zur gleichen Zeit trat sein Bruder Jeb für die Republikaner bei den Gouverneurswahlen in Florida an. Während Jeb diesen Sprung erst vier Jahre später schaffen sollte, setzte sich George in Texas überraschend im ersten Anlauf gegen die Demokratin Anne Richards durch.

Ein Sieg, der nicht zuletzt durch sein Werben um die »Hispanics« und die Afroamerikaner zustande kam, was offenbar aber mehr als ein taktischer Zug war. Bush schätzt die Mexikaner, die hart auf den Ölfeldern arbeiten. Er spricht selbst Spanisch und Hispanics haben in seine Familie eingeheiratet. Bruder Jeb ist mit einer Mexikanerin verheiratet.

Zum Wahlsieg schenkte Bush senior dem Sohn die goldenen Manschettenknöpfe des Großvaters, die er selbst erhalten hatte, als er sich als junger Marineflieger daheim präsentierte. Auch Barbara Bush war stolz auf den neuen »Hoffnungsträger« von Texas.

Der »Hoffnungsträger«, gerade 48 Jahre alt, trat den Gouverneursposten mit einem Vier-Punkte-Programm an: Schulreform und Umbau der Sozialhilfe, Gerichtsreform und Verbrechensbekämpfung. Bush junior drückte eine umfassende Steuererleichterung durch, erhöhte die Ausgaben für Schulen und Erziehung und setzte sich auch für die Rechte der Homosexuellen ein.

Aber für Schlagzeilen sorgte er vor allem bei der Verbrechensbekämpfung. In seiner anschließenden Amtszeit ließ er 150 Menschen hinrichten. Das war ein neuer Todesstrafenrekord. Mit großem Abstand stand Texas damit an der Spitze der Statistik in den USA. Seit 1976 fanden insgesamt fast 800 Hinrichtungen statt, davon allein 274 in Texas. Auch mit minderjährigen geisteskranken oder debilen Straftätern – unter einem IQ von 70 – kannte Bush junior keine Gnade: »Ich bin gewählt worden, um das Gesetz des Staates Texas aufrechtzuerhalten, einschließlich der Todesstrafe.«

Gnadengesuche stießen bei ihm auf taube Ohren. Besonders umstritten war der Fall der geläuterten Mörderin Karla Faye Tucker. Viele internationale Bürgerrechtsbewegungen, Regierungen und sogar Papst Johannes Paul II. setzten sich für ihre Begnadigung ein. Vergeblich: Nach 14 Jahren in der Todeszelle wurde sie am 3. Februar 1998 in Houston/Texas durch die Giftspritze hingerichtet.

Umstritten war auch Bushs Umweltpolitik: Die zuständigen Behörden besetzte er mit »Amigos«, ehemaligen Freunden und Lobbyisten vornehmlich aus der Ölindustrie. Schadensersatzprozesse gegen industrielle Umweltsünder wurden während seiner Amtszeit erschwert. Da drückte der Law-and-order-Gouverneur ein Auge zu und manchmal auch beide. Die Folge: In keinem anderen Bundesstaat der USA werden mehr Krebs erregende Schadstoffe freigesetzt, wird mehr Luft- und Wasserverschmutzung produziert als in Texas.

Trotz seiner umstrittenen Politik wurde Bush im November 1998 für weitere vier Jahre zum Gouverneur von Texas gewählt. Rice gehörte inzwischen zum inneren Freundeskreis. Er lud sie öfters in sein Sommerhaus in Kennebunkport, Maine, ein. Sie begleitete ihn auch nach Texas und besichtigte die Ranch, die er kaufen wollte. Zunächst konnte sie nicht verstehen, was ihn an dieser verlassenen Gegend faszinierte: »Aber als wir dann im Wagen saßen und durch Canyons fuhren, konnte ich es sehen. Jetzt liebe ich es, da draußen zu sein.«

In Kennebunkport verbrachte sie oft das Wochenende mit dem Gouverneur und seiner Frau Laura. Alle drei waren sportbegeistert.

Sie spielten Tennis und segelten zusammen. Sie sahen sich Bushs Lieblingsfilme an, den Western-Klassiker »High Noon« oder das Kriegsdrama »Der längste Tag«. Sie lachten über die gleichen Witze und Komödien. Sie verfolgten im Fernsehen Baseball-Übertragungen und knabberten dazu Popcorn. Sie diskutierten am Küchentisch die Weltpolitik und verklärten den »American dream«: »Mit Bildung und harter Arbeit spielt es in Amerika keine Rolle, woher du kommst; es kommt nur darauf an, wohin du gehen willst ...«

Bush, inzwischen 53 Jahre alt, wusste, wohin er wollte: Im Juni 1999 gab er bekannt, dass er als »Konservativer mit Herz« für die »Grand Old Party« das Weiße Haus zurückerobern werde. Er versprach die Steuern zu senken, die Bildungsmisere zu bekämpfen und wieder »Würde und Ehre« ins Oval Office zu bringen. Mit diesem Versprechen spielte er auf die Eskapaden und Affären seines Vorgängers Bill Clinton an.

Den Wahlkampf gegen den politisch versierteren demokratischen Herausforderer, Vizepräsident Al Gore, finanzierte Bush junior mit der Rekordsumme von 190 Millionen Dollar. Die US-Ölindustrie überschüttete ihn mit einem warmen Petrodollarsegen und sorgte dafür, dass ihren Interessen in Bushs Energieprogramm Prioritäten eingeräumt wurden. Auch Chevron, wo Rice im Aufsichtsrat saß, unterstützte Bush und seine Republikaner mit Wahlkampfspenden.

»Ich bin fasziniert von der Ölindustrie«, schrieb Bush in seiner Autobiografie. »Alle meine Freunde hatten auf die eine oder andere Weise etwas mit der Ölwirtschaft zu tun.« Aber selbst mit all den Öl-Millionen konnte er sein außenpolitisches Defizit nicht ausgleichen. Auf diesem Gebiet hatte er sich in der Vergangenheit bereits ein paar Mal schwer blamiert. So war er auf die Frage eines Reporters nicht in der Lage, wichtige Staatsmänner zu erkennen.

Das war ein Riesenproblem. Für seine außenpolitischen Briefings brauchte der Präsidentschaftskandidat dringend intellektuellen Beistand: einen Guru und Cheftrainer, der ihn in die oberste politische Liga einführte. Kaum jemand war für diese Aufgabe besser qualifiziert als Condoleezza Rice. Sie hatte schon Georges Vater in schwierigen außenpolitischen Verhandlungen beigestanden.

Wollte sein Sohn jetzt mit ihr auch farbige Wähler mobilisieren, die von den Republikanern sonst eher vernachlässigt werden?

Als Bushs Anruf kam, zögerte Rice nicht. Sie trat in sein Wahlkampfteam ein und skizzierte für ihn die außenpolitischen Richtlinien: Sie forderte ein starkes Amerika. Nur ein starkes Amerika sei der beste Schutz für Menschenrechte und demokratische Freiheiten. Deshalb müsse Amerika sich wieder darauf besinnen, seine nationalen Interessen zu verfolgen und dadurch, wie im Kalten Krieg, wirklichen Frieden voranzubringen.

Heftig kritisierte Rice die »Clinton-Doktrin«. Der demokratische Präsident habe die historische Chance verpasst, den Anstoß für einen neuen amerikanischen Internationalismus zu geben. Sie warf ihm »Wankelmütigkeit« und ein Zuviel an »Wilson'schem Idealismus« vor. Seiner Außenpolitik habe kein strategisches, sondern ein utopisches Konzept zugrunde gelegen. Die ständige Verringerung des Verteidigungshaushalts habe zu verminderter militärischer Bereitschaft geführt. Der

Präsident habe die Streitkräfte an zu vielen Orten und für zu viele Aufgaben verzettelt. In Zukunft müsse der Einsatz amerikanischer Soldaten in humanitären Krisen zur seltenen Ausnahme werden.

Was waren die Kerngedanken von Rices außenpolitischer Vision? Laut ihrer Expertise sollte sich künftige republikanische Außenpolitik an fünf Punkten orientieren: Verstärkung der militärischen Mittel der Vereinigten Staaten, um militärische Macht zu projizieren und notfalls einzusetzen; Förderung von wirtschaftlichem Wachstum; Erneuerung enger Beziehungen zu Verbündeten; Bündelung des amerikanischen außenpolitischen Engagements zu »umfassenden Beziehungen« mit anderen Großmächten, insbesondere China und Russland; mit Russland müsse ein enger diplomatischer Dialog, vor allem ein umfassender Austausch über die sich ändernde nukleare Bedrohung stattfinden. Zugleich sollten die Anstrengungen erhöht werden, das russische Nukleararsenal zu sichern.

Was die NATO anbelangt, so forderte Bushs Chefdenkerin eine starke und expandierende Allianz und eine europäische »Verteidigungs-Identität« im NATO-Rahmen. So trat sie für ein eindeutiges Verhalten gegenüber »Schurken-Regimen« und feindlichen Mächten ein. Ausdrücklich forderte sie für Amerika einen nationalen Raketenabwehrschild im Stil von Ronald Reagans »Krieg der Sterne«. Dieses Verteidigungssystem sei dringlicher denn je.

Als Bushs außenpolitische Stimme und »think tank« trug Rice dazu bei, dass der Texaner im Wahlkampf eine Ausdrucksform für seine Politik fand. Mit ihrem Know-how verschaffte sie ihm eine beachtliche Breitenwirkung und trug dazu bei, dass der Newcomer aus Texas auch international salonfähig wurde. Rices Urteil über ihren bislang wichtigsten Studenten: »Was ihm fehlt an internationalem Wissen, macht er durch gute Instinkte wett. (...) Er ist sehr intuitiv und einsichtig. Er geht von den Rahmenbedingungen aus, und dann arbeiten wir uns durch die Details. Aber er ist auf angenehme Weise intuitiv, erfasst auf sehr effiziente Weise das Wesentliche einer Frage. Am wenigsten mag er, wenn ich sage: ›Dieses Problem ist sehr komplex.‹ Ich weiß, dass der Präsident immer als Allererstes fragen wird, was prinzipiell zu tun ist und das Richtige ist.«

Bush, der ungern Bücher und Dokumente studiert, bewundert seine Professorin: »Dr. Rice ist eine kluge und erfahrene Person. Sie kann mir außenpolitische Fragen in einer Art und Weise erklären, dass ich sie verstehen kann. Ich vertraue ihrem Urteil.«

Erst nach einer juristischen Schlacht siegte Bush im Dezember 2000 mit 0,0092 Prozent Vorsprung vor Al Gore und gewann die Macht im Weißen Haus. Ein umstrittener Sieg, denn landesweit lag er mit 337 576 Stimmen hinter Al Gore. Dass er trotzdem als Verlierer nach Stimmen ins Oval Office einzog, lag daran, dass ausgerechnet im wahlentscheidenden, von seinem kleinen Bruder Jeb regierten Florida die Anzahl der für ungültig erklärten Stimmen besonders hoch lag.

In den Vereinigten Staaten herrscht ein indirektes Wahlsystem. Jeder Staat stellt eine bestimmte Anzahl von Wahlmännern, die bei der endgültigen Abstimmung alle für den jeweiligen Wahlsieger ihres Staates stimmen. Um Präsident zu werden, braucht ein Kandidat 270 Wahlmänner, also die Mehrheit der 528 auf die 50 Bundesstaaten und den Distrikt Columbia verteilten Wahlmänner.

Nachdem die Stimmen ausgezählt waren, lag Al Gore mit 267 Stimmen in Führung, während George W. Bush mit 246 knapp zurücklag. Nach einer erneuten Zählung bekam Bush 327 Stimmen. Dies führte zu Beschwerden darüber, dass in einigen Bezirken farbige Wahlberechtigte, die traditionell eher demokratisch als republikanisch wählen, durch massive Drohungen und Einschüchterungen von den Wahllokalen fern gehalten worden sein sollen. Außerdem gab es Probleme mit den Stimmzetteln im Bezirk Palm Beach, die so unübersichtlich gestaltet waren, dass viele Gore-Wähler versehentlich ihre Stimmen ungültig machten oder den falschen Kandidaten wählten. Bush erhielt offiziell 537 Stimmen mehr als Al Gore. Das waren gerade 0,0092 Prozent.

Im Gore-Lager sprach man von »miesen Tricks«. Man stellte die Gültigkeit des offiziellen Wahlergebnisses infrage und forderte vor dem US Supreme Court eine Nachzählung per Hand, was von den Republikanern abgelehnt wurde.

Höhepunkt des Wahlkrimis: Im »Verfahren 00948 George W. Bush & Richard Cheney gegen Albert Gore jr.« untersagte am 12. Dezember 2000 Amerikas höchstes Gericht in einem äußerst knappen Mehrheitsurteil die nachträgliche Auszählung. Die Richter erklärten diese mit fünf zu vier Gegenstimmen für »verfassungswidrig«. Damit kürte der Gerichtshof Bush indirekt zum 43. US-Präsidenten.

»Diese Wahl war ein Unentschieden, dem unser System nicht gewachsen war«, meinte CNN-Kommentator Jeff Greenfield. Der Satiriker und Regisseur Michael Moore schrieb: »Wir sind nicht besser als irgendeine gottverlassene Bananenrepublik. (...) Die Mehrheit der Amerikaner stimmte nicht für George W. Bush. Es ist nicht der Wille des amerikanischen Volkes, dass er im Weißen Haus sein Amt ausübt.«

Mit dieser Hypothek zog Bush ins Weiße Haus ein. Sein Vater war ein Politiker der alten Schule, dessen Blick nach Europa ausgerichtet war. Der Sohn hatte kaum etwas von der Welt gesehen. Wie würde er die Rolle des mächtigsten Staatsmannes der Welt ausfüllen? Welche Köpfe würde er in seine Regierungsmannschaft holen? Welchen Stuhl würde er Rice in seinem Kabinett anbieten?

Am 17. Dezember 2000 beförderte Bush seine unverzichtbare Cheftrainerin zur nationalen Sicherheitsberaterin, allerdings ohne Kabinettsrang. Rice war damit die erste Frau und erste Afroamerikanerin auf diesem einflussreichen Posten. Ein Amt, das bisher nur Weißen vorbehalten war.

Im Januar 2001 bezog sie im Westflügel des Weißen Hauses eines der wenigen, heiß begehrten Eckzimmer, ganz nah am Oval Office: Sie war 46 Jahre alt und am Ziel eines verwegenen Kindheitstraumes angelangt. Ihr Vater sollte diese Sternstunde ihrer steilen Karriere nicht mehr erleben. Er war im Vormonat gestorben. Aber er lebte lange genug, um zu wissen, dass seine Tochter ihr Versprechen, das sie ihm vor 38 Jahren vor dem Weißen Haus gegeben hatte, erfüllen würde.

»Ich denke, dass sie einen großartigen Job machen wird«, erklärte Rices Förderer, Brent Scowcroft, der für Bush senior als nationaler Sicherheitsberater tätig war. »Ich habe sie vor 15 Jahren entdeckt und bewundere seither ihren Scharfsinn. (...) Ich glaube nicht, dass George W. sich unter Mitarbeitern unbehaglich fühlt, die smarter sind als er. Er ist durchaus in der Lage, die Talente solcher Mitarbeiter zu nutzen, und lässt sich keine grauen Haare darüber wachsen.« Auch Philip Zelikow, Direktor des Miller Center an der Universität von Virginia, lobte seine Ko-Autorin: »Sie verfügt über die wunderbare Kombination von drei verschiedenen Erfahrungen: Hochschulerfahrung, echte Erfahrung in Regierungsarbeit und Erfahrung in großen Institutionen.«

Als nationale Sicherheitsberaterin übernahm Rice einen Posten, der seit der Amtszeit von John F. Kennedy auf dem Feld der Außenpolitik ständig an Bedeutung und Macht gewonnen hat. So mancher Sicherheitsberater hat, nach Meinung von Politik-

Professor Stephan Bierling, die amerikanische Außenpolitik stärker beeinflusst als die zuständigen Minister mit ihren Bürokraten. Einige wurden gar zum »Alter Ego« des mächtigsten Mannes der Welt. Mehrere Außenminister traten wegen der Sicherheitsberater zurück.

Anfangs waren die Machtbefugnisse der Sicherheitsberater beschränkt. Sie galten lediglich als Koordinator, Verwalter und Planer der Außenpolitik. Dies änderte sich unter Präsident John F. Kennedy. Er bildete einen persönlichen Stab für außenpolitische Angelegenheiten im Weißen Haus und berief den Harvard-Dekan McGeorge Bundy zu seinem ersten Sicherheitsberater.

Bundy rekrutierte hochkarätige Fachleute aus den Universitäten und richtete im Keller des Westflügels des Weißen Hauses sein Büro ein. Hier liefen alle wichtigen Nachrichten aus dem US-Außenministerium, dem Pentagon und der CIA zusammen. Jeden Vormittag informierte Bundy den Präsidenten persönlich über die internationale Lage. Auf der Basis dieser Erkenntnisse machte Kennedy Politik, aber Bundy schuf die Voraussetzungen dazu.

Nach Kennedys Tod wurde Walt W. Rostow unter Lyndon B. Johnson Bundys Nachfolger. Auch er galt als Vertrauter und enger Berater des Präsidenten. Unter Richard Nixon nahm der Einfluss des Sicherheitsberaters weiter zu. Er bot Henry Kissinger dieses Amt an und holte ihn als seinen engen außenpolitischen Berater ins Weiße Haus.

Kissinger, der in Harvard studiert hatte und in die Außenpolitik wollte, kam Nixon wie gerufen: Der Präsident misstraute dem »State Department« und brauchte einen Vertrauten, der seine Direktiven umsetzte. Dafür wurde Kissinger mit allen erdenklichen Privilegien ausgestattet: einem Büro nur wenige Schritte vom Amtszimmer des Präsidenten entfernt sowie einem Expertenteam von etwa fünfzig fest angestellten Mitarbeitern.

Damit hatte Kissinger jederzeit direkten Zugang zum Präsidenten und Einblick in alle Entscheidungen des Weißen Hauses. Nicht zuletzt seine machtpolitischen Doppelspiele führten dazu, dass Außenminister William Robers im Sommer 1973 sein Amt aufgab. Kissinger wurde sein Nachfolger.

Genau wie Kissinger repräsentiert auch Rice eine neue junge intellektuelle Elite in Washington, und der Einfluss des Sicherheitsberaters erreichte mit ihrer Ernennung seinen bisherigen Höhepunkt. Vielen politischen Beobachtern in Washington stockte jedenfalls der Atem, mit welcher Souveränität sich die Professorin mit ihrer politischen Linie in Bushs konservativem Kabinett durchgesetzt hat, in dem bisher nur Männer das Sagen hatten. Wie viel Macht hat sie im Weißen Haus?

Keine Frage: Boss ist George W. Bush, der nach Ronald Reagan als der konservativste Präsident seit langer Zeit gilt. Wie der Essayist E. J. Dionne glaubt, arbeitet Bush an einer »Neuerfindung des amerikanischen Konservatismus«. Den Neokonservativen gefällt der moralisierende Ton seiner Außenpolitik, die Bereitschaft zu Interventionen im Ausland.

Bush ist sicherlich nicht der größte Denker des Landes, spricht eine einfache Sprache und gibt sich als »regular guy«, als Mann aus dem Volke. »Wir sagen zu einem solchen Menschenschlag ›yahoos‹ – ›Krakeeler‹, so charakterisiert ihn der US-Schriftsteller Norman Mailer. »Er ist vulgär. In Anbetracht seiner würdevollen, interessanten und lebenskräftigen Eltern hat er mit seiner Vulgarität eine Wahl getroffen. Er ist zynisch, er liebt es, Menschen zu manipulieren. So bringt sich, um es anders zu sagen, der trockene Trinker dazu, die Lage zu beherrschen, denn er braucht die Genugtuung, ein überaus aktives und dynamisches Leben zu führen. Er versteht es halb Amerika zu manipulieren, indem er ständig das Sternenbanner schwenkt.«

Verglichen mit seinem Vater, so meint Mailer, sei Bush junior ein »militanter Flaggenkonservativer«: »Flaggenkonservative wie er tun so, als glaubten sie an alte Werte, aber wenn es darauf ankommt, scheren sie sich darum nicht. Sie benutzen die Flagge, sie benutzen das biblische Wort wie das »Böse« skrupellos. Sie leben in der Illusion, Amerika sei das Gute und die einzige Hoffnung für die Welt. Flaggenkonservative glauben wahrhaft, dass Amerika nicht nur die Welt beherrschen kann, sondern es muss.«

Mit seinem Sendungsbewusstsein kompensiert Bush vermutlich die unbewussten und tief vergrabenen Zweifel an den eigenen Fähigkeiten. Offenbar fühlt er sich innerlich berufen, als Werkzeug des Herrn einen göttlichen Auftrag auszuführen. Er will eine Mission erfüllen und als Guter mit aller Macht das Böse besiegen. Das kann gefährlich werden. Denn psychologisch gesehen braucht er letztlich keine Skrupel mehr zu haben, da er doch den göttlichen Willen durchsetzt.

Jedenfalls spricht vieles dafür, dass diese Vision den amerikanischen Präsidenten antreibt. Heute gilt der frühere Partygänger als eiserner Frühaufsteher. Noch bevor ihm seine Frau Laura eine Tasse Kaffee bringt, vertieft er sich in seine tägliche Morgenlektüre, ein evangelikales Gebetsbuch: »Mein Äußerstes für sein Höchstes.« Autor ist der schottische Baptistenprediger Oswald Chambers. Er starb 1917, als er Gottes Wort jenen Soldaten des britischen Imperiums brachte, die Jerusalem einnahmen.

Nach der Bibelstunde begibt sich Bush ins Oval Office. Hier lässt er sich von Sicherheitsberaterin Rice über die Bedrohungs-Analysen der Geheimdienste und die aktuelle Nachrichtenlage unterrichten, statt selber Zeitung zu lesen, Radio zu hören, fernzusehen. So wie er einst das Baseball-Team der »Texas Rangers« managte und von der Tribüne dirigierte, führt er auch seine engsten Getreuen. Bush sei nicht der »dumme, einfältige Cowboy, als den ihn Europa gern sieht«, schreibt der *Stern*. »Er kann gut zuhören. Und delegieren. Und zügig entscheiden.« Jede Sitzung beginnt auf die Minute pünktlich. Aber vor der Debatte wird gebetet.

»Eine moralisierende Leidenschaft« von »ungeahnter Intensität« habe das Weiße Haus erfasst, notiert David Frum, zeitweise Redenschreiber des Präsidenten, in seinem Buch »The Right Man«. Es reiche nicht aus, Edles zu tun. Edel zu sein, sei mindestens so wichtig. Bush-Biograf Michael Lind schreibt, seit dem Wahlkampf des Jahres 2000 glaube Bush, dass seine Präsidentschaft »Teil eines göttlichen Plans« sei. »Eine Überzeugung, die seit dem Anschlag vom 11. September 2001 immer deutlicher wird. Der Glaube an die Vorsehung verleiht ihm Handlungsgewissheit und Schicksalsergebenheit.«

Diese »Schicksalsergebenheit« scheinen seine engsten Berater zu teilen. Alle verbinden langjährige Beziehungen zur Familie Bush und zum Teil auch zur amerikanischen Ölindustrie.

An zweiter Stelle hinter Bush kommt Richard Cheney. Der Vizepräsident gilt als national wie international mit allen Wassern gewaschener Fährmann. Er war schon in den siebziger Jahren Stabschef des Weißen Hauses und unter Bush senior während des ersten Golfkrieges Verteidigungsminister. Da er nach vier Herzinfarkten gesundheitlich angeschlagen ist, hat er offensichtlich keine Ambition auf den Chefsessel im Weißen Haus, was zum entspannten Verhältnis zwischen ihm und dem jüngeren Bush beiträgt. Außerdem ist er wie der Präsident ein Mann der Ölindustrie. Von 1995 bis zu seiner Kandidatur für die Vizepräsidentschaft 2000 führte Cheney als Vorstandschef Halliburton, den größten Material-Zulieferer der Ölindustrie.

Rivalen: Verteidigungsminister Donald Rumsfeld und die Vorsitzende des Nationalen Sicherheitsrates Condoleezza Rice

Auch mit Donald Rumsfeld, dem Verteidigungsminister, holte sich Bush einen erfahrenen und altgedienten Haudegen ins Kabinett. Der Spezialist für Raketenabwehr war bereits von 1975 bis 1977 unter dem damaligen Präsidenten Gerald Ford Verteidigungsminister.

»Rummy« gilt als »Falke« mit spitzer Zunge, der gerne provoziert, so mit seiner Kritik am »alten Europa« um Frankreich und Deutschland. Keiner stritt so beharrlich für einen Feldzug gegen Saddam Hussein wie Rumsfeld.

Colin Powell, der Vier-Sterne-General aus dem ersten Golfkrieg, bekam als erster Schwarzer den Posten des Außenministers, in den meisten westlichen Staaten des zweitwichtigste Regierungsamt.

Er gilt als »Taube«, trug lange die Hauptlast der Diplomatie und trat als wichtigster Sprecher auf. Nach verschiedenen Fehlschlägen gilt er aber heute als der große Verlierer des internen Machtspiels in Bushs Falkenkabinett.

Wurde der General von der »sanften Hand am Colt der Sheriffs«, wie Rice von Insidern genannt wird, ins Abseits gedrängt? Wird er bald das Handtuch werfen?

Die Frau, von der Powell geglaubt hatte, dass sie schon aufgrund ihrer Hautfarbe seine Verbündete sein würde, schlug sich im Bunde mit den Mächtigen deutlich auf die Seite der Hardliner. Am Anfang agierte sie nur hinter den Kulissen, doch dann nahm sie eine immer aktivere Rolle auf der Bühne der Weltpolitik ein und wurde zum wichtigsten Dreh- und Angelpunkt für Bush. Sie hat sein Ohr und seine Unterstützung. Zwar hat der Präsident mit Colin Powell einen erfahrenen Außenminister an seiner Seite, aber immer häufiger setzt er statt dem früheren Vier-Sterne-General seine Sicherheitsberaterin als Krisenmanagerin und sein Sprachrohr ein.

Sie kündigte den Ausstieg der USA aus dem Abkommen von Kyoto an. Sie reiste nach Moskau und sprach mit Präsident Putin über das Raketenabwehrsystem. Sie forcierte den Kriegskurs gegenüber dem Irak und berief sich auf unsichere Beweise für eine Qaida-Irak-Connection und Massenvernichtungswaffen. Sie kritisierte das Stillhalten des UN-Sicherheitsrats als »nicht akzeptabel«. Sie soll Abhöraktionen gegen Delegationen mehrerer Länder im UNO-Sicherheitsrat angeordnet haben. Sie vertrat nach dem Irak-Krieg die Ansicht, dass es nur natürlich sei, dass die USA und ihre Verbündeten, die »Leben und Blut« für die Befreiung des Iraks gegeben hätten, die »zentrale Rolle« übernehmen. Sie beschuldigte die Kriegsgegner Frankreich und Deutschland, die NATO als »Geisel« genommen zu haben. Sie warf der Bundesregierung vor, das Klima zwischen beiden Ländern »vergiftet« zu haben. Sie bezeichnete in einem verbalen Rundumschlag die Länder Iran, Syrien und Nordkorea als »Schurkenstaaten«. Sie ist der Meinung, der Raketenschirm sei heute dringlicher denn je. Sie droht potenziellen Feinden der USA mit atomaren Gegenschlägen.

Ungewöhnliche Auftritte. Damit ist klar: Sie ist Bushs verlängerter Arm in der Außenpolitik. Oder er der verlängerte Arm von ihr? Sie jongliert nicht länger hinter den Kulissen. Sie hat als »Taube im Falkengewand« Powell längst den Rang abgelaufen.

IX

Die Kriegerin

Der Präsident darf nicht vergessen, dass das Militär ein ganz besonderes Instrument darstellt. Es ist tödlich, und das soll es auch sein. Es ist keine zivile Polizeitruppe. Es ist kein politischer Schiedsrichter. Und es ist ganz sicher nicht dazu geschaffen, eine Zivilgesellschaft aufzubauen.

Condoleezza Rice

Im Zentrum des politischen Geschehens: Bei einem »Briefing« im Weißen Haus beantwortet Rice die Fragen der Journalisten.

11. September 2001: Ein strahlender Dienstagmorgen in New York. Die beiden Zwillingstürme des World Trade Centers blitzten silbern in der Sonne. 110 Stockwerke, 412 Meter hoch. Das Statussymbol von New York und der gesamten amerikanischen Wirtschaft. Mehr als 50 000 Menschen arbeiteten hier an normalen Tagen. Keiner von ihnen ahnte, dass an diesem Morgen etwas Unfassbares geschehen würde; ein Albtraum, der Amerika in den Kriegszustand versetzte.

Um 7.59 Uhr war vom Logan International Airport in Boston gerade eine Boeing 767 der American Airlines gestartet. An Bord befanden sich der Pilot John Ogonowski, Ko-Pilot Tom McGuinness, neun Flugbegleiterinnen und 81 Passagiere. Flug AA 11 sollte nach Los Angeles gehen. Aber die Maschine kam nie im sonnigen Kalifornien an. Bereits wenige Minuten nach dem Start verschwand sie von den Radarschirmen. Fünf Passagiere hatten an Bord die Gewalt an sich gerissen, das Steuer übernommen und den Radarsender abgeschaltet: Es waren die Terroristen Mohammed Atta, Abdulaziz Alomari, Satam M. A. Al Suqami, Wail M. Alshehri und Waleed M. Alshehri. Ihr Ziel hieß New York.

Condoleezza Rice befand sich zu diesem Zeitpunkt in ihrem Büro im Weißen Haus. Wie üblich war sie um 6.30 Uhr eingetroffen. Ein typischer langer Arbeitstag lag vor ihr, der normalerweise erst um 21.00 Uhr endete. Sie ahnte nichts von der fliegenden Bombe über den Wolken, die Kurs auf New York genommen hatte. Sie konnte auch nicht wissen, dass inzwischen drei weitere mit Kerosin voll getankte Höllenmaschinen mit Terroristen an Bord gestartet waren:

Um 8.14 Uhr in Boston ebenfalls eine Boeing 767 der United Airlines (Flug UA 175) nach Los Angeles; um 8.10 Uhr vom Dulles Airport in Washington eine Boeing 757 (Flug AA 77) nach Los Angeles und um 8.01 Uhr vom Flughafen Newark bei New York eine weitere Boeing 757 (Flug UA 93) nach San Francisco. Auch diese drei Maschinen verschwanden kurz nach dem Start vom Radarschirm und schlugen einen neuen Kurs ein.

Um 8.46 Uhr krachte die zuerst gestartete Boeing 767 frontal in den Nordturm des New Yorker World Trade Centers (WTC). 90 000 Liter Kerosin explodierten. Als Rice von ihrem Büro informiert wurde, dachte sie wie die meisten Amerikaner zuerst an einen Unfall. AA 11 war in Höhe der Stockwerke 94 bis 98 eingeschlagen. Sie telefonierte mit Präsident Bush, der gerade einer Schule in Florida einen Besuch abstattete, und informierte ihn über den »schrecklichen Unfall«.

Schon einmal hatte New York etwas Ähnliches erlebt: Am 28. Juli 1945 war ein Bomber der US-Luftwaffe in 280 Meter Höhe in die 78. Etage des Empire State Buildings gerast. Zunächst glaubte man an den Terroranschlag eines japanischen Kamikazefliegers. Aber Augenzeugen räumten dieses Missverständnis gleich aus. Der Brand, der durch die 3000 Liter Kerosin des Bombers ausgelöst wurde, konnte nach wenigen Stunden gelöscht werden. Insgesamt waren 114 Tote zu beklagen, die drei Besatzungsmitglieder des Bombers sowie 111 Angestellte.

55 Jahre später, am 11. September 2001, sollte die Bilanz weit schrecklicher ausfallen. Ein Kamerateam, das schon seit Wochen einen Dokumentarfilm über einen New Yorker Feuerwehrmann drehte, filmte durch puren Zufall den Einschlag des

ersten Selbstmordbombers in den Nordturm des WTC. Bereits kurze Zeit später gingen die ersten Schreckensbilder um die Welt.

Inzwischen war im Inneren des brennenden Nordturms das Chaos ausgebrochen. Zwischen der 91. und der 92. Etage waren sämtliche Treppenhäuser durch Trümmer blockiert. Wer Einschlag und Explosion überlebt hatte, war in mehr als 350 Meter Höhe gefangen. Viele Mitarbeiter versuchten das Dach zu erreichen, doch die einzige Verbindungstür ließ sich nicht öffnen.

Auch die Menschen im Südturm wollten sich in Sicherheit bringen. Sie stürmten die Aufzüge. Aber sie wurden von Sicherheitskräften zurück in ihre Büros geschickt, weil sie dort sicherer seien. Niemand ahnte, dass schon eine zweite fliegende Bombe unterwegs war und den Südturm anvisierte.

»America under attack«, meldete der Nachrichtensender CNN um 9.08 Uhr, während Millionen Zuschauer live miterlebten, wie plötzlich ein weiteres Flugzeug von rechts auf dem Bildschirm erschien und in den Südturm einschlug. Die meisten Personen, die sich dort aufhielten, starben sofort. Nur wenige überlebten und konnten sich retten.

Rice hielt gerade eine Besprechung mit ihrem Stab ab, als die Live-Bilder ausgestrahlt wurden. Jetzt gab es für sie keine Zweifel mehr, dass es sich um einen Terroranschlag handelte. Sie verließ sofort den Konferenzraum und begab sich in die militärische Kommandozentrale, die sich im Westflügel des Weißen Hauses befindet, um die wichtigsten Mitglieder des Nationalen Sicherheitsrats zu alarmieren: Vizepräsident Richard Cheney, Verteidigungsminister Donald Rumsfeld und Außenminister Colin Powell. Rumsfeld hielt sich zu diesem Zeitpunkt in seinem Büro im Pentagon auf. Powell frühstückte gerade mit dem neuen Präsidenten von Peru in Lima. Er brach seine Visite sofort ab und flog zurück nach Washington.

Wenige Minuten später erhielt Rice eine weitere Hiobsbotschaft: Um 8.43 Uhr schlug die Boeing Flug AA 77 in die Südwestfront des Pentagon, dem Sitz des US-Verteidigungsministeriums, ein und löste dort ein gewaltiges Feuer aus. Außer den Personen an Bord starben 189 Menschen im Pentagon.

Amerika war im Krieg: In Washington brach Panik und Chaos aus. Das Weiße Haus wurde evakuiert, der gesamte Flugverkehr gestoppt, Kampfjets tauchten über der Bundeshauptstadt auf und Kriegsschiffe vor Manhattan. Bevor Rice den Krisenraum verließ, telefonierte sie noch einmal mit Präsident Bush, der schon auf dem Rückflug nach Washington war. Sie informierte ihn über den zweiten Anschlag aufs Pentagon und riet ihm, vorläufig nicht ins Weiße Hause zu kommen. Aus Sicherheitsgründen wurde er an einen geheimen Ort gebracht. Wenige Minuten später meldete er sich zu einer kurzen Fernsehansprache an die Nation und kündigte an: »Terrorismus gegen unser Land wird keine Zukunft haben.«

Inzwischen hatte sich auch Rice in einem Luftschutzraum in Sicherheit gebracht. Vizepräsident Cheney war bereits da. Sie telefonierte zunächst mit ihrer Tante und ihrem Onkel in Birmingham und teilte ihnen mit, dass sie wohlauf sei. Dann ließ sie sich mit den wichtigsten Verbündeten der USA in aller Welt verbinden und machte klar, dass die amerikanische Regierung funktionstüchtig sei und die Lage unter Kontrolle habe.

Inzwischen war die vierte entführte Boeing, Flug UA 93, auf einem Acker bei Pittsburgh aufgeschlagen. An Bord befanden sich der Pilot Jason Dahl und sein Ko-Pilot Leroy Homer, 37 Passagiere sowie die Attentäter Said Alghamdi, Ahmed Ibrahim A. Al Haznawi, Ahmed Alnami und Ziad Samir Jarrah.

Der Ablauf dieser Entführung konnte aufgrund von Telefongesprächen weitgehend geklärt werden, denn die Entführer hatten den Passagieren erlaubt, ihre Familien anzurufen.

Einige telefonierten per Handy, andere benutzten die Bordtelefone.

Sie berichteten: Eine Stunde nach dem Start hatten die mit Messern bewaffneten Entführer die Maschine in ihre Gewalt gebracht, die vier Flugbegleiterinnen in der Nähe des Cockpits getötet und dann alle Passagiere in den hinteren Bereich des Fliegers getrieben.

Per Telefon erfuhren die Passagiere, dass zu diesem Zeitpunkt das World Trade Center und das Pentagon bereits getroffen waren. Die Entführer der vierten Maschine ließen keine Zweifel aufkommen, dass auch sie ein Ziel anvisierten und alle Passagiere an Bord sterben würden. Falls jemand Widerstand leiste, drohten sie, eine Bombe zu zünden.

Ein Passagier teilte seiner Frau telefonisch mit, dass er zusammen mit drei anderen Männern versuchen wolle, die Terroristen zu überwältigen. Es waren die letzten Worte vor seinem Tod. Die Befreiungsaktion misslang, niemand an Bord überlebte den Absturz.

Zu diesem Zeitpunkt standen die Türme des World Trade Centers noch an der Church Street in Lower Manhattan. Sie waren die höchsten Gebäude in der New Yorker Skyline. Das Welthandelszentrum war zwischen 1966 und 1973 für ca. 1,1 Milliarden Dollar von dem amerikanisch-japanischen Architekten Minoru Yamasaki gebaut worden. Die Idee zum Bau dieser Kathedrale der Wirtschaft stammte von den amerikanischen Unternehmern David Rockefeller und seinem Bruder Nelson, damals Gouverneur des Staates New York. Aus diesem Grund erhielten die beiden Türme auch bald die Spitznamen »David« und »Nelson«.

Ihr enormes Gewicht von 1,25 Millionen Tonnen wurde von einem inneren Stahlkorsett getragen, insgesamt 200 000 Tonnen Stahl. Der WTC-Komplex umfasste eine Bürofläche von

837 000 m^2 mit 43 600 Fenstern. 430 Firmen aus 28 Staaten hatten hier Räume gemietet. Rund 90 000 Besucher fuhren täglich mit dem Aufzug zur Aussichtsplattform, um den unvergleichlichen Blick auf New York und die Freiheitsstatute zu genießen.

Bereits 1993 war das World Trade Center Ziel eines Anschlags arabischer Terroristen gewesen. Sie zündeten in der Tiefgarage des Nordturms 540 Kilogramm Sprengstoff, die auf einem Kleinlaster deponiert waren. Die Autobombe tötete sechs Menschen, 1000 wurden verletzt. Viele konnten damals mit Hubschraubern vom Dach evakuiert werden.

Am 11. September war dies nicht möglich. Die Hubschrauber konnten nicht landen. So hatten die meisten Menschen keine Chance, die Zwillingstürme lebend zu verlassen. Viele von ihnen hatten bis zuletzt noch telefonischen Kontakt zu ihren Familien, Freunden und den Notdiensten und hofften auf eine baldige Rettung.

Aber nach dem Einschlag der beiden fliegenden Bomben waren die beiden Türme dem Tode geweiht. Das explodierende Kerosin sorgte für Temperaturen von über 1000 Grad. Die ungeheure Hitze begann die Stahlträger des WTC aufzuweichen. Immer wieder sprangen verzweifelte Menschen, einzeln oder zu mehreren sich an den Händen festhaltend, aus den Fenstern der brennenden Türme.

Um 10.15 Uhr sah Rice wie Millionen Fernsehzuschauer live, wie die Apokalypse Wirklichkeit wurde: Zuerst sackte der südliche Turm in sich zusammen und begrub innerhalb weniger Sekunden über 600 Eingeschlossene und viele Helfer unter seinen Trümmern. 13 Minuten später, um 10.28 Uhr Ortszeit, stürzte auch der Nordturm ein und eine riesige Staubwolke fegte durch Manhatten. Noch ehe der Staub sich gelegt hatte, begann die Suche nach den Überlebenden der Katastrophe.

Über 3000 Menschen galten als vermisst. Nur wenige konnten lebend aus dem riesigen Schutthaufen am später so genannten »Ground Zero« geborgen werden. Fast alle Menschen, die sich in den Türmen oder in unmittelbarer Nähe aufgehalten hatten, wurden von den einstürzenden Stahl- und Betonmassen zur Unkenntlichkeit zermalmt. Nur die Hälfte der Opfer konnte anhand von Fingerabdrücken, Zahnbildern und DNA-Proben identifiziert werden. Auch mehr als 200 Feuerwehrleute und Polizisten fanden in den Trümmern den Tod.

Der Horror des 11. September 2001 brannte sich tief in die Psyche von Millionen Amerikanern ein. Bis heute sind die Schockwellen spürbar, die der Terrorangriff auf das amerikanische »homeland« ausgelöst hat. Die Vereinigten Staaten haben ihren Mythos von der Unverwundbarkeit verloren. Diese kollektive Traumatisierung war auch im Weißen Haus sichtbar, der Schmerz und die Wut groß.

Ein Foto, aufgenommen am 12. September 2001, einen Tag nach den Anschlägen auf New York und Washington, zeigt George Bush und Condoleezza Rice im Oval Office mit ernsten Gesichtern. Kein anderer Mensch ist in dem Raum. Kein Vizepräsident, kein Verteidigungs-, kein Außenminister.

Der US-Präsident war nach dem Terroranschlag unter großem Druck. Womöglich hat ihm die Stimme von Condoleezza Rice zunächst geholfen, in dieser Situation nicht die Nerven zu verlieren und besonnen zu reagieren. Denn Menschen im Stress, das haben psychologische Untersuchungen erwiesen, reagieren von einem gewissen Grad an am verlässlichsten auf die Stimmen von Frauen. Auch zu den Kampffliegern der amerikanischen Luftwaffe spricht eine weibliche Computerstimme. Sie warnt, befiehlt und orientiert.

Welche Sicherheitsstrategie Rice dem US-Präsidenten empfehlen würde, sollte schon bald deutlich werden:

»Ebenso wie Pearl Harbor hat der 11. September das Leben jeden Amerikaners und die strategischen Perspektiven der Vereinigten Staaten für immer verändert«, erklärte sie. »Der 11. September führte zu der akuten Erkenntnis unserer Verwundbarkeit gegenüber Angriffen, die ohne Warnung kommen. In den schrecklichen Stunden und Tagen nach dem Angriff beschlossen wir, dass die einzig wahre Verteidigung gegen eine Bedrohung dieser Art darin besteht, sie im Keim zu ersticken und ihr an ihrem innersten ideologischen Kern zu begegnen.«

Damit trat Rice unmissverständlich für eine neue Doktrin ein: das Recht auf den Erstschlag zur Abwehr einer drohenden Gefahr. Der geplante amerikanische Raketenabwehrschild im Weltraum sei dringlicher denn je, meinte sie. Gleichzeitig warnte sie alle potenziellen Angreifer: Sollte eine Attacke gegen die USA mit chemischen oder biologischen Waffen geführt

Sie hat die meiste »face time«: Präsident George W. Bush junior und seine engste Beraterin im Oval Office des Weißen Hauses

werden, werde es zu einem massiven Gegenschlag kommen. Die US-Regierung sei bereit »überwältigende Gewalt« anzuwenden. Dies schließe den Einsatz von Atombomben nicht aus. Man halte sich alle Optionen offen.

Mit dieser neuen Strategie stellte Rice das lange gültige Tabu infrage, wonach gegen Nicht-Atom-Staaten nur nicht-nukleare Waffen eingesetzt werden dürfen: »Wenn die Abschreckung versagt, ist dies eine der wenigen Möglichkeiten, die einem Präsidenten zur Verfügung stehen.« Amerika soll frei handeln können und sich nicht durch Staaten und Institutionen beschränken lassen.

Nach der Charta der Vereinten Nationen war bisher die Anwendung von Gewalt nur erlaubt zur Selbstverteidigung oder nach Autorisierung durch den Sicherheitsrat. Aber nach den Ereignissen vom 11. September machte sich Rice für einen grundsätzlichen Schwenk in der amerikanischen Militärpolitik stark und flirtete sogar mit dem Nuklearfeuer: Abwendung von der Doktrin der Abschreckung und der Eindämmung des Kalten Krieges, hin zum Präventivschlag unter dem Sternenbanner mit konventionellen oder notfalls auch mit nuklearen Waffen.

Mit atemberaubendem Tempo wurde die neue Strategie umgesetzt. Bereits sechs Tage nach dem Anschlag auf das World Trade Center standen die beiden ersten Angriffsziele und Invasionspläne fest: Bush unterzeichnete einen Exekutivbefehl, in dem er nicht nur Order gab, einen Krieg gegen das Terrornetzwerk Al-Quaida von Osama Bin Laden und die Taliban in Afghanistan vorzubereiten, sondern er befahl den Militärs auch, Szenarien für einen Irak-Krieg auszuarbeiten.

Heute wissen wir: Laut amerikanischen Medienberichten hatte eine Arbeitsgruppe der US-Regierung schon zwei Jahre zuvor vor der Möglichkeit von Anschlägen auf das WTC und das Pentagon gewarnt. Das FBI wusste seit mehreren Jahren, dass Osama Bin Laden seine Al-Qaida-Piloten in den USA ausbilden ließ. Detaillierte Kriegspläne gegen das so genannte Terrornetz bis hin zu militärischen Aktionen in Afghanistan und Irak lagen bereits in den Schubladen. Da die so genannte Präsidentendirektive zur nationalen Sicherheit weitgehend mit diesen Kriegsplänen übereinstimmte, die nach dem 11. September umgesetzt wurden, waren die USA so schnell in der Lage, zu reagieren.

Konservative »think tanks« – Denkfabriken – entwickelten schon in den neunziger Jahren Pläne für eine neue Ära amerikanischer Weltherrschaft und eine neue globale Sicherheitsdoktrin: Amerika als unumstrittener Führer, als Friedenswächter, aber auch als Rächer. Die Neokonservativen waren für eine Entmachtung der UNO und plädierten schon damals für einen Angriffskrieg gegen den Irak. Kommentar des *Spiegel*: »In der Vision der Falken wird das Völkerrecht durch das Recht des Stärkeren ersetzt.«

Bei den »Neocons« handelt es sich um eine Gruppe ideologischer Strategen und Entscheidungsträger, die seit Jahren für eine Neuordnung der Welt plädieren und sich jetzt in der Bush-Regierung breit gemacht haben. Ihr charismatischer und intelligenter Kopf ist Paul Wolfowitz, stellvertretender US-Verteidigungsminister, von Bush kurz »Wolfie« genannt.

Wolfowitz' Eltern, polnische Juden, waren 1920 in die USA ausgewandert. Er studierte zunächst Mathematik, später wechselte er in die Politikwissenschaft. Nach dem Erwerb des Doktortitels und dreijähriger Lehrtätigkeit an der Yale-Universität übernahm er bedeutende Posten in der Behörde für Rüstungskontrolle, im Außenministerium sowie im Pentagon, bevor er zum stellvertretenden Verteidigungsminister ernannt wurde.

Er schrieb schon in den siebziger Jahren in einem Bericht für das Pentagon: »Es ist wahrscheinlich, dass wir und der Irak zunehmend Probleme bekommen werden.« In Kommentaren verkündete er die Botschaft »Amerika ist mächtig wie nie und wird noch mächtiger. Amerika ist das Römische Reich des 21. Jahrhunderts. (...) Unsere Freunde werden beschützt werden, unsere Feinde bestraft. Und jene, die uns die Unterstützung verweigern, werden bedauern, so gehandelt zu haben.«

Wolfowitz' Zirkel verfasste 1992 eine Studie (»Rebuilding America's Defenses«). Darin wird detailliert beschrieben, wie die globale US-Vorherrschaft aufrechterhalten werden soll und wie man potenzielle Konkurrenten abschrecken will: Die USA müssten durch eine gewaltige Aufstockung ihres Rüstungsetats in die Lage versetzt werden, »zahlreiche größere Kriege gleichzeitig durchzukämpfen und für sich entscheiden« zu können. Ein Land, das etwa durch den Erwerb von Massenvernichtungswaffen die Interessen der USA bedrohe, müsse mit Präventivangriffen rechnen. Die Aufgaben der Friedensstiftung sollten eher der Führerschaft der USA als den Vereinten Nationen obliegen. Die Golfregion gehöre unter die Kontrolle der USA: »Die Vereinigten Staaten haben zwar seit Jahren versucht, eine dauerhaftere Rolle in der Sicherheitsarchitektur am Golf zu spielen. Der ungelöste Konflikt mit dem Irak liefert zwar die unmittelbare Begründung dafür, die Präsenz einer substanziellen amerikanischen Streitmacht am Golf ist aber ganz unabhängig von der Frage des Saddam-Hussein-Regimes nötig.«

Nach dem 11. September war die Zeit reif für die Feldzüge gegen den Irak und Afghanistan. Um die Welt an die Seite der USA zu bringen, kämpfte Rice mit allen Tricks. Das Taliban-Regime in Kabul müsse gestürzt werden, um die afghanischen Frauen von der »Burqa« zu befreien, sagte sie.

»Tatsächlich handelte es sich um eine raffinierte Werbekampagne für einen irrigen, gefährlichen Krieg«, kritisiert die indische Autorin Arundhati Roy. »Wir sollten also glauben, dass die amerikanischen Soldaten in feministischer Mission unterwegs sind.«

Mit markigen Worten drängte Rice auch auf einen Militärschlag gegen Saddam Hussein und sie wirkte dabei, als erfülle sie eine Mission. Die Welt müsse diesmal entschlossener vorgehen als 1939, erklärte sie. Diktatoren würden nur auf Stärke reagieren, das sei bei Saddam Hussein genauso wie bei Adolf Hitler. Unter Verweis auf die barbarischen Giftgaseinsätze des Diktators während des Iran-Irak-Krieges (1981–1988) erklärte sie: »Wir hatten mit Saddam Hussein vor dem 11. September ein Problem und auch jetzt danach. Er ist entschlossen, in den Besitz von Massenvernichtungswaffen zu gelangen, und er will diese Bemühungen vor der Welt geheim halten. Keiner sollte zweifeln: Wenn er sie hat, dann wird er sie auch benutzen. Denn er hat bereits Massenvernichtungswaffen gegen sein eigenes Volk eingesetzt. (...) Wir können uns den Luxus des Nichtstuns nicht leisten. Dies ist ein böser Mann, der, wenn ihm freie Hand gegeben würde, erneut Verwüstungen unter seiner eigenen Bevölkerung und, wenn er Massenvernichtungswaffen bekommt, unter uns allen anrichten würde.«

Handelte es sich bei Rices Empörung um »Krokodilstränen«? Der Mittelostexperte der früheren Regierung Reagan, Geoffrey Kemp, gab immerhin zu: »Wir waren nicht naiv. Wir wussten, dass Saddam ein Schurke war, aber er war unser Schurke.«

In der Tat: Washington und den Diktator verbanden durchaus lange und wechselhafte Beziehungen. Aber es war ein von »zynischer Realpolitik geprägtes Zweckbündnis«, so der Journalist Manfred Berg, das die Kriegsverbrechen und Menschenrechtsverletzungen des Saddam-Regimes ignorierte. Die USA unterstützten ihn, solange er ihren Interessen entsprach und in ihr regionales Koordinatensystem passte.

Nach dem Sturz des Schahs erschien Saddam der Reagan-Regierung offensichtlich zunächst weniger gefährlich als Khomeinis islamischer Gottesstaat. Im Februar 1982 wurde der Irak von der Liste jener Staaten gestrichen, die Washington der Zusammenarbeit mit Terroristen verdächtigte. Die amerikanische Regierung stellte dem Herrscher in Bagdad großzügig 500 Millionen Dollar zum Ankauf amerikanischer Agrarprodukte zur Verfügung. Außerdem lieferte sie Antrax-Erreger, Helikopter und Material, das auch zur Produktion von chemischen Waffen eingesetzt werden konnte.

Ende 1983 reiste der heutige Verteidigungsminister Donald Rumsfeld als Reagans Sondergesandter nach Bagdad, um mit Saddam die Wiederaufnahme der diplomatischen Beziehungen vorzubereiten. Ausgerechnet mit jenem Despoten, den Washington später mit Steckbrief jagen ließ, arbeitete der heutige Pentagon-Chef eng zusammen.

Das Treffen in Bagdad verlief in bester Harmonie. Reagans Emissär pries die »Bereiche großer Gemeinsamkeiten« beider Staaten und gab dem irakischen Diktator zu verstehen, es wäre durchaus »vorteilhaft für den Irak«, wenn er »seine natürliche Rolle in der Region ausfüllt, damit die Ambitionen anderer nicht überhand nehmen«. Mit den anderen waren die Nachbarstaaten Syrien und Iran gemeint. Laut dem Geheimprotokoll soll Rumsfeld Saddam sogar zu machtpolitischen Schachzügen ermutigt haben. Zitat: »Unabhängige und souveräne Nationen haben das Recht, Dinge zu tun, mit denen wir oder andere nicht einverstanden sind.«

Hat der Diktator diese Botschaft als Freibrief für weitere Abenteuer verstanden, etwa der Besetzung Kuwaits sieben Jahre später? Schon damals befand er sich im Krieg gegen den Iran und er schreckte auch nicht vor dem Einsatz von Senfgas und dem tödlichen Nervengas Tabun zurück. Zehntausende von

Iranern fielen den Angriffen zum Opfer. Der Einsatz der völkerrechtswidrigen Waffe war den US-Geheimdiensten bekannt, zumal das Gas angeblich von umgerüsteten zivilen amerikanischen Hubschraubern versprüht wurde.

Unter Berufung auf hochrangige US-Offiziere berichtete die *New York Times*: »Während der Amtszeit von US-Präsident Reagan versorgte ein geheimes amerikanisches Programm den Irak mit für die Kriegführung dringend benötigter Hilfe und das zu einer Zeit, als die amerikanischen Nachrichtendienste wussten, dass irakische Kommandeure in entscheidenden Schlachten des Iran-Irak-Krieges chemische Waffen einsetzten.«

Laut *New York Times* lief das geheime US-Hilfsprogramm für die irakische Kriegführung während der ganzen Dauer des Iran-Krieges, auch in der Zeit, als Präsident Reagans Außenminister George P. Schultz und General Colin Powell öffentlich den Irak wegen seines Einsatzes von Giftgas verdammten, insbesondere nach dessen Gasangriff auf das kurdische Dorf Halabja im März 1988, bei dem 5000 Menschen qualvoll starben. Die *New York Times* über die Doppelbödigkeit der Washingtoner Außenpolitik: »Wahrend des Iran-Irak-Krieges hatten die Vereinigten Staaten entschieden, dass es unbedingt notwendig war, dem Iran eine Lektion zu erteilen, damit es (Teheran) nicht die wichtigsten Öl produzierenden Staaten im Golf überrennen konnte.«

Die US-Regierung glaubte Saddam weitgehend unter Kontrolle zu haben. Erst nach dem 11. September kam George Bush zu der Überzeugung, handeln zu müssen: »Ich war am Ground Zero nach den Anschlägen. Ich erinnere mich an die Dunstglocke und den Gestank und den Tod und die Zerstörung. Ich werde mich immer daran erinnern. Dort habe ich mich entschieden.«

Liegt der Kriegsgrund allein in den Trümmern von Ground Zero begraben? »Es geht um das nationale Trauma«, meinte Stefan Kornelius in der *Süddeutschen Zeitung*. »Der Angriff hatte die Schwäche Amerikas offenbart. (...) Amerikas Autorität und Stärke war gefährlich reduziert – und Saddam hatte das Pech, dass er von all den Schurken in der brodelnden arabisch-muslimischen Welt der schwächste war.«

Aber es ging nicht nur um den Regimewechsel in Bagdad, sondern auch ums Öl, das »Lebenselixier des American way of life«, so der Politikwissenschaftler Mohssen Massarrat. Bekanntlich ist der Öldurst der US-Bürger besonders groß.

Wie *Spiegel*-Journalist Jochen Bölsche errechnete, stand im Irak eine »unglaublich fette Beute« zur Verteilung an: »Jene Ölkonzerne, die Bush den Weg ins Weiße Haus geebnet haben, spekulierten auf die größte Beute aller Zeiten: schwarzes Gold im Wert von 2800 Milliarden Dollar.«

Die Rohölreserven des Irak, die zweitgrößten nach denen Saudi-Arabiens, werden von Fachleuten mit 112 Milliarden Barrel beziffert. Dies entspricht etwa dem Wert von 2800 Milliarden Dollar. Gemessen daran waren die auf 80 Milliarden Dollar kalkulierten Kriegskosten der USA laut Bölsche nur »peanuts«.

Als Bushs Sprachrohr warb Rice unablässig für einen »gerechten Krieg« zur Verbreitung der Demokratie im Nahen Osten. Einwände ihres Entdeckers und Förderers, Brent Scowcroft, stießen bei ihr auf taube Ohren. Der ehemalige General, der während des ersten Golfkrieges nationaler Sicherheitsberater unter Präsident George Bush senior war, übte im *Wall Street Journal* harsche Kritik an der Irak-Strategie. Es gebe »kaum Beweise« für Verbindungen von Saddam Hussein zu Terrororganisationen, schrieb Scowcroft. Ein Irak-Krieg werde kein »Picknick« sein. Im Falle einer US-Invasion warnte der General vor einer »großen Katastrophe«, die den »gesamten Mittleren Osten in ein Armageddon« verwandeln würde. »Wir werden diesen Krieg ohne enthusiastische internationale Zusammenarbeit vor allem bei der Aufklärung nicht gewinnen können.«

Auch Friedensnobelpreisträger Jimmy Carter wandte sich gegen einen Krieg im Irak ohne Zustimmung des UN-Sicherheitsrates. Ein solcher Krieg wäre ungerecht und »nahezu beispiellos in der Geschichte zivilisierter Nationen«. Der Irak stelle keine unmittelbare Gefahr für die Sicherheit der Vereinigten Staaten dar.

Condoleezza Rice nahm die Kritik zur Kenntnis, blieb aber hart und machte sich stark für den Feldzug, mit oder gegen die UNO. Es war der elfte große Krieg seit Gründung der Vereinigten Staaten von Amerika im Jahr 1776. Und der zweite für die Bushs.

Die weltweite Ablehnung des Krieges beeindruckte Rice offensichtlich wenig. Im Gegenteil: Sie ging auf Konfrontationskurs. Für die Argumente der Kriegsgegner Deutschland und Frankreich zeigte sie keinerlei Verständnis. Der bundesdeutschen Regierung warf sie vor, das Klima zwischen beiden Ländern vergiftet zu haben. Anlass war eine angebliche Äußerung der früheren Bundesjustizministerin Herta Däubler-Gmelin (SPD), die US-Präsident George W. Bush mit Hitler verglichen haben sollte. »Wie kann ein Deutscher so etwas tun, in Anbetracht der Hingabe der Vereinigten Staaten, als es darum ging, die Deutschen von Hitler zu befreien«, erklärte Rice.

Als die Kriegsgegner Deutschland und Frankreich NATO-Planungen blockierten, Luftabwehrraketen und Awacs-Aufklärungsflugzeuge in die Türkei zu verlegen, holte Rice zum verbalen Rundumschlag aus. Sie machte Berlin und Paris weit reichende Vorwürfe: »Niemand sollte die NATO als Geisel nehmen. Es war sehr beunruhigend, dass Deutschland und Frankreich versuchten, die NATO daran zu hindern, die Sicherheit der Türkei zu verstärken.«

Um die Strategie der Kriegsbefürworter USA und Großbritannien im UN-Sicherheitsrat durchzusetzen, soll Rice auch zu »dirty tricks« gegriffen haben, aus denen Spionage-Thriller gestrickt sind. Nach Angaben des renommierten britischen Wochenblattes *Observer* ließ sie angeblich vor der Verabschiedung einer zweiten UNO-Resolution gegen den Irak verschiedene Mitglieder des Sicherheitsrats abhören. Als Quelle wird ein Memorandum aus der für Abhörmaßnahmen zuständigen »National Security Agency« (NSA) zitiert. Danach seien die Privat- und Büroanschlüsse sowie E-Mails mehrerer Delegationsteilnehmer überwacht worden. Die Abhöraktion soll sich gegen die Vertreter von Angola, Kamerun, Chile, Mexiko, Guinea und Pakistan gerichtet haben. Diese Staaten gehörten als nichtständige Mitglieder dem UNO-Sicherheitsrat an und wurden sowohl von den Kriegsbefürwortern als auch von den Gegnern umworben. Die Lauschaktion sollte Erkenntnisse über »Verhandlungsposition«, »Allianzen« und »Abhängigkeiten« der UN-Diplomaten erbringen.

Auch nach dem Irak-Krieg strafte Rice die Kriegsgegner ab. Forderungen Deutschlands, Frankreichs und Russlands, wonach die Vereinten Nationen eine zentrale Rolle beim Wiederaufbau das Iraks übernehmen sollten, wies sie mit starken Worten entschieden zurück: »Es ist nur natürlich zu erwarten, dass die Koalition (der USA und ihrer Verbündeten), die Leben und Blut für die Befreiung Iraks gegeben hat, die zentrale Rolle übernimmt.« Das US-Verteidigungsministerium werde die Oberaufsicht über die humanitäre Hilfe und den Wiederaufbau übernehmen.

Wer am meisten an dem Irak-Geschäft profitieren sollte, steht inzwischen fest: vor allem US-Firmen, die zuvor Bushs

Wahlkampf kräftig mit Spenden unterstützt haben. Dies enthüllt jedenfalls eine neue Studie, die der Direktor des Washingtoner Zentrums für öffentliche Integrität, Charles Lewis, vorgelegt hat. Mehr als 70 US-Firmen und Einzelpersonen wurden untersucht. Demnach wurden die lukrativsten Aufträge im Irak und in Afghanistan gezielt an zehn Firmen vergeben, die seit 1990 elf Millionen Dollar an politische Parteien spendeten, den überwiegenden Teil an Bushs Republikaner.

Die guten Beziehungen zahlten sich aus: Den größten Auftrag im Umfang von 2,3 Milliarden Dollar erhielt das Halliburton-Tochterunternehmen KBR, das die US-Armee logistisch unterstützen und die irakische Ölindustrie wieder aufbauen soll. Bis zum Jahr 2000 wurde der Konzern von dem jetzigen Vizepräsidenten Dick Cheney geführt.

Offizielle Ausschreibungen der Aufträge hielt das Weiße Haus nicht für nötig. »Es gibt keine einzige Behörde, die die Auftragsvergabe für die Regierung überwacht hat«, kritisiert Charles Lewis. »Dies allein zeigt, wie anfällig das System für Verschwendung, Betrug und Vetternwirtschaft ist.«

Kein Zweifel: Im Irak-Krieg hat Rice hoch gepokert. Sie stützte den Feldzug gegen Saddam Hussein auf unsichere Beweise und überzogene Meldungen über Massenvernichtungswaffen sowie eine Qaida-Irak-Connection, die den Krieg rechtfertigen sollten. Der irakische Diktator sollte bedrohlicher wirken, als er – vielleicht – letztlich war.

Dafür war offenbar fast jedes Mittel recht. Nach Zeitungsberichten soll ein geheimes Propagandabüro im US-Verteidigungsministerium Wochen vor dem Irak-Krieg unter der Regie von Vizepräsident Cheney systematisch Berichte über die Gefahr des Regimes von Saddam Hussein aufgebauscht und ans Weiße Haus geschickt haben. Im so genannten »Office of Special Plans« seien seit Anfang August 2002 sämtliche Dossiers über den Irak mit vorgefertigten Textbausteinen versehen worden, berichtete die ehemalige Pentagon-Mitarbeiterin Oberstleutnant Karen Kwiatkowski. Die maßgeschneiderten Horrormeldungen über den Irak seien nicht wie sonst üblich anderen US-Nachrichtendiensten zur Prüfung vorgelegt, sondern direkt dem Präsidenten zugespielt worden. Kwiatkowski: »Das waren keine Informationen, das war Propaganda.« Hauptinformanten der zweifelhaften Dossiers waren irakische Überläufer, die selbst ein Interesse am Sturz Saddams hatten. Nicht zuletzt auf der Grundlage dieser Schreckensmeldungen stimmte der US-Kongress dem Krieg zu.

Mit einer »Melange aus Halbwahrheiten, Märchen und Lügen«, so der *Spiegel*, wurde der Weg nach Bagdad vorbereitet. »Die Dossiers der CIA und der anderen Dienste wurden gebogen, gedreht, gefiltert und interpretiert, bis sie ins Bild der Irak-Hardliner passten«, schreibt der Journalist Stefan Kornelius in der *Süddeutschen Zeitung*. Mal war die Rede davon, dass Saddam Atomwaffen baue, mal dass er biologische Giftstoffe produziere, mal dass er Gift sprühende Drohnen einsetzen könne, deren Reichweite weit über die zulässigen Höchstwerte des Sicherheitsrates hinausgehen.

Nachdem der stellvertretende US-Verteidigungsminister Wolfowitz in einem Interview eingeräumt hat, dass die Suche nach den Massenvernichtungswaffen den Amerikanern nur als Vorwand für den Irak-Krieg diente, war klar, dass die Falken in Washington die ganze Welt hinters Licht geführt haben: Resolutionen wurden verabschiedet, Inspektoren losgeschickt und wo die Beweise nicht reichten, besserten die Geheimdienste nach. Der *Daily Mirror* brachte es auf den Punkt: »Lügen, Lügen, Lügen.« Inzwischen sehen das auch 43 Prozent der Amerikaner so. In einer Gallup-Studie beklagten sie, »vor dem Krieg bewusst in die Irre geführt« worden zu sein.

Nicht nur sie fragen sich, wie das Irak-Drehbuch derart gefälscht und manipuliert werden konnte. Warum hat niemand die Notbremse gezogen? Gibt es keine Kontrollen, kein Warnsystem, wenn Regierung und Geheimdienste die Öffentlicheit so bewusst täuschen? Wo ist die Opposition?

Der große Bluff: Auch Condoleezza Rice bauschte das Bedrohungsszenario auf und berief sich dabei auf zweifelhafte Geheimdienstberichte. Gebetsmühlenartig und mit missionarischem Eifer wiederholte sie nach dem 11. September: »Es gibt eindeutig Kontakte zwischen Al-Qaida und dem Irak«. Einer der Attentäter, Mohammed Atta, habe sich im April 2001 in Prag konspirativ mit einem irakischen Geheimdienstler getroffen. Das FBI konnte diesen Verdacht jedoch nicht bestätigen. Atta hielt sich im fraglichen Zeitraum nachweisbar in Florida und Virginia auf.

Aber Rice verschwieg die Erkenntnisse der Geheimdienste und wiederholte ihre Vorwürfe. Schließlich glaubten sieben von zehn US-Bürgern, dass der irakische Diktator persönlich bei den Angriffen auf das World Trade Center seine Finger im Spiel hatte. Aber die meisten von ihnen finden den Irak noch nicht einmal auf der Landkarte. Auch die Massenvernichtungswaffen, deretwegen der Krieg begonnen worden war, konnten bislang nicht gefunden werden. Der amerikanische Waffenexperte David Kay, der mit Hunderten von Experten den Irak durchkämmte, berichtete dem US-Kongress: Das Regime von Saddam Hussein verfügte nicht über ein funktionierendes Programm zur Herstellung von Massenvernichtungswaffen, und es wurden auch keine nennenswerten Mengen von biologischen und chemischen Kampfstoffen gefunden.

Der demokratische Senator Edward Kennedy warf Präsident Bush vor, leichtfertig in den Krieg gezogen zu sein. Die von der US-Regierung vorgebrachten Gründe für den Sturz Saddams bezeichnete er in einem Interview als einen »in Texas erfundenen« Betrug.

»Der Haufen, der bei uns regiert, fühlt sich an kein Gesetz gebunden«, warnt Amerika-Rebell Michael Moore. In seiner beißenden Abrechnung mit Bush spricht er von »Gaunern«, die schon die Wahl gefälscht und keine Hemmungen hätten, alles zu zerstören, was sich ihnen in den Weg stellt, um noch mehr Geld zu machen: vorzugsweise in einem Land, das ein paar Profit versprechende Ölfelder habe. Und der zweifache Oscar-Preisträger Sir Peter Ustinov meint, Bush führe sich wie ein römischer Kaiser auf, so wie man Tyrannen aus Kinofilmen kennt. »Ich denke oft, ich habe nicht Nero in ›Quo Vadis‹ gespielt, sondern George Bush«, so der Schauspieler. »Wer keine Zweifel hat, ist schlicht verrückt.«

Rice kamen bislang offenbar keine Zweifel: Sie sprang ihrem Boss zur Seite und widersprach dem Vorwurf, der Präsident habe Geheimdienstinformationen über Massenvernichtungswaffen aufgebauscht. In seiner Rede zur Lage der Nation hatte Bush am 28. Januar 2003 behauptet, der Irak habe versucht, große Mengen Uran in Afrika für sein Atomwaffenprogramm zu kaufen: eine Falschinformation, wie sich später herausstellte, die angeblich auf Erkenntnissen britischer Geheimdienste basierte.

Nach Informationen des Senders CBS hatte die CIA vorab diesen Teil von Bushs Rede überprüft und dem Nationalen Sicherheitsrat geraten, die strittigen Informationen nicht zu verwenden. Der Geheimdienst habe Bushs Rede zur Lage der Nation in Gänze zwar gesichtet, gab Rice vor Journalisten zu. »Wenn der CIA gesagt hätte, nehmt dies aus der Rede heraus, dann wäre dies getan worden.« Tatsache aber bleibt: Die zweifelhafte Passage wurde nicht aus der Bush-Rede gestrichen und der Öffentlichkeit als Argument für den Irak-Krieg präsentiert.

Wie ein Actionheld, in der vollen Kampfmontur eines US-Marinefliegers, verkündete Bush am 1. Mai 2003 das Ende der Kampfhandlungen im Irak. Für die hollywoodreife Show hatte er sich das Deck des Flugzeugträgers »USS Abraham Lincoln« ausgesucht, der auf dem Weg in die Heimat war. Die knallige Inszenierung kritisierte der demokratische Senator Robert C. Byrd als würdeloses Spektakel: »Ich stelle die Motive eines an den Schreibtisch gebundenen Präsidenten infrage, der sich anmaßt, in der Montur eines Kämpfer zu erscheinen, um eine Rede zu halten.« Wegen der Politik des Präsidenten sei amerikanisches Blut auf fremdem Boden vergossen worden.

Man muss kein Hellseher sein: Es wird wahrscheinlich noch mehr Blut fließen. Zwar versprach der US-Präsident nach dem schnell errungenen Sieg den Irak zu demokratisieren, aber seine beispiellose militärische Macht allein scheint ihn nicht zum erfolgreichen Wiederaufbau des Landes und zum Frieden zu befähigen. In den Augen der arabischen Welt ist er ein neuer »Kreuzritter«, der ein Land besetzt hat, dessen Kultur und Würde ihm fremd ist.

Ein weiterer Kardinalfehler: Seine Besatzungstruppen können nicht verhindern, dass die Iraker fast täglich Raub, Mord, Überfällen und Terroranschlägen ausgesetzt sind. Die Menschen werden zum zweiten Mal bestraft. Erst waren sie Saddams Willkür ausgesetzt, jetzt leben sie wie Geiseln zwischen 130 000 überforderten amerikanischen Soldaten und skrupellosen Terroristen. Der Zusammenbruch von Recht und Ordnung, Armut, Unterernährung und ungenügende medizinische Versorgung treffen vorrangig die Schwächsten. Das ist Wasser auf die Mühlen der radikalen Islamisten. Laut Umfragen nimmt das anti-amerikanische Ressentiment in der Bevölkerung radikal zu. Nur wenige vertrauen dem Schutzherrn Bush und glauben, dass er den Irak demokratisieren will. Der von ihm eingesetzte »Irakische Regierungsrat« genießt keine Autorität.

Obwohl Bush nach dem schnell errungenen Sieg das Ende der Kampfhandlungen erklärt hatte, schien er immer mehr die Kontrolle über den Irak zu verlieren. Die Wüste zwischen Euphrat und Tigris hat sich in einen tödlichen Sumpf verwandelt. Was man das »quagmire« nannte, den Sumpf, den Morast in Vietnam, scheint sich im Irak zu wiederholen. Die Besatzungstruppen sind in einen Aufstand verwickelt, der kriegsähnliche Züge trägt. Es sind keine vereinzelten Guerilla-Attacken mehr. Immer mehr Iraker scheinen desillusioniert zu sein und unterstützen den Widerstand der militanten Islamisten gegen den »Kreuzritter« Bush. Die Zahl der aktiven Untergrundkämpfer wird inzwischen auf 10 000 Mann geschätzt.

Der unsichtbare Feind kämpft an allen Fronten. Er nimmt alles ins Fadenkreuz. Nicht nur die USA, sondern auch die Vereinten Nationen und die humanitären Helfer sind Objekte ihres Hasses. Durch Anschläge wurden in den Monaten danach mehr amerikanische Soldaten getötet als während des Krieges, bei dem 138 GIs ums Leben kamen, während auf irakischer Seite weit mehr als 20 000 Opfer zu beklagen waren, davon zwischen 7800 und 9600 Zivilisten. Tendenz der amerikanischen Todesrate: steigend. Fast jeden Tag sterben zwei US-Soldaten im Irak. In Vietnam waren es zehn pro Tag.

Provokanter Höhepunkt: Mit ferngesteuerten Raketen wurde das Hotel Al-Rashid in Bagdad beschossen, in dem Paul Wolfowitz weilte. Der US-Vizeverteidigungsminister überlebte den Angriff unverletzt. Dass gerade er Zielscheibe eines Anschlags wurde, ist kaum verwunderlich. Er war die treibende Kraft hinter den Kriegsplänen der USA gegen den Irak und ist beseelt von der Idee, die arabische Welt im Nahen Osten zu demokratisieren. Am Sonntag, den 2. November 2003, traf eine

Rakete einen Hubschrauber vom Typ CH-47 Chinook. 16 US-Soldaten starben, 20 wurden schwer verletzt. Verteidigungsminister Rumsfeld sprach von einem »bad day«.

Bushs hochtrainierte US-Truppen müssen sich in Bagdad hinter Betonmauern und Stacheldraht einigeln. In Amerika warnen Bush-Kritiker bereits vor einem endlosen Krieg à la Vietnam. Das Wort geistert immer häufiger durch die amerikanischen Medien. Bilder abgeschossener Hubschrauber und weinender GI-Familien beherrschen die TV-Mattscheiben. Die *New York Times* bringt täglich eine Statistik über die Toten.

Droht Bush ein zweites Vietnam? »In der Tat drängen sich Parallelen auf«, meint der Historiker Bernd Greiner. »Wie damals haben es die US-Streitkräfte heute mit einem Gegner zu tun, den sie zwar in jeder größeren Schlacht besiegen, aber auf Dauer anscheinend nicht in die Knie zwingen können.« Darin liegt laut Greiners Analyse die »Essenz des Guerillakrieges«: »dass der Schwache Stärken ausspielen kann, die den Starken schwach aussehen lassen. (...) Eine Entgrenzung des Terrors, der vor nichts mehr Halt macht und vor allem eines bezweckt: die stärkste Militärmacht der Welt als hilf- und ratlosen Riesen lächerlich zu machen.«

Um diesen Eindruck zu verhindern, bemüht sich Bush vergeblich, die Medien durch Zensur zu steuern. Fernsehbilder von Soldatensärgen sind verboten. Um die gefallenen GIs wird so wenig Aufhebens wie möglich gemacht. Die Toten sollen unsichtbar bleiben. Keine Staatstrauer, keine Heldengedenkfeiern. Veröffentlicht werden nur nackte Zahlen und Statistiken.

»Dies ist die bisher größte Bemühung, einen Krieg schönzureden«, kritisiert Christopher Simpson, Professor für Kommunikation in Washington, im *Guardian*. »Bush lässt sich auf keiner Trauerfeier blicken. Er weiß, dass ein öffentlicher Umgang mit den Toten für ihn zum Problem werden kann und seine Chancen für die Wiederwahl mindert.«

Aber er kann nicht verhindern, dass die Irak-Berichterstattung immer kriegskritischer wird. »Warum sind wir wieder in Vietnam«, fragt Frank Rich in der *New York Times.* Und viele Amerikaner protestieren in Leserbriefen gegen die »Hirnwäscher« im Weißen Haus und einen Feldzug, über dessen Folgen sie im Dunkeln gehalten wurden. »Wie schon in Vietnam hat die Regierung uns nicht die Wahrheit gesagt«, schreibt die Mutter eines US-Soldaten. »Bush hat uns über die Massenvernichtungswaffen, die Kosten des Krieges und seine Dauer getäuscht.« Jim Minnery, ein Vietnamveteran aus Ohio, empört sich: »Warum verbietet Bush der Presse, Fotos von Leichensärgen zu machen?«

Nachdem Verteidigungsminister Rumsfeld (»Der Krieg wird ein Kinderspiel«) nicht in der Lage war, das Chaos zu stoppen, entzog Bush dem Pentagon-Chef im Oktober 2003 die Oberaufsicht über den Irak und ernannte Sicherheitsberaterin Condoleezza Rice zur Leiterin der neu geschaffenen »Iraq Stabilization Group«. Seine engste Vertraute sollte endlich die für seine Wiederwahl so wichtige Lage im Irak unter Kontrolle bringen.

Peinlich für »Rummy«: Der Kriegsherr erfuhr von seiner Entmündigung durch eine Aktennotiz und aus den Medien. Rice hatte nach der ungewöhnlichen Erweiterung ihrer Machtbefugnisse rasch eine Denkschrift verfasst, in der sie ihre neuen Aufgaben umriss, und dann die *New York Times* informiert. Die Schrift blieb allerdings geheim.

Eine Ohrfeige für Rumsfeld, der seine Wut über die Niederlage auch kaum verbergen konnte: »Ich weiß nicht recht, was Rice damit erreichen wollte, den Medien Hintergrundinformationen zu geben.« Andererseits versuchte Rumsfeld den

Kompetenz-Entzug herunterzuspielen: »Wenn Condi das jetzt macht, ist doch alles prima. (...) Das ist kein Problem, und es ist auch kein Thema. (...) Ich habe keinerlei Ungereimtheiten mit der Memo entdecken können.«

Pentagon-Insider sehen dennoch ein Problem für den Verteidigungsminister: Offensichtlich konnte sich Rumsfeld mit seinem Irak-Konzept nicht gegen die Sicherheitsberaterin durchsetzen. Er gilt als »Auslaufmodell«, seine Tage seien gezählt, glauben Insider in Washington. Er werde nicht mehr dem Kabinett angehören, sollte Bush wieder gewählt werden.

Rice selbst kommentierte das politische Beziehungsdrama nicht: »Ich bin nationale Sicherheitsberaterin. Ich koordiniere Politik. Ich führe sie nicht aus. Ich gebe sie nicht vor.«

Aber ihr Führungsstil ist nicht unumstritten: Laut einem Bericht der *Washington Post* kritisieren zahlreiche hohe Regierungsbeamte die bisherige Arbeit der nationalen Sicherheitsberaterin. Die Zeitung befragte über mehrere Monate hinweg etwa 50 hochrangige Mitglieder der Bush-Regierung. Besonders gut kam Rice dabei nicht weg. So sei nicht, wie häufig behauptet, der Streit zwischen den »Falken« im Verteidigungsministerium von Donald Rumsfeld und den »Tauben« des Außenministeriums an den Ungereimtheiten der amerikanischen Außenpolitik schuld. Das eigentliche Problem sei, dass es Rice nicht gelinge, die beiden Fraktionen auf eine gemeinsame Linie zu einigen. »In Rice hatten wir nie eine nationale Sicherheitsberaterin, die bereit war, den Entscheidungsfindungsprozess zu disziplinieren und die getroffenen Entscheidungen auch umzusetzen«, zitiert die *Washington Post* einen Beamten. Ihre Politik sei konfus.

2001 forderte sie noch im Hinblick auf den Balkan: »Bring the boys home.« Wozu sollte Amerika seine Jungs im Kosovo sterben lassen? Jetzt als Irak-Beauftragte sind neue Töne aus ihrem Mund zu vernehmen: Die GIs sollen vorerst im Irak bleiben und dort Bushs Mission zu Ende führen. Für Rice steht damit viel auf dem Spiel. Jetzt hat sie den schwarzen Peter. In Sternenbanner gehüllte Soldatensärge wird man künftig ihr zur Last legen.

Die gute Nachricht: Saddam Hussein ist gefasst. Genau 250 Tage nach seinem Sturz am 9. April 2003 wurde der »Barbar von Bagdad« in einem gemauerten Erdloch auf einem Bauernhof 15 Kilometer südlich seiner Geburtsstadt Tikrit festgenommen. Er besaß zwar keine Massenvernichtungswaffen, er selbst war die Massenvernichtungswaffe, ein Schlächter, Folterer und Kriegstreiber. Sein Markenzeichen waren der Kampfanzug, das schwarze Barett und die Pistole in der Hand. 24 Jahre lang regierte er den Irak mit eiserner Hand, quälte und schindete sein Volk mit den brutalsten Methoden. Er inszenierte drei blutige Kriege und hat Zehntausende von Menschen auf dem Gewissen. Er ließ Giftgas gegen sie einsetzen, ihnen die Zunge abschneiden, die Augen ausstechen und Tausende Regimegegner ohne Gerichtsverfahren in seinen Kerkern schmachten.

Ähnlich wie Hitler und Stalin hat auch er seine Schurkenkarriere ganz unten begonnen: Saddam, dessen Name »der Standhafte« bedeutet, erblickte am 28. April 1937 in dem Dorf Al-Quja bei Tikrit, dem Geburtsort des legendären Sultans Saladin, das Licht der Welt – einer armseligen und unsicheren Welt. Die englischen Kolonialherren hatten ein Land hinterlassen, in dem die Machthaber ständig wechselten. In Saddams Dorf lebten die Menschen nach ihren eigenen Gesetzen. Sie ernährten sich von dem Wenigen, was der trockene Boden hergab. Ihre Häuser waren aus Lehmziegeln gebaut. Ihre einzige Sicherheit war der Familienklan.

Saddam war das Kind einer armen Familie von Kleinbauern. Nach irakischen Angaben starb sein Vater noch während der

Schwangerschaft der Mutter Subha Tulfah. Anderen Quellen zufolge entstammt Saddam einer außerehelichen Affäre. Und schon als Kind soll er Gewalt am eigenen Leibe kennen gelernt haben, als er von seinem Stiefvater körperlich und seelisch misshandelt wurde.

Erst als Neunjähriger kam er auf die Schule in Tikrit. Später wuchs er im Haus seines Onkels Khairallah Tulfah auf, dessen Klan sich mit Handelsgeschäften, aber auch mit Straßenraub über Wasser hielt. So wurde Saddam schon früh zum Gewaltmenschen erzogen, lernte stehlen, betrügen, rauben und morden. Sein erstes Geld verdiente er als Hühnerdieb. Seinen ersten Mord beging er mit 19, als er auf Anweisung seines Onkels einen rivalisierenden Banditen erschoss.

Der Rebell: Ab 1955 besuchte Saddam die El-Karkh-Schule in Bagdad. Er trieb sich in den Cafés herum und begann sich für die nationalrevolutionären Ziele der damals noch illegalen Baath-Partei zu begeistern. Er war 20, als er sich der Partei anschloss. Ein großer und schlanker junger Mann, der von Umstürzen und Revolution träumte, einer »arabischen Nation« vom Atlantik bis zum Golf. Am 17. Oktober 1959 war es so weit: Er schloss sich einem Kommando an, das von der Baath-Partei beauftragt war, den damaligen Diktator Abdel Karim Kassem zu ermorden, der selbst zuvor den König aus dem Weg geräumt hatte. Aber das Attentat misslang. Saddam wurde von einer Kugel verletzt und musste nach Syrien und später nach Ägypten fliehen.

In Kairo studierte er Jura und trieb sich in politischen Zirkeln der Exil-Iraker herum. Er las viele Bücher über Stalin und begeisterte sich gleichzeitig für die nationalrevolutionären Ideen von Staatschef Gamal Abdel Nasser, die in der arabischen Metropole en vogue waren. Als General Kassem 1963 gestürzt wurde, kehrte Saddam in den Irak zurück. Aber schon wenige

Monate später wurde die siegreiche Baath-Partei durch Marschall Aref wieder aus ihren Ämtern vertrieben und Saddam verhaftet.

Aber noch im Gefängnis wurde er 1965 in die Führungsriege der Baath-Partei gewählt. Am 17. Juli 1968 putschte sich die Partei an die Macht und Saddam stieg zum stellvertretenden Generalsekretär auf. Er galt als großes Talent. Er organisierte den Parteiapparat neu und brachte die Sicherheitsdienste unter seine Kontrolle. Obwohl General Hassan al-Bakr Staatschef und Generalsekretär der Partei war, lag die wirkliche Macht schon bald in den Händen Saddams.

Als General al-Bakr aus gesundheitlichen Gründen am 16. Juli 1979 zurücktrat, übernahm Saddam als Staats- und Regierungschef, Generalsekretär der Baath-Partei und Oberbefehlshaber der Streitkräfte die Macht. Kaum im Amt, begann er damit, seine Gegner aus dem Weg zu räumen. Er lud alle Mitglieder des Revolutionsrates und die Parteiführer zu einer Konferenz ein. Seelenruhig steckte er sich eine Zigarre an und erklärte, es seien Verräter im Raum, die ein Komplott gegen ihn geschmiedet hätten. Dann ließ er die vermeintlich Abtrünnigen einen nach dem anderen abführen. Es war die erste große Säuberung des neuen Parteichefs, der seine Macht auf Blut und Glaubensbande aufbaute.

Innenpolitisch konnte Saddam zunächst einige Erfolge verbuchen. Mit den Gewinnen der inzwischen verstaatlichten Ölindustrie begann er den Irak zu modernisieren. Er ließ Straßen, Krankenhäuser, Fabriken und Schulen bauen. Er bekämpfte mit Erfolg den Analphabetismus und räumte den Frauen sämtliche Berufsrechte ein. Gleichzeitig begann er aber damit, einen perfekten Überwachungsstaat aufzubauen und machte sich die Armee gefügig. Bald stand eine riesige Streitmacht von Präsidentengardisten, Polizisten, Staatsschützern und Privatspitzeln hinter ihm. Eine Matrix der Angst. Ihr Auftrag: das Regime zu sichern. Gegen das eigene Volk.

Macht und Größenwahn: Selbst für orientalische Verhältnisse trieb Saddams aufgeblähtes Ego einen absurden Personenkult. 1987 begann er mit dem Neubau von Babylon. Er schrieb die Kalligrafien einer prachtvollen Koranausgabe mit seinem Blut und ließ seinen Stammbau umfrisieren, damit er sich als »Urenkel des Propheten« ausgeben konnte. Er verglich sich mit Saladin, der die Kreuzfahrer aus Jerusalem vertrieben hatte. Sein Porträt, seine Büste und sein Standbild durften in keiner Stadt und keinem Dorf fehlen. Staatskünstler sorgten für ständigen Nachschub an Saddam-Ikonen. So war er allgegenwärtig – als »al-Kaid ak-Daruri«, der Unersetzliche, der »Gesalbte«, der »Geliebte« und die »Sonne der Wüste«. Aber die Menschen im Irak zitterten vor dem »geliebten Führer«, der alles sah und vor dem niemand sicher war.

Obwohl ohne militärische Ausbildung, ließ sich Saddam zum General ernennen und später zum Feldmarschall. Gleichzeitig startete er ein gigantisches Aufrüstungsprogramm. Und nicht nur die Sowjetunion half ihm dabei. Auch die Amerikaner stärkten seine Macht mit Krediten und Waffen.

So gerüstet begann er im Juni 1980 den Krieg gegen das weltweit isolierte Khomeini-Regime im Iran und besetzte die von ihm beanspruchten Gebiete im iranischen Südwesten (Khusistan). Acht Jahre dauerte dieser Krieg. Er kostete mindestens 350 000 Leben auf beiden Seiten. Aber dank massiver Waffenhilfe aus West und Ost konnte sich Saddam am Ende als »halber Sieger« feiern lassen. Der Westen schaute tatenlos zu, obwohl Saddam rücksichtslos Giftgas gegen die Kurden eingesetzt hatte.

Der nächste Krieg ließ nicht lange auf sich warten. Zwei Jahre später versuchte sich Saddam das Emirat Kuwait einzuverleiben. Diesmal – wo es ums Öl ging – schaute die Welt nicht tatenlos zu. Einmütig wie nie zuvor in der Geschichte der UNO wurde der Aggressor zum bedingungslosen Rückzug aufgefordert. Am 17. Januar 1991 begann der Krieg der Alliierten gegen den Irak. Saddam verlor zwar die »Mutter aller Schlachten«, doch bis Bagdad stießen die Amerikaner nicht vor. Auf Geheiß von Präsident George Bush senior ließ General Schwarzkopf seine Truppen auf halbem Weg stoppen. Die Amerikaner ließen Saddam seinen Thron. Er durfte weiterhin sein Volk unterdrücken und eröffnete nach dem Golfkrieg ein »Museum des siegreichen Führers«, mit Fotos aus dem Familienalbum und einer privaten Waffensammlung.

Während die irakische Bevölkerung unter dem UN-Embargo litt und Hunderttausende von Kindern an Unterernährung und wegen fehlender Medikamente starben, lebte Saddam wie ein Pascha im Luxus, umgeben von Hunderten Bediensteten. Die UN-Sanktionen trafen ihn und seinen Klan nicht. Er ließ wie gehabt frisch eingeflogene kulinarische Spezialitäten von seinen Vorkostern prüfen. Er schlürfte seinen Lieblingswein Mateus Rosé. Und er frönte weiterhin seiner Leidenschaft, dem Kauf teurer italienischer Maßanzüge und Krokodillederschuhe. Seine beiden Söhne Udai und Kusai schmuggelten trotz UN-Sanktionen Whisky, Zigaretten und Rohöl. Angeblich verfügten sie über eine Flotte von 40 kleinen Schiffen und einen Fuhrpark von 1000 Luxuslimousinen, die sie zum Teil bei der Besetzung Kuwaits erbeutet hatten.

Saddam hatte 1963 die Tochter seines Onkels, Sajida Khairallah, geheiratet. Nach muslimischem Brauch waren beide schon als Kinder füreinander bestimmt worden. Aus dieser Ehe stammen die beiden Söhne Kusai und Udai sowie die Töchter Raghad, Rana und Hala. Ähnlich wie ein Mafiaboss besetzte der »Pate von Bagdad« wichtige Schlüsselpositionen mit Angehörigen seines Klans. Kusai unterstellte er die »Republikanischen Garden«, die Geheimdienste und seine Leibwache. Udai herrschte als Pressezar über die Zeitungen *Babil* und *Al Baath ar-Riad* sowie über das Jugendfernsehen. Ihm werden mehrere Vergewaltigungen und Morde angelastet. Angeblich ließ er den Lieblingsdiener seines Vaters von hungrigen Doggen zerreißen. Und seinen Onkel Watban al-Takriti soll er aus Versehen auf einer Familienfeier erschossen haben.

Familienbande hin oder her: Selbst zwei der Saddam-Töchter wurden Opfer des Terrors ihres Vaters. Raghad war mit dem früheren Industrie- und Rüstungsminister General Hussein Kamil verheiratet und Rana mit dessen Bruder Oberst Saddam Kamai. Im August 1995 setzten sie sich in einer spektakulären Flucht nach Jordanien ab. Ein Jahr später lockte Saddam seine Schwiegersöhne mit einem Amnestie-Versprechen nach Bagdad zurück. Aber die beiden Männer wurden kurz nach ihrer Ankunft verhaftet und hingerichtet. Saddams Sohn Udai soll die Liquidierung organisiert haben. Auch zwei Enkelsöhne sollen dem Rachefeldzug gegen den Kamil-Klan zum Opfer gefallen sein. Raghad und Rana hatten sich kurz zuvor von ihren Männern scheiden lassen.

Aus Protest gegen die vielen Liebschaften ihres Mannes floh Saddams erste Frau Ende der achtziger Jahre zu ihrem Bruder, dem damaligen Verteidigungsminister Adnan Khairallah. Er sollte später bei einem mysteriösen Hubschrauberabsturz ums Leben kommen. Aber wie es sich für einen arabischen Potentaten gehört, hielt sich Saddam einen ganzen Harem von Frauen.

Nach der Trennung von Sajida wählte er Samira Schahbandar zu seiner zweiten Frau. Sie stammte aus einer angesehenen Familie. Mit ihr soll er den Sohn Ali haben. Nach Samira heiratete er die schöne Nidal Hamdani. Nummer vier soll eine

29 Jahre junge Deutschstämmige sein. Ihr Kosename lautet »Jamama«, die Taube.

Daneben vergnügte sich Saddam mit zahlreichen Konkubinen. Die Griechin Parisoula Lampsos enthüllte im US-Fernsehen pikante Details über ihr Verhältnis mit dem Diktator: Saddam habe am Ende schon mal Viagra gebraucht und sich bei Whisky, Zigarren und dem Betrachten von Foltervideos entspannt. Auch habe er einmal vor einem Spiegel gestanden und gerufen: »Ich bin Saddam. Heil Hitler.«

Wie sein Vorbild baute er sein Schreckensregime weiter aus. Niemand war vor seiner Willkür, dem Terror und der permanenten Bespitzelung sicher. 8000 Agenten des Allgemeinen Sicherheitsdienstes »Amn al-Amm« hörten in seinem Auftrag Telefone ab, beschatteten Verdächtige und folterten Regimekritiker. Erst nach den Terroranschlägen vom 11. September geriet Saddam erneut ins Visier von Bush junior und wurde als bedrohlichster Teil der »Achse des Bösen« bezeichnet. Am 17. März 2003 richtete der US-Präsident an Saddam ein Ultimatum: Er solle binnen 48 Stunden zurücktreten und mit seiner Familie das Land verlassen. Andernfalls griffen die USA und ihre Verbündeten den Irak an.

Wie üblich versuchte Saddam auf Zeit zu spielen. Vergeblich: Am 20. März um 5.30 Uhr irakischer Ortszeit, eineinhalb Stunden nach Ablauf des Ultimatums, begannen die alliierten Streitkräfte mit dem Angriff auf den Irak. Am 20. Tag erreichten sie Bagdad und die Jagd auf Saddam begann.

Schon bevor die Amerikaner in die irakische Hauptstadt einmarschierten, war es ihm immer wieder gelungen, mit seinen Feinden Katz und Maus zu spielen. Er überlebte mehrere Attentate und Dutzende gezielte Raketenangriffe. Er verfügte über ein Netzwerk von unterirdischen Bunkern und Befestigungsanlagen im ganzen Land. Ein über 100 Kilometer langes

Tunnelsystem soll ihm als Fluchtweg gedient haben. Und er bediente sich mehrerer Doppelgänger, die sich mal hier, mal dort zeigten. So erschien er in der Öffentlichkeit wie ein Allgegenwärtiger, aber immer blieb unklar, ob es sich um den echten Saddam handelte.

Auch während des 20 Tage dauernden Golfkriegs gelang es dem Gewaltherrscher, den »Enthauptungsschlägen« der Amerikaner zu entgehen und sie in die Irre zu führen. Mit zum Teil schrecklichen Folgen für die Zivilbevölkerung: Am Montag, dem 7. April, schlug eine bunkerbrechende US-Lenkbombe in einen Gebäudekomplex in unmittelbarer Nähe des Bagdader Restaurants »Saa« ein, wo sich laut CIA-Informationen angeblich Saddam und seine Söhne aufhielten. Eine Fehlinformation, wie sich herausstellte. Statt dem gefürchteten Tyrannen kamen 15 Zivilisten ums Leben.

Und wie ein Phantom trieb Saddam sein Versteck- und Verwirrspiel weiter. Mal hieß es, er sei in der russischen Botschaft untergetaucht, dann war die Rede davon, er habe sich nach Syrien abgesetzt und von dort weiter nach Moskau. Aber wie wir heute wissen, hielt er sich nach wie vor in Bagdad auf, selbst noch am 9. April, als die ersten US-Panzer ins Stadtzentrum vorstießen und die große Statue des Diktators auf dem Firdos-Platz stürzten. Da nahm der »Standhafte« nicht unweit davon ein Bad in der Menge ihm verbliebener fanatischer Anhänger und erklärte: »Ich kämpfe Seite an Seite mit euch, in denselben Gräben.« Über der Militärkluft trug er eine große Kette aus eckigen Bernsteinen, die Böses abhalten und die Geister gewogen stimmen soll.

Damals gelang es den Amerikanern nicht, ihn zu fassen. Kurz darauf soll er dann angeblich in einem Krankenwagen die besiegte Hauptstadt verlassen haben. Seitdem war er auf der Flucht. Meist nachts und auf Nebenstraßen, entweder zu Fuß, oder er benutzte Taxis, Kleinlaster und andere Fahrzeuge. Unterschlupf fand er in unauffälligen Häusern von Familien- und Klanmitgliedern. Er ließ sich Haar und Bart wachsen. Statt italienischer Maßanzüge und seiner Generalsuniform trug der angebliche »Urenkel des Propheten« jetzt traditionelle Gewänder und ernährte sich von Schokoriegeln und Dosenobst.

Präsident Bush erklärte die Jagd auf den grausamen Tyrannen zur Chefsache. Es war der Beginn der aufwändigsten Menschenjagd der Geschichte, und Saddam das Pik-Ass auf der 55-köpfigen Fahndungsliste der von den USA meistgesuchten Personen. Für seine Ergreifung wurde ein Kopfgeld von 25 Millionen Dollar ausgesetzt. Die Jäger der »Task Force 20«, eine Spezialeinheit aus Elitekämpfern der US-Navy, der »Delta Force« und Geheimagenten der CIA, machten sich auf die Fährte des Despoten. Vieles sprach dafür, dass er sich nach Tikrit abgesetzt hatte, dem Sitz seines Familienklans. In seiner Heimatstadt konnte er sich nach wie vor auf viele Anhänger stützen.

Aber trotz Spionage-Satelliten, Aufklärungsdrohnen und Bestechungsgeldern gelang es den US-Fahndern zunächst nicht, Saddam zu stellen. Dafür gingen ihnen aber die Nummer zwei und drei auf der Liste der Meistgesuchten, Saddams Söhne Kusai und Udai, ins Netz. Sie wurden im nordirakischen Mossul bei einem fünfstündigen Feuergefecht erschossen.

Den entscheidenden Hinweis für die Ergreifung des Diktators erhielten die US-Ermittler erst fünf Monate später von einem Mann aus Tikrit. Er soll ein hochrangiger Offizier im Sicherheitsapparat gewesen sein. US-Fahnder beschreiben ihn als »schwergewichtigen, glatzköpfigen Playboy« mittleren Alters, der als eine Art Stabschef und Leibwächter Saddams fungierte und einer der wenigen Getreuen war, die das Versteck des Tyrannen kannten.

Wegen seiner engen Kontakte zum ehemaligen Regimechef stand der Mann seit dem Sommer auf der Fahndungsliste der US-Ermittler. Schließlich gelang es einer Spezialeinheit, den Saddam-Getreuen Mitte Dezember bei einer Razzia in Bagdad zu fassen. Bei den Verhören wurde er so lange »weich gekocht«, bis er auspackte und den entscheidenden Tipp gab, wo Saddam untergetaucht war: in einem unterirdischen Versteck auf einem Gehöft in dem Dorf Ad Dwar, nahe seiner Heimatstadt Tikrit.

Am 13. Dezember begann unter dem Decknamen »Operation Morgenröte« die Endphase der Jagd auf den einst mächtigsten Mann des Irak. Der Code stammt aus einem Film aus dem Jahre 1984, der die Invasion einer amerikanischen Stadt durch russische und kubanische Fallschirmspringer schildert.

600 US-Soldaten sowie kurdische Kämpfer, so genannte »Peschmerga«, riegelten das Gebiet um das Dorf Ad Dwar hermetisch ab. Das Land hier ist flach und von Obstgärten und Palmenhainen durchzogen. Irakische Streitkräfte oder Polizisten waren an der Aktion nicht beteiligt. Die Amerikaner wollten die Trophäe Saddam für sich alleine – tot oder lebendig.

Kurz vor 20 Uhr fiel in dem Dorf plötzlich der Strom aus, offenbar das Einsatzsignal für die Soldaten der »Task Force«. In der mondlosen Dunkelheit stürmten sie das Gehöft, wo der Tyrann vermutet wurde: ein Anwesen, das in keinem Vergleich zu den vielen prunkvollen Palästen stand, in denen Saddam jahrzehntelang Hof hielt. Keine Marmorgemächer, keine Flügeltüren mit Ornamenten aus Elfenbein und Edelsteinen, keine Bäder mit goldenen Wasserhähnen.

Das Haus war aus Lehm gebaut und bestand lediglich aus einem winzigen Schlafzimmer und einer provisorischen Küche. Auf dem Gelände befanden sich außerdem zwei Ställe, einer für Hühner und einer für eine Kuh. Die Toilette war offenbar ein Loch im Garten.

In der armseligen Behausung bot sich den Saddam-Jägern das Bild einer Penner-Absteige: Zwischen dem dürftigen Mobiliar – zwei rostige Betten, eine Kommode, ein Kühlschrank, ein Herd, eine Spüle, eine Anrichte – herrschte ein heilloses Durcheinander: Als einzige Dekoration hing ein Poster der Arche Noah an der Wand.

Auf den Betten schmutzige Wäsche. Daneben auf einer Kommode Bücher mit arabischer Dichtkunst. »Disziplin« und »Sünde« neben Dostojewskis »Schuld und Sühne« und einem Buch über Traumdeutung. Im Kühlschrank einige Schokoladenriegel, Würstchen und eine Limonadendose. Auf der Abdeckplatte ein Stück Seife der Marke Palmolive, ein Shampoo, eine Tube Feuchtigkeitscreme, ein Deo, ein Topf mit Honig, Dosenobst sowie eine Fliegenpatsche. Über dem Herd ein Regal mit einem Spiegel, Seife, Mundwasser und einer Kaffeedose. Auf dem Boden eine Kiste mit zwei weißen Herren-T-Shirts und zwei weißen Boxershorts aus Baumwolle.

In der provisorischen Küche: altes Brot auf einer Anrichte, schmutziges Geschirr in der Spüle, ein Topf mit Reisresten. Daneben frische Gurken, Karotten, Äpfel, Kiwis, Fladenbrot, Dosenfleisch, Lipton-Tee, offenbar erst kürzlich eingekauft.

Kaum zu glauben: Hauste hier der Mann, der seit 1979 mit dem Segen des Westens alleine über den Irak, das alte Kulturland Mesopotamien, herrschte? Aber wo hielt sich der gefürchtete Despot versteckt? War er seinen Häschern schon wieder entwischt?

Die Amerikaner knöpften sich ihren Informanten erneut vor: Wo steckt Saddam? Der ehemalige Leibwächter zeigte auf einen verdreckten Teppich neben der Hütte, der einen aufgehäuften Geröll- und Ziegelsteinbrocken verdeckte. Als die Fahnder den Teppich zur Seite rollten, entdeckten sie darunter eine Abdeckung aus Styropor, die ein Erdloch verschloss.

Ein paar Soldaten umzingelten den Eingang, entsicherten ihre M-16-Gewehre und hielten ihre Handgranaten bereit, um diese notfalls in die Höhle zu werfen, falls es zu einem Gefecht kommen sollte. Dann öffneten sie die Luke. Das gleißende Licht ihrer Stablampe fiel in einen engen, dunklen Schacht, knapp 60 Zentimeter breit, fast zu schmal für einen erwachsenen Mann. Im gleichen Augenblick ertönte aus der zwei Meter tiefen Grube, in der ein Mensch gerade liegen konnte, eine ängstliche Stimme: »Nicht schießen, nicht schießen. Mein Name ist Saddam Hussein. Ich bin der Präsident des Irak und zu Verhandlungen bereit.«

»Schöne Grüße von Präsident Bush«, erwiderte einer der Soldaten.

Es war exakt 20.36 Uhr: Einen Moment später erschien der selbst ernannte »Nachfolger von König Nebukadnezar II.«, der über Jahrzehnte hinweg Millionen Menschen erzittern ließ, mit erhobenen Händen und verängstigtem Blick. Ein zum Clochard verkommener Despot, verstört und abgerissen, mit wirren langen Haaren, der grau melierte Bart verfilzt. Saddam schien fast erleichtert, dass seine Flucht zu Ende war. Seit sieben Monaten hatte er wie ein gejagtes Tier gelebt. Und so wirkte er auch auf die US-Soldaten, als sie ihn aus seiner Höhle zerrten, die nur über ein primitives Be- und Entlüftungssystem verfügte.

»Er ließ sich wie eine Ratte fangen«, sagte Generalmajor Raymond Odierno, Kommandeur der 4. Infanteriedivision. Kein einziger Schuss fiel. Der angebliche »Löwe von Bagdad«, der immer erklärt hatte, dass er die letzte Kugel in seiner Pistole der Schmach einer Festnahme vorziehe, ergab sich kampflos. Kein Heldenabgang. Zum Märtyrertod fehlte ihm die Courage, obwohl er bewaffnet war: In seinem letzten Unterschlupf wurden zwei Kalaschnikows, eine Pistole sowie eine Box mit 750 000 US-Dollar in Hundert-Dollar-Noten sichergestellt.

Man hatte immer geglaubt, der vermeintliche Nachkomme des legendären Sultans Saladin, für den sich Saddam hielt, dirigiere aus einer geheimen unterirdischen »Wolfschanze« den Widerstand gegen die »Kreuzzügler« des »Sohnes der Viper«, wie er George Bush verächtlich nannte. Nun scheint sicher zu sein, dass der Gejagte nicht in größerem Ausmaß an der Koordination des Guerillakrieges gegen die US-Truppen beteiligt war. Er besaß weder ein Handy, noch ein Funkgerät, noch andere Kommunikationsmittel. Das Lehmloch war keine Kommandozentrale. Die Tonbänder und Videoaufnahmen, mit denen er nach seinem Sturz als böser Geist monatelang das Land in Bann hielt, waren der letzte miese Bluff des gestürzten und zum Penner mutierten Diktators.

Jetzt musste der einstig mächtige »Rais von Bagdad« es sich gefallen lassen, dass ihm die Hände auf dem Rücken gefesselt und ein Leinensack über den Kopf gestülpt wurde. Es war das Ende eines Mythos: In zwei Kriegen hatte Saddam die Supermacht Amerika herausgefordert und sich in der arabischen Welt den Ruf eines neuen Nebukadnezar erworben – trotz seiner menschenverachtenden, mörderischen Terrorherrschaft. Er hatte Gewalt gesät und nun war er mit Gewalt vom Thron gestoßen worden. Ein schmählicher Abgang von der Weltbühne. Damit eignet er sich nicht länger zur Leitfigur oder zur Mystifizierung, wie viele seiner Anhänger im Nahen Osten es sich gewünscht hätten. Seine Festnahme beendete eine beispiellose Schurkenkarriere.

Drei Stunden später saß Saddam in einem amerikanischen Helikopter und wurde an einen sicheren Ort nach Bagdad gebracht. US-Präsident Bush hielt sich an diesem Samstag, den 13. Dezember 2003, auf seinem Landsitz in Camp David auf. Er wollte dort das Wochenende im Kreise seiner Familie verbringen. Um 15.15 Uhr Ortszeit klingelte das Telefon. Der Präsident nahm den Hörer ab. Am anderen Ende der Leitung räusperte sich Verteidigungsminister Donald Rumsfeld:

»Herr Präsident, die ersten Berichte sind nicht immer sehr genau«, leitete er das Gespräch vorsichtig ein.

Bush: »Das hört sich nach einer guten Nachricht an.«

Rumsfeld: »General Abizaid hat mich angerufen. Er ist sicher, dass wir Saddam Hussein haben.«

Bush: »Also, das ist eine gute Nachricht.«

Für Rumsfeld, den Überbringer der Nachricht, zweifellos ein Punktgewinn, aber eine Schlappe für Condoleezza Rice: Sie war als Leiterin der neu geschaffenen »Iraq Stabilization Group« offenbar nicht direkt an dem Coup auf Saddam beteiligt und erscheint jetzt als die Verliererin des internen Machtspiels um die Koordination im Irak. Mit der Festnahme des Diktators haben Rumsfeld und seine Militärs das Steuer in Bagdad wieder fest im Griff.

Rice musste diesmal offenbar die zweite Geige spielen. Es sollten noch weitere 14 Stunden vergehen, bis Saddam aufgrund der DNA-Proben einwandfrei identifiziert war und sie um 5.14 Uhr am Sonntagmorgen den Präsidenten informieren konnte. Um 7 Uhr Washingtoner Zeit – in Bagdad war es 15 Uhr – verkündete der oberste US-Verwalter Paul Bremer auf einer Pressekonferenz: »Wir haben ihn.« Die anwesenden irakischen Journalisten brachen in Jubel aus und skandierten auf arabisch: »Tod für Saddam.«

Dann wurde ein Video des 66-jährigen abgesetzten Diktators gezeigt. Ein kahl geschorener amerikanischer Militärarzt entlaust den Bart und die Haare des Gefangenen. Auf Kommando öffnet der einstige Schlächter von Bagdad dann gehorsam den Mund, der Mediziner leuchtet mit einer Stablampe hinein und sucht nach einer Giftkapsel. Er träg dabei Latexhandschuhe.

In den arabischen Staaten lösten die Bilder Reaktionen der Empörung aus, sie wurden als Demütigung für die arabische Welt empfunden. Kommentatoren verwiesen auf die internationale Genfer Konvention zum Schutz von Kriegsgefangenen, nach der die Würde von Kriegsgefangenen geschützt und Gefangene vor der »öffentlichen Zurschaustellung« bewahrt werden müssen.

Das Pentagon rechtfertigte die Fernsehbilder von der medizinischen Untersuchung Saddam Husseins mit dem großen öffentlichen Interesse an seiner Festnahme. Es sei wichtig für das irakische Volk, durch die Bilder vermittelt zu bekommen, dass Saddam nun zur Rechenschaft gezogen werde. Das Video zeige außerdem, dass er sehr professionell behandelt und dass auf seine Gesundheit und sein Wohlergehen geachtet werde.

Nach Ansicht des französischen Philosophen Bernhard-Henry Lévy können die Bilder aber auch anders wahrgenommen werden: »Seht euch das Tier an, (...) seht euch das gedemütigte Raubtier an, der abscheuliche Herrscher der Unterwelt ist endlich gezähmt! Seht den alten Löwen, der sich seit Monaten in seinem scheußlichen winzigen Käfig dreht und dessen jämmerlicher Körper von nun an uns gehört!«

Lévy vergleicht die Bilder mit einer »modernen Version des gesenkten Siegerdaumens der römischen Arena«. Und er stellt die Frage: »Musste man, um zu beweisen, dass man Saddam gefangen hat, auf diese Weise die nackte Intimität des verstörten Gesichtes bloßstellen und vergewaltigen?« Das Paradoxe und der »perverse Effekt« dieser Bilder sei, dass sie »diesem unmenschlichen Mann« ein wenig von seiner »verleugneten Menschlichkeit« zurückgeben und so etwas wie ein »letztes Mitleid« provozieren. Und deshalb hätten die Amerikaner, indem sie entschieden, die Bilder auszustrahlen, uns alle zu »Komplizen und Voyeuren« gemacht, glaubt Lévy: Und einen doppelten Fehler begangen, einen moralischen und einen politischen Fehler.

Für US-Präsident Bush war die fernsehgerechte Vorführung des Diktators unbestritten ein großer Triumph und wird die Chancen auf seine Wiederwahl 2004 erhöhen, auch wenn es inzwischen Zweifel an der amerikanischen Version der Festnahme gibt. Zeitungsberichten zufolge, die sich auf deutsche Geheimdienstkreise berufen, waren es nicht die US-Truppen, die Saddam gefangen nahmen, sondern kurdische Freischärler. Ihr Motiv sei auch nicht das Kopfgeld von 25 Millionen Dollar gewesen, sondern vielmehr sei es um eine private Abrechnung gegangen, die Familienehre eines kurdischen Stammesfürsten. Saddams Sohn Udai soll dessen Tochter vergewaltigt haben und ihr Ehemann von einem Leibwächter Udais erschossen worden sein. Der Kurdenstamm habe Saddam in seiner Heimatstadt Tikrit aufgespürt und in dem Erdloch gefangen gehalten. Erst dann sei der Tyrann an die Besatzungsmacht übergeben worden, voll gepumpt mit starken Medikamenten.

Wie auch immer der Coup von Tikrit abgelaufen ist: Er war ein willkommenes vorgezogenes Weihnachtsgeschenk für Bush. Er hatte die Jagd auf Saddam Hussein immer auch als eine persönliche Angelegenheit und Abrechnung verstanden. Angeblich wegen zwingender Beweise für ein Mordkomplott, dass Saddam 1993 gegen seinen Vater geplant haben soll. Und so hat der Texaner sich auch eine eigene Anklage gegen Saddam vorbehalten, wegen versuchten Mordes an seinem Vater. Er würde am liebsten mit dem Iraker kurzen Prozess machen und sprach sich unverblümt für die »ultimative Strafe« aus. Bush ist bekanntlich ein ausgesprochener Befürworter der Todesstrafe.

Wer soll über Saddam Hussein urteilen? Ein Gericht in den USA? Der internationale Gerichtshof in Den Haag? Das neu geschaffene irakische Sondertribunal in Bagdad?

Einen Prozess in den USA kann sich Bush eigentlich nicht leisten. Damit würde er sich allzu leicht dem Vorwurf der »Siegerjustiz« aussetzen. Auch Den Haag kommt für ihn nicht infrage. Vor dem internationalen Gericht ist eine Hinrichtung ausgeschlossen. Deshalb deutet alles darauf hin, dass Bush es gerne sehen würde, wenn Saddam auf dem Stuhl des Angeklagten vor dem neu geschaffenen Sondertribunal in Bagdad der Prozess gemacht wird. Dort könnte es Saddam wie dem rumänischen Conducator Ceausescu ergehen. Das Video, auf dem zu sehen ist, wie der Leichnam des erschossenen Tyrannen vom Volk durch den Sand geschleift wurde, soll er sich früher oft angesehen haben. Genauso wie Fotos von Hitlers letzten Tagen.

Bushs Plädoyer für die Todesstrafe stieß jedoch auf breite internationale Kritik. Nicht nur seine engsten Kriegspartner lehnen die »ultimative« Strafe ab, auch UN-Generalsekretär Kofi Annan und der Vatikan sprachen sich dagegen aus. Der Berliner Völkerrechtler Gerd Seidel plädiert dafür, Saddam vor ein internationales Gericht zu stellen. Als »Aggressor und Besatzungsmacht« seien die USA nicht befugt, den Ex-Diktator abzuurteilen. Bei einem irakischen Gericht bestehe die Gefahr, dass ein solches Gremium als »Marionette der USA« gesehen werde.

Trotzdem spricht vieles dafür, dass Saddam vor das Sondertribunal in seiner Heimat gestellt wird. Es soll die Verbrechen untersuchen, die er zwischen dem 17. Juli 1968, als er mit der Baath-Partei an die Macht kam, und dem 1. Mai 2003 begangen hat. Die Ankläger können sich auf umfangreiches Material stützen. Viele Ordner mit dem Wort »Exekution« wurden nach Saddams Sturz in seinen Archiven beschlagnahmt. Sie wurden mit Blut und Tränen geschrieben und erinnern an die Schrecken von Hitler, Stalin und Pol Pot. Rund 270 Massengräber belasten Saddam schwer. Internationale Menschenrechtsorganisationen schätzen die Zahl seiner Opfer zwischen 300 000 und einer halben Million. Allein in Bagdad soll es 61 000 Exekutionen gegeben haben. Dazu kommen 200 000 Gefallene während des Iran-Krieges und 250 000 Tote durch die amerikanisch geführte Militäraktion im Irak.

Für das geschundene irakische Volk, das seit Jahrzehnten unter dem Tyrannen gelitten hat, wäre ein transparenter Prozess wahrscheinlich die beste Lösung. Und ein rechtsstaatlich glaubwürdiges Urteil würde nicht nur ein positives Zeichen für die zukünftige demokratische Entwicklung des Landes setzen, sondern sicherlich auch für die arabischen Nachbarländer eine Vorbildfunktion haben.

»Selbst eine Figur wie Saddam könnte auf diesem Weg zur Demokratisierung betragen«, meint die *Süddeutsche Zeitung*. Es gibt allerdings auch ein Risiko: Wenn Saddam zum Tode verurteilt wird, könnte er als neuer Märtyrer für Extremisten und Gotteskrieger auferstehen.

Saddams älteste Tochter Raghad, die in Jordanien lebt, fordert ein internationales Verfahren gegen ihren Vater. Sie hat bereits einen Verteidiger für ihn: Frankreichs prominentesten Anwalt Jacques Vergès. Er hat Erfahrungen mit den Mördern und Monstern dieser Welt. Zu seinen Mandanten gehörten unter anderem der ehemalige Gestapo-Chef von Lyon, Klaus Barbie, der jugoslawische Ex-Präsident Slobodan Milošević, der togolesische Diktator Eyadema sowie der Terrorist Carlos.

Vergès, 1924 im heutigen Laos geboren, hat seine eigenen Moralvorstellungen: »Was ist abscheulicher: eine Bombe in einem Café zu zünden oder vom Flugzeug ganze Städte auszuradieren. Der Terrorismus ist die letzte Waffe der Unterdrückten.« Aussichtslose Fälle interessieren Vergès besonders, die Ideologie seiner Klienten ist ihm dabei egal: »Käme Adolf Hitler in mein Büro und sagte: Maître, ich werde zur Höchststrafe verurteilt werden, aber geben Sie meinem Leben eine ästhetische Dimension – glauben Sie, ich würde den Fall ablehnen?«

Jetzt will des »Teufels Advokat« vor Gericht um Saddam kämpfen. Man darf davon ausgehen, dass er seinem Klienten raten wird, auszupacken und Gift zu streuen. Vergès wird voraussichtlich alles versuchen, das Verfahren in einen politischen Schauprozess umzufunktionieren. Er wird die Doppelmoral der westlichen Länder anprangern und die alten Seilschaften nennen, die Saddam lange unterstützt haben. Das kann peinlich werden für einige Emissäre, die mit ihm Geschäfte gemacht haben. Sie kamen ja nicht nur aus den USA und Russland. Auch Frankreich unter Giscard d'Estaing und Mitterrand versorgte den »Rais« mit Waffen, deutsche Firmen lieferten chemische Produkte nach Bagdad und bauten etlicher seiner Bunker.

Aber ein Prozess gegen den grausamen Herrscher ist noch lange keine Garantie dafür, dass der Irak zur Ruhe kommen und es ein rasches Ende der Gewalt und des Terrors geben wird. Der Widerstand scheint zäher zu sein als Saddam. Bereits wenige Stunden nach seiner Festnahme kam es im Zentrum von Bagdad in unmittelbarer Nähe des Hotels »Palestine«, in dem sich ausländische Journalisten aufhalten, zu einer Explosion. Es scheint noch viel Arbeit vor Bush und Rice zu liegen.

Was sind die Gründe für die Probleme im Irak? Der Historiker Bernd Greiner meint, dass die Fehler der Vietnam-Jahre im großen Stil wiederholt wurden: »Damals glaubten Kennedy, Johnson und Nixon, die Zivilgesellschaft von der Debatte über Krieg und Frieden ausschließen zu können. Bush kopiert diese Attitüde – und treibt sie auf die Spitze. (…) Wir haben es mit einer Regierung zu tun, die nur noch mit ihresgleichen kommuniziert, die neue Geheimdienste aufbaut, weil die CIA nicht die politisch opportunen Informationen liefert, die den Kongress zum Statisten degradiert und eine Medienwelt aufpäppelt, deren oberstes Gebot die Propagierung von Meinungen ist.«

Der türkische Außenminister Abdullah Gül wirft der US-Verwaltung in Bagdad »Unkenntnis der Region und Geschichte« vor. Daraus und aus der Unkenntnis der Traditionen der dort lebenden Menschen resultierten die gegenwärtigen Schwierigkeiten der USA, sagte Gül.

Der renommierte pakistanische Autor Tariq Ali kritisiert, dass ein nennenswerter Wiederaufbau im Irak trotz aller Anstrengungen nicht stattfinde: »Im Land herrscht Massenarbeitslosigkeit. Not und Elend bestimmen für viele den Alltag, da die Besatzer und ihre Helfer nicht einmal die Grundversorgung mit Strom und Wasser zu sichern vermögen.« Amerikanische Unternehmen und diejenigen »befreundeter« Verbündeter würden bei Auftragsvergaben bevorzugt, so Tariq Ali. Selbst unter günstigsten Umständen könne ein besetzter Irak sich so allenfalls zu einer Oligarchie mit Vetternwirtschaft entwickeln, in der Firmen wie die US-Konzerne Bechtel und Halliburton die überlegenen Global Player sind.

In der Kombination all dieser Probleme sieht Tariq Ali die Gründe für den anhaltenden Widerstand im Irak. Für ihn ist klar, dass dieser Widerstand einem bekannten »antikolonialistischen Muster« folgt. Aus der Sicht vieler Iraker seien die wahren »ausländischen Terroristen« keine anderen als die Armeen der Besatzer. Und warum?, fragt Tariq Ali provokativ. »Weil man bei der Besetzung eines Landes zwangsläufig in die Rolle einer Kolonialmacht gerät. Kommt es zum Widerstand, bleibt als einziger Weg eine Mischung aus Gaza-Streifen und Guantanamo Bay.« Länder, die zu den Besatzern des Irak zählten, sollten nicht darüber urteilen, unter welchen Bedingungen Iraker Widerstand leisten dürfen. »Die Besatzung des Irak ist verwerflich, und entsprechend fällt die Reaktion aus.«

Bezeichnend am derzeitigen Widerstand, so Tariq Ali in seiner Analyse, sei, dass dieser nicht zentral organisiert werde. Es handele sich um die klassische erste Stufe des Guerillakampfes. »Der Gedanke an die Vereinten Nationen als ›ehrliche Makler‹ kommt den meisten Irakern nicht mehr«, glaubt Tariq. »Die UN gelten ihnen als Teil des Problems. Abgesehen von der UN-Geschichte als Verwalter der Sanktionen und Unterstützer angloamerikanischer Bombenangriffe, die zwölf Jahre lang gegen den Irak geflogen wurden, hat der Beschluss des Sicherheitsrats vom 16. Oktober 2003 die UN erneut in Misskredit gebracht.«

Wenn Militäreinsätze unter dem Deckmantel humanitärer Hilfe ausgeführt werden, gibt es auch ein Problem für die neutralen Helfer. Die Hilfsorganisationen im Irak werden inzwischen offenbar als Handlanger der Besatzer betrachtet und sind ebenfalls in die Schusslinie geraten. Die Nähe zu den Amerikanern ist gefährlich. Resultat: Nach den ständigen Anschlägen haben viele internationale Organisationen damit begonnen, ihre Büros im Irak zu schließen und ihre Mitarbeiter abzuziehen.

Dass im Umgang mit der irakischen Bevölkerung nach dem Sturz Saddam Husseins folgenschwere Fehler begangen wurden, bestätigt auch ein interner Bericht der 3. US-Infanteriedivision, die den Sturm auf Bagdad angeführt hat. Der Rapport basiert auf Stellungnahmen zahlreicher Offiziere und Soldaten. Sie werfen der Regierung in Washington Konzeptlosigkeit in der Besatzungspolitik vor. Demnach waren die amerikanischen Soldaten auf die Situation im Irak nicht vorbereitet worden.

»Obwohl es nahezu sicher war, dass die Streitkräfte den Regimewechsel herbeiführen würden, gab es keinen Plan für weitere Kontrollen und den Wiederaufbau, selbst als die Division Bagdad bereits erreicht hatte«, heißt es in dem Bericht. Die US-Truppen seien zunächst als Befreier statt als Besatzungsmacht präsentiert worden. Die daraus resultierende Unsicherheit der US-Kommandeure habe ein entschlossenes Vorgehen gegen Plünderungen verhindert und den Wiederaufbau verzögert, was das Vertrauen der Bevölkerung in die US-Truppen nachhaltig beschädigt habe.

»Zu Beginn hatten es die Leute eilig, den Wiederaufbau zu beginnen, und erwarteten von den US-Truppen Unterstützung«, betonten die Autoren in ihrem Bericht. »Doch sie gewannen rasch den Eindruck, dass wir unfähig und unwillig seien etwas zu tun.«

Auch die Jagd auf Osama Bin Laden und der Versuch, sein Terrornetzwerk zu zerstören, blieb bislang ohne Erfolg. Nach Einschätzung des britischen Friedensforschers Paul Rogers von der Universität Bradford ist die Organisation heute sogar stärker als vor den Anschlägen in den USA. Deshalb könne niemand sagen, der Kampf gegen den Terrorismus sei gewonnen. Vielmehr seien die USA dabei, den »Krieg gegen den Terror« zu verlieren. Derzeit muss Bush ohnmächtig zusehen, wie Sympathisanten Osama Bin Ladens nach Belieben zuschlagen, ob in Bali, Bagdad oder in Istanbul.

Ein Sieg über den Terror scheint fern zu sein: Wir erleben fast jeden Tag, dass sich junge Menschen in die Luft jagen, um ihre Feinde zu treffen. Terrorismus als Waffe des kleinen Mannes? Ein erschütternder Tatbestand. Schließlich sind diese Selbstmordattentäter nicht als Killer geboren worden. Häufig leben sie einer Situation, die ihnen aufgezwungen wurde, fühlen sich entwurzelt und entwürdigt. Sie bilden das islamistische Reservoir, aus dem Terrorsekten und fundamentalistische Hassprediger ihre Rekruten schöpfen, die sie als »Märtyrer« in den heiligen Krieg schicken. Doch solange sich junge Menschen Sprengstoffgürtel umschnallen, läuft auch in der Politik etwas falsch.

Rice sieht dies offenbar anders: »Mithilfe unserer Koalitionspartner haben wir zwei der grausamsten Regime aller Zeiten entmachtet. Das Al-Qaida-Netz wurde seines wichtigsten Zufluchtorts beraubt. Die Hälfte seiner Führung wurde gefangen genommen oder getötet, und der Rest ist – für immer – auf der Flucht. Viele Nationen schließen sich zusammen und sind entschlossen, auf die Herausforderungen zu reagieren, die Nordkorea und der Iran darstellen.«

Mit wüsten Farben malte sie bereits ein neues Krisengemälde der von Bush als »Schurkenstaaten« und »Achse des Bösen« bezeichneten Länder Iran, Syrien und Nordkorea. Dem Regime in Teheran wirft sie vor, den Terrorismus im Nahen Osten zu unterstützen und an einem Programm für Massenvernichtungswaffen zu arbeiten. Dieses »inakzeptable Verhalten« hält sie auch Syrien vor. An die nordkoreanische Regierung in Pjöngjang adressierte sie die Warnung, dass Washington zur Lösung des Konflikts um die nordkoreanischen Atomwaffen militärische Optionen nicht ausschließe: »Wir müssen handeln. Wir dürfen nie wieder in die gleiche Situation kommen wie im Irak.«

Jenseits aller Logik scheint jedoch dieses Vorgehen zu sein: Während Rice andernorts schwere Geschütze gegen den Terror auffahren will, lässt sie für Saudi-Arabien realpolitische Spielregeln gelten. Dabei ist unbestritten, dass in der Wüstenmonarchie, die alles andere als demokratisch ist, seit Jahrzehnten nicht nur Öl, sondern Geldquellen für Terroristen sprudelten. Osama Bin Laden stammt aus dem Wüstenreich, ebenso wie ein Großteil der Attentäter des 11. September. Im Irak wurde wegen zweifelhafter Al-Qaida-Kontakte der Regimewechsel erzwungen, die saudischen Ölprinzen sind nach wie vor gern gesehene Gäste in Washington. Das ist aus amerikanischer Sicht verständlich: Denn eine Offenlegung der Verwicklung saudi-arabischer Führungskreise in den Terrorismus würde ohne Zweifel die US-Ölinteressen gefährden.

Rices politische Analysen und ihr harter Kurs provozieren. UN-Generalsekretär Kofi Annan warnte vor den verheerenden Folgen jedweder präventiven Gewaltanwendung ohne UNO-Mandat. Ein derartiges Vorgehen könne wieder das »Gesetz des Dschungels« über die Welt bringen: »Meine Sorge ist, dass diese (Haltung), wenn sie akzeptiert würde, einen Präzedenzfall schaffen könnte, der zu einer starken Zunahme des Einsatzes einseitiger Gewalt ohne Rechtsgrundlage führt, mit oder ohne glaubwürdige Rechtfertigung.«

Nachdrücklich vor der Gefahr einer fortschreitenden Militarisierung warnte auch Ronald McCoy, Präsident der Organisation »Internationale Ärzte für die Verhütung des Atomkrieges«. Der Irak-Krieg und das Verhalten der USA wirkten als »permanenter Stimulus« für andere Staaten, Massenvernichtungswaffen anzuschaffen. Aus der Sicht der Dritten Welt, so McCoy, habe die US-Regierung nicht nur die Charta der Vereinten Nationen verletzt, sondern benehme sich wie eine »arrogante Militärmacht«: »Dieser Krieg ist gegen den erklärten Willen der Völkergemeinschaft und ohne völkerrechtliche Grundlage geführt worden.«

Auch der deutsche Bundespräsident Johannes Rau griff in die Debatte ein und warnte vor einer Gewöhnung an den Krieg: Er sehe die Gefahr, dass ein Gewöhnungsprozess einsetze, an dessen Ende militärische Interventionen und Krieg ein Instrument unter vielen sei.

Alle diese Mahnungen beeindruckten Rice offensichtlich nicht. Im Gegenteil: Sie tritt weiterhin für das Recht auf den vorbeugenden Gewalteinsatz zur Abwehr einer drohenden Gefahr ein. Schon ranken sich Legenden um sie. US-Vizeaußenminister Richard Armitage warnte bereits kurz vor ihrem Amts-

amtsantritt alle künftigen Kontrahenten: »Ich gehe jede Wette ein, dass der Boden hinter ihr bedeckt ist mit den Leichen jener, die sie unterschätzt haben.«

Vielen Menschen erscheint Bushs Sicherheitsberaterin inzwischen, aus der Ferne betrachtet, wie eine unheimliche »Terminatrix« im Zentrum der amerikanischen Weltherrschaft: Die kriegerischste aller kalten Kriegerinnen, immer kontrolliert und perfekt aussehend, die sich kühl und kompromisslos für Präventivkriege einsetzt und mit Blick auf die Außenpolitik erklärt: »Der Präsident darf nicht vergessen, dass das Militär ein ganz besonderes Instrument darstellt. Es ist tödlich, und das soll es auch sein. Es ist keine zivile Polizeitruppe. Es ist kein politischer Schiedsrichter. Und es ist ganz sicher nicht dazu geschaffen, eine Zivilgesellschaft aufzubauen.« Weiche Themen wie Klimaschutz, Menschenrechte und internationaler Gerichtshof finden offenbar nur wenig ihr Interesse.

Immer wieder versuchen Analytiker ihre Haltung zu erklären: ihre harte Linie, ihr Streben nach absoluter Macht und Sicherheit, ihren Hang, Gewalt als sicherheitspolitisches Handlungsinstrument anzuwenden. Sie scheint von der Vision beherrscht zu sein, die Welt vom Terror zu befreien. Wird ihre Politik von Angst bestimmt?

»Angst ist der wichtigste Ratgeber – auch in der Politik«, so der Essayist Martin Urban. »Sie kommt aus dem Unterbewussten. (...) Angst entsteht im Kopf, unabhängig von der tatsächlichen Bedrohung. Je größer die Angst, desto höher rüstet sich der Mensch. Die eigene Waffe ist Symbol dafür, gegen alles gewappnet zu sein, (...) wappnen gleich rüsten, bewaffnen.«

Offenbar fühle sich Rice überall und jederzeit bedroht und vieles aus ihrer Haltung lasse sich aus ihrer Biografie erklären, meint der Psychoanalytiker Eckhart Neumann: »Sie wuchs im amerikanischen Süden auf, in einer Hochburg des fanatischen

Rassismus. Täglich war sie weißer Gewalt gegen Schwarze ausgesetzt. Demütigung und Lebensbedrohung waren ihr Lebensalltag. In Umkehrung dieser Ohnmachterfahrung wurde das Streben nach Kontrolle und Sicherheit ihr Leitmotiv.«

Beherrschen und Kontrollieren sei für gewalttraumatisierte Menschen ein notwendiger Abwehrmechanismus gegenüber dem eigenen Trauma, meint Neumann. »Mit dieser Erfahrung befindet sich Rice in guter Gesellschaft«, findet Neumann. »Viele einflussreiche Berater in der Bush-Administration haben als Naziverfolgte ähnliche Ohnmachterfahrungen erlebt und vertreten eine genauso kompromisslose Linie.«

Hat Rice die individuellen und kollektiven psychischen Verletzungen durch den Terror als Freibrief für eine Politik der schnellen Antworten, für Vergeltung und Präventivkrieg missverstanden?

»Es ist angesichts einer solchen Lebensgeschichte nicht verwunderlich, dass ihre Politik einer unbewussten Phantasie folgt, die der inneren Abwehr von traumatisierender Ohnmachterfahrung dient«, diagnostiziert Neumann. »Gewalt auszuüben statt sie zu erleiden, das ist die Devise geworden. Unabhängig zu sein, um erneute Ohnmacht- und Kleinheitserfahrungen abwenden zu können.

Laut Neumanns Analyse ist dies ein fataler Prozess: »Durch die Herstellung der eigenen Macht und Stärke werden andere ohnmächtig und schwach gehalten. Dies provoziert wieder eine Gegenbewegung, die letztlich dazu führt, dass das Gewaltpotenzial steigt. Dies aber führt zu einem größeren Gefühl der Bedrohung aufseiten des Machtausübenden, das durch erneute Gewalt abgewendet werden muss. Eine sich selbst verstärkende Spirale von Gewalt und Gegengewalt wird erzeugt.«

Nach Neumanns Auffassung hat auch der US-Präsident eine ähnliche Traumatisierung durch seine Alkoholabhängigkeit erlebt: »Er war nicht mehr Herr seiner selbst. Er muss Schwäche hassen gelernt haben. Und dies ist ein ungeheuer mächtiger Motor für späteres Handeln. Nach der Devise: Schwäche darf nie mehr auftreten.«

Condoleezza Rice hat ihre politische Karriere eng mit Bushs Herrschaft verknüpft. Nie war ein Sicherheitsberater dem Präsidenten näher. Sie passt zu ihm. Genau wie Bush, der als »Gotteskrieger« gegen das Böse kämpft, beschreibt sie sich als eine Frau des Glaubens. Das Weiße Haus sei ein »wunderbares Haus«, weil es dort eine Menge Leute gebe, die gläubig seien, beginnend mit dem Präsidenten.

Sie habe nie die Existenz Gottes infrage gestellt, sagte sie in einem Interview. Aber als sie 1981 an der Stanford-Universität in Kalifornien gearbeitet habe, sei sie lange Zeit nicht regelmäßig in die Kirche gegangen. Eines Tages habe sie ein Mann in einem Supermarkt angesprochen und gefragt, ob sie Klavier spielen könne. Seine Gemeinde suche dringend eine Pianistin. Da sie eine Ausbildung zur Konzertpianistin absolviert hatte, habe sie ausgeholfen. Das habe sie wieder zur Kirchgängerin gemacht. Schließlich habe sie eine Predigt über das Gleichnis vom verlorenen Sohn zur geistlichen Umkehr gebracht. Es ging dabei um den älteren selbstzufriedenen Sohn. In den Menschen, »die meinen, sie brauchten nicht wieder geboren werden«, habe sie sich selbst erkannt. Seither bete sie und lese in der Bibel. Nach dem 11. September habe sie ihren Glauben besonders schätzen gelernt. Sie habe sich ständig gefragt: »Hätte ich das Schreckliche voraussehen können? Hätte ich etwas tun können?« In dieser Krise sei der Glaube zu ihrem inneren Halt geworden.

Und sie sagt auch: »Ich bin der Meinung, dass der Glaube mir erlaubt, eine Art Optimismus über die Zukunft zu haben. Schauen Sie sich um und Sie sehen überall Schmerz und Dinge, die falsch laufen. Aber wenn ich meine eigene Geschichte oder viele andere betrachte, die ich gesehen habe (...), dann ist meine Antwort, es ist der Plan Gottes.«

»Ich bin mit mir im Reinen«, sagte Bush nach dem Irak-Krieg. »Wenn einer ein gutes Gewissen dabei hat, dann bin ich es.« Genau wie Bush scheint auch Rice in dieser Frage nicht mit sich zu hadern. Genau wie Bush will sie mit der gleichen Moral und militärischen Stärke den »American way of life« in die Welt tragen: »Wir glauben, dass das Recht auf unserer Seite ist.«

Offensichtlich gibt es keine Entscheidung, die sie bedauert, keine Albträume, die sie verfolgen, keine Zweifel an der amerikanischen »Heilsbotschaft«. In einer Denkschrift zur »Nationalen Sicherheit«, die von ihrem Büro verfasst wurde, heißt es: »dass es ein einziges nachhaltiges Modell für den nationalen Erfolg gibt, das für jede Person, in jeder Gesellschaft richtig und wahr« ist – das amerikanische Modell. Hat sie vergessen, dass es außer Amerika noch eine andere Welt gibt?

»Sie ist stets bestens organisiert und vorbereitet, hat Unmengen von Details im Kopf und reduziert sie auf einfache, klare Formeln«, so porträtiert Nicholas Lemann, Washington-Korrespondent der Zeitschrift *The New Yorker*, Bushs Vordenkerin. »Sie ist kultiviert, selbstsicher und charmant, ein bisschen steif und aufgeblasen. Ihr Lächeln breit und ungezwungen, ihr Auftreten angenehm. Keine Frage bringt sie aus der Ruhe. Alles wird fein säuberlich zu einem Päckchen aus Gewissheit und Überzeugung verschnürt.«

Schwächen sind keine erkennbar und über ihr Privatleben ist im sonst so geschwätzigen Washington kaum etwas bekannt. Sie ist absolut diskret. Familie und Liebesbeziehungen gibt es offenbar nicht. Das Klischee, mit dem Job verheiratet zu sein, scheint auf sie hundertprozentig zu passen. Sie verzehrt sich für ihren Job und George Bush. Sie war nie verheiratet, hat offenbar keinen festen Partner, keine Kinder, keine Geschwister, die

Eltern leben nicht mehr. Um sich zu entspannen, spielt sie auf ihrem Steinway-Flügel in ihrem Appartement, kaum eine Meile vom Weißen Haus entfernt. Außerdem gilt sie als Fitnessfanatikerin, steht frühmorgens auf, stemmt Gewichte und joggt. Sie hat eine perfekte Figur, wirkt anmutig und elegant, selbstbewusst und durchsetzungsfähig, furchtlos und patriotisch.

Justizminister John Ashcroft lobt: »Sie hat begriffen, dass Amerika eine sehr, sehr wichtige Führungsmacht ist. Unser Renommee basiert nicht nur auf Stärke, sondern auch auf moralischer Autorität, durch die Grundwerte Chancengleichheit und Pflichterfüllung.«

Will Rice Amerikas erste »Mrs President« werden?

Während sie schweigt, was ihre künftigen Ambitionen angeht, halten manche Beobachter sie schon heute für die heimliche Präsidentin, und in Washington wird bereits ernsthaft über die Möglichkeit spekuliert, dass sie nach der Bush-Ära im Jahr 2008 als Superstar der Konservativen für das Präsidentenamt aufgestellt wird.

Falls Rice kandidiert, könnte auch Hillary Clinton für die Demokraten antreten. Kommt es zum noch nie da gewesenen Duell dieser zwei berühmten Frauen, Schwarz gegen Weiß?

»Condi for President«: Wird Amerika 2008 so weit sein, eine schwarze Präsidentin zu akzeptieren?

Sie ist schon heute eine Ausnahmeerscheinung in der Politik. Eine Virtuosin der Macht, der viele zutrauen, dass sie sich einen Platz in dem von Männern beherrschten amerikanischen Olymp erobert.

Wird sie die erste Frau sein, die dieses Ziel erreicht?

Anhang

Nationale Sicherheitsberater der USA seit 1947

Rede von Condoleezza Rice am »International Institute for Strategic Studies« in London, 26. Juni 2003

»Der Raketenschirm ist heute dringlicher denn je«
Interview mit Condoleezza Rice in *Die Welt*
vom 9. November 2001

Nationale Sicherheitsberater der USA seit 1947

Sidney Souers	1947–1949
James L. Lay	1950–1953
Robert Cutler	1953–1955
Dillon Anderson	1955–1956
Robert Cutler	1957–1958
Gordon Gray	1958–1961
McGeorge Bundy	1961–1966
Walt W. Rostow	1966–1968
Henry A. Kissinger	1968–1975
Brent Scowcroft	1975–1977
Zbigniew Brzezinski	1977–1981
Richard V. Allen	1981–1982
William P. Clark	1982–1983
Robert C. McFarlane	1983–1985
John M. Poindexter	1985–1986
Frank C. Carlucci	1986–1987
Colin L. Powell	1987–1989
Brent Scowcroft	1989–1993
W. Anthony Lake	1993–1997
Samuel L. Berger	1997–2001
Condoleezza Rice	seit 2001

Rede von Condoleezza Rice am »International Institute for Strategic Studies« in London, 26. Juni 2003

Dies ist eine ausgezeichnete Gelegenheit, vor einer solch herausragenden Gruppe von Denkern zu sprechen – und es auf dem Boden eines der ältesten und treuesten Bündnispartner der Vereinigten Staaten tun zu können, ist eine besondere Ehre.

Ich fühle mich dem International Institute for Strategic Studies persönlich verbunden, weil ich – ebenso wie das Institut – meine Laufbahn mit dem Studium strategischer Waffen und geheimnisvoller Terminologie wie »Wurfgewicht« und »Mehrfachgefechtsköpfen« begonnen habe. Und wie Sie habe ich mich danach anderen Bereichen strategischer Studien zugewandt.

Das letzte Mal war ich in London, als Präsident Bush Premierminister Blair im Juli 2001 einen Besuch abstattete – diese zwei Jahre scheinen eine Ewigkeit zurückzuliegen.

Seit damals sehen sich die Vereinigten Staaten, Großbritannien und alle zivilisierten Nationen mit einzigartigen Chancen und beispiellosen Herausforderungen konfrontiert.

Ebenso wie Pearl Harbor hat der 11. September das Leben jedes Amerikaners und die strategischen Perspektiven der Vereinigten Staaten für immer verändert. Der 11. September führte zu der akuten Erkenntnis unserer Verwundbarkeit gegenüber Angriffen, die ohne Warnung kommen. In den schrecklichen Stunden und Tagen nach dem Angriff beschlossen wir, dass die einzig wahre Verteidigung gegen eine Bedrohung dieser Art darin besteht, sie im Keim zu ersticken und ihr an ihrem innersten und ideologischen Kern zu begegnen.

Eine große Koalition freiheitsliebender Nationen arbeitet jeden Tag auf vielfältige Weise daran, diese Bedrohung aufzuspüren und zu besiegen. In jüngster Zeit wurde uns erneut vor Augen geführt, dass der Sieg große Opfer erfordert, als britische und amerikanische Soldaten ihr Leben bei der Verteidigung der Freiheit ließen.

Mithilfe unserer Koalitionspartner haben wir zwei der grausamsten Regime aller Zeiten entmachtet. Das Al-Qaida-Netz wurde seines wichtigsten Zufluchtsorts beraubt. Die Hälfte seiner Führung wurde gefangen genommen oder getötet, und der Rest ist – für immer – auf der Flucht. Viele Nationen schließen sich zusammen und ergreifen härtere Maßnahmen zur Bekämpfung der Weiterverbreitung und sind entschlossen, auf die Herausforderungen zu reagieren, die Nordkorea und der Iran darstellen.

Diese Bestrebungen werden jedoch im Alleingang keinen Erfolg haben. Um den Krieg gegen den Terror zu gewinnen, müssen wir auch einen Krieg der Gedanken gewinnen, indem wir an die ehrbaren Hoffnungen der Menschen auf der ganzen Welt appellieren – und ihnen Grund zur Hoffnung auf ein besseres Leben und eine vielversprechendere Zukunft geben und Grund, die falschen und zerstörerischen Trostspender Bitterkeit, Leid und Hass zurückzuweisen. Terror wächst dort, wo es weder Fortschritt noch Entwicklung gibt. Er gedeiht in dem Vakuum, in dem neue Ideen, neue Hoffnungen und neue Wünsche verboten sind. Terror lebt, wenn die Freiheit stirbt.

Wahren Frieden wird es nur geben, wenn die Welt sicherer, besser und freier ist. Aus diesem Grund helfen wir den Afghanen und Irakern beim Aufbau repräsentativer Regierungen, die den ehrbaren Wünschen ihrer Bürger dienen.

Aus diesem Grund verpflichten wir uns zum Aufbau eines globalen, immer freier werdenden Handelssystems, um Wohlstand auf den gesamtamerikanischen Kontinent, Afrika und den Nahen Osten auszuweiten.

Aus diesem Grund hat Präsident Bush eine 50-prozentige Aufstockung der amerikanischen Entwicklungshilfe vorgeschlagen; neue Finanzmittel fließen dann an Länder, die gerecht regieren, in Gesundheit und Bildung ihrer Bürger investieren und wirtschaftliche Freiheit fördern.

Aus diesem Grund hat der Präsident 15 Milliarden Dollar zur Bekämpfung von AIDS zugesagt – und der Kongress hat diesen Betrag genehmigt –, einer Krankheit, die ganze Gesellschaften bedroht und eine Herausforderung für die gesamte Menschheit darstellt.

Und aus diesem Grund nutzt der Präsident den Einfluss der Vereinigten Staaten, um destruktive regionale Konflikte vom Nahen Osten über Kaschmir bis zum Kongo und darüber hinaus zu mildern – und wenn möglich zu beenden.

Vor zwei Jahren erklärte Präsident Bush vor einem europäischen Publikum: »Wir haben mehr als ein Bündnis gemeinsam. Wir haben eine gemeinsame Zivilisation. Ihre Werte sind allgemein gültig und durchdringen unsere Geschichte und Partnerschaft auf einzigartige Weise.«

Diese Zivilisation wird zunehmend von Ländern auf der ganzen Welt angenommen. Der Bankrott von Faschismus, Nationalsozialismus und imperialem Kommunismus ist einem auf politischer und wirtschaftlicher Freiheit gründenden Paradigma des Fortschritts gewichen.

Die Vereinigten Staaten, ihre NATO-Bündnispartner, ihre Nachbarn in der westlichen Hemisphäre, Japan und ihre anderen Freunde und Verbündeten in Asien und Afrika teilen alle eine umfassende Verpflichtung zu Demokratie, Rechtsstaatlichkeit, Marktwirtschaft und offenem Handel. Und seit dem 11. September sehen sich die Großmächte der Welt auf derselben Seite einer tiefen Kluft zwischen den Kräften des Chaos und der Ordnung.

Dieser historische Wandel spiegelt sich lebhaft in der Erfahrung Europas wider. Wir schließen rasch das Buch jahrhundertelanger europäischer Konflikte und öffnen ein neues, hoffnungsvolleres Kapitel, in dem Europa zum ersten Mal in seiner Geschichte ungeteilt und frei ist und in Frieden lebt. Nächstes Jahr werden zehn europäische Nationen der Europäischen Union beitreten; sieben werden in die NATO aufgenommen. Russland ist unser Partner. Schwelende Konflikte, wie die auf dem Balkan, werden beigelegt.

Dieses Zusammenwirken gemeinsamer Interessen und gemeinsamer Werte schafft eine historische Chance, das zerstörerische Muster der Rivalitäten zwischen Großmächten zu durchbrechen, das die Welt seit dem Aufstieg des Nationalstaats im 17. Jahrhundert belastet. Tatsächlich ist dies mehr als eine Chance. Es ist eine Pflicht.

Statt das historische Muster zu wiederholen, nach dem die Rivalitäten zwischen Großmächten lokale Konflikte verschärfen, kann die Zusammenarbeit zwischen Großmächten jetzt Konflikte lösen.

In den letzten Monaten haben einige bezweifelt, ob das möglich ist – oder überhaupt wünschenswert. Einige argumentieren, dass Europa und Amerika durch ihre unterschiedliche Sicht der Welt stärker getrennt als durch gemeinsame Werte geeint sind. Noch beunruhigender ist, einige haben bewundernd – beinahe nostalgisch – von »Multipolarität« gesprochen, als ob dies etwas Gutes, um seiner selbst willen Wünschenswertes wäre.

In Wirklichkeit war »Multipolarität« nie eine einigende Idee oder eine Vision. Sie war ein notwendiges Übel, das den Ausbruch von Kriegen verhinderte, aber den Triumph des Friedens nicht förderte. Multipolarität ist eine Theorie der Rivalität, der konkurrierenden Interessen und – im schlimmsten Fall – der konkurrierenden Werte.

Das haben wir schon versucht. Es führte zu dem Großen Krieg – dem Ersten Weltkrieg –, der zu dem Guten Krieg – dem Zweiten Weltkrieg – führte, der dem Kalten Krieg wich. Heute droht diese Theorie der Rivalität uns davon abzulenken, die vor uns liegenden großen Aufgaben zu erfüllen.

Warum würde irgendjemand, der die Werte der Freiheit teilt, versuchen, diese Werte zu kontrollieren? Demokratische Institutionen selbst sind ein Kontrollmechanismus für die Auswüchse der Macht. Warum sollten wir unsere Fähigkeiten für immer teilen, wenn sie vereint so viel effektiver sein können? Nur die Feinde der Freiheit würden diese Teilung begrüßen.

Macht im Dienste der Freiheit muss begrüßt werden, und Mächte, die eine Verpflichtung zur Freiheit teilen, können – und müssen – gemeinsame Sache gegen die Feinde der Freiheit machen. Dies ist keine Beschreibung einer unipolaren Welt. In der nationalen Sicherheitsstrategie des Präsidenten heißt es: »Die Vereinigten Staaten können ohne die stetige Zusammenarbeit mit ihren Verbündeten und Freunden wenig Bedeutsames in der Welt ausrichten.«

Heute ist es die kombinierte Stärke von Europa, den Vereinigten Staaten und anderen freiheitsliebenden Demokratien, die sich gegen die Tyrannen und die wenigen Zornigen richtet, die versuchen, vielen ihren Willen aufzuzwingen.

Über ein halbes Jahrhundert lang hat Europa hart daran gearbeitet, innereuropäische Konflikte Geschichte werden zu lassen – und die riesigen Ressourcen und Energien Europas einem produktiven, lebensbejahenden Zweck zuzuführen. Die Vision war, Europa von »Polen« zu befreien und die Europäer mit gemeinsamen Zielen und gemeinsamen Werten zu vereinen.

Die Vereinigten Staaten unterstützen das europäische Projekt vehement. Wir haben teuer für die Unterstützung der Umgestaltung und Integration Europas bezahlt – weil es in unserem Interesse lag und so eindeutig im Einklang mit unseren Werten stand. Durch diese Umgestaltung und mit dem Sieg über den Kommunismus haben Europa und die Vereinigten Staaten ihre Entschlossenheit unter Beweis gestellt, den Kurs zu halten, bis die Aufgabe erfüllt ist.

Denselben Geist brauchen wir auch heute. Wir brauchen diesen Geist, damit die gefährlichsten Waffen der Welt den gefährlichsten Regimes der Welt verwehrt werden. Wir brauchen ihn, um die NATO auf schwierige Missionen außerhalb Europas vorzubereiten – ein bereits gut angelaufenes Projekt. Wir brauchen diesen Geist zur Ermutigung der großen multilateralen Institutionen – insbesondere der Vereinten Nationen –, um die gemeinsamen Feinde der Zivilisation zu besiegen: Terror, Armut, Krankheit und Unterdrückung. Wir brauchen diesen Geist, um weltweit Völkern zu helfen – vielleicht keinen so sehr wie den Völkern im Nahen Osten –, die eine Zukunft mit mehr Freiheit, mehr Wohlstand, Demokratie und Rechtsstaatlichkeit anstreben.

Wir mussten schmerzhaft erfahren, dass unsere Werte und unsere Sicherheit nicht zu trennen sind. Die Völker in Afghanistan, im Irak und im ganzen Nahen Osten verdienen dieselbe Chance für ein besseres Leben, wie wir es alle haben.

Demokratie ist nicht einfach. Ihre Institutionen sind nicht die natürliche Verkörperung der menschlichen Natur, das Trachten nach Demokratie ist es aber mit Sicherheit. Unsere eigene Geschichte sollte uns daran erinnern, dass demokratisches Prinzip und demokratische Praxis zusammengenommen immer einen fortlaufenden Prozess darstellen. Als die Gründerväter sagten, »Wir, das Volk«, meinten sie mich damit nicht.

Meine Vorfahren waren keine vollwertigen Menschen. Aber die Vereinigten Staaten haben enorme Fortschritte hin zu einer multiethnischen Demokratie gemacht.

Unsere lange und andauernde Reise ist ein Grund zur Demut, nicht zur Hybris, die dazu verleitet zu behaupten, es gäbe solche, die für Demokratie nicht bereit seien und daher die Verheißung der Freiheit nicht verdienten.

In Europa fand Versöhnung zwischen formal feindlich gesinnten Völkern – Ungarn und Rumänen, Polen und Ukrainern, Franzosen und Deutschen – durch die Ausbreitung von Demokratie, Sicherheit und Freiheit statt. Wahrer Friede zwischen Israel und einem zukünftigen Palästina muss in auf wirtschaftlicher Freiheit basierendem Wohlstand verwurzelt sein sowie in einer auf Rechtsstaatlichkeit beruhenden Demokratie und der Achtung der Menschenrechte sowie der Niederlage des Terrors. Europa und die Vereinigten Staaten müssen sich dem Nahen Osten mit derselben Vision, Entschlossenheit und Geduld zuwenden, die nach 1945 dem Aufbau einer vereinten transatlantischen Gemeinschaft zuteil wurde.

Wenn wir und die Völker des Nahen Ostens heute nicht mutig genug sind, haben wir eine Zukunft vor uns, in der die Freiheitsdefizite weiterhin Hassideologien hervorbringen, die die Zivilisation, wie wir sie kennen, bedrohen. Wie andere mutige Kämpfe zuvor, ist dies eine Aufgabe für eine ganze Generation, eine Aufgabe, die weitergeht, lange nachdem die momentan machthabenden Regierungen schon Geschichte geworden sind.

Wir haben wichtige Aufgaben zu erledigen – Aufgaben, die niemand von uns allein erfüllen kann und die nicht gut erfüllt werden können, wenn wir gegensätzliche Interessen verfolgen.

Lassen wir daher das Trachten nach neuen »Polen« beiseite und wenden unsere Energien dafür auf, zu schaffen, was Präsident Bush als ein »Gleichgewicht der Macht zugunsten der Freiheit« bezeichnet hat – wo Freiheit gegen ihre Feinde verteidigt wird und diejenigen weltweit unterstützt werden, die in ihren Gesellschaften der Freiheit Raum verschaffen wollen.

Bundeskanzler Gerhard Schröder erklärte vor kurzem, »Wir alle sind uns doch sicher einig darüber, dass wir in der Weltpolitik nur einen Pol haben wollen, an dem wir uns orientieren: den Pol der Freiheit, des Friedens und der Gerechtigkeit.«

Ich, für meinen Teil, kann dem nur zustimmen.

Vielen Dank.

Originaltext: »Rice Says Pursuit of Mideast Peace Requires Determination«, unter: http://usinfo.state.gov; www.uni-kassel.de/fb10/frieden/regionen/USA/rice2.html, Übersetzung: Amerika Dienst)

»Der Raketenschirm ist heute dringlicher denn je«

Interview mit Condoleezza Rice in *Die Welt*
vom 9. November 2001

Die Welt: Hat der amerikanische Raketenabwehrschild nach den Terrorangriffen des 11. Septembers einen höheren Stellenwert bekommen?

Condoleezza Rice: Er hat jetzt noch höhere Priorität. Stellen Sie sich vor, wir wären mit staatlich unterstützten Terroristen konfrontiert, in einem Staat, der Massenvernichtungswaffen hat und die Mittel, sie mit Raketen abzuschießen – das wäre wirklich schrecklich. Wenn in Afghanistan eine Taliban-Regierung mit der Technologie für Raketengeschosse säße, wäre die Welt heute eine völlig andere.

Die Welt: Gegen Flugzeuge, die in Gebäude fliegen, oder gegen die Verbreitung von Milzbrand kann die Raketenabwehr nichts ausrichten.

Rice: Wir waren immer geneigt, Terroristen unabhängig von internationaler Politik zu betrachten. Viele von ihnen werden aber tatsächlich von Staaten finanziert, oder es wird ihnen Unterschlupf gewährt. Also gibt es auch dort ein Problem, wo die Technologie in die Hände von Staaten gerät, die den Terrorismus finanzieren. Deswegen ist der Präsident noch stärker davon überzeugt, dass er angesichts der Unsicherheit und der Beschaffenheit der neuen Bedrohungen, mit denen wir konfrontiert sind, die Verantwortung hat, die Technologien zu erforschen, die uns bei Bedrohungen durch Raketen helfen könnten.

Wir wissen bereits, dass die Weitergabe der Technologie für Raketengeschosse immer schneller läuft. Sie ist praktisch allgegenwärtig – dank solcher Länder wie Nordkorea, das sich zu einem Basar für Raketentechnologie gemacht hat. Sehr bald wird das zu den schlimmsten Umständen führen: Einige Terroristen haben nicht nur die Absicht, Amerika zu schlagen, sondern auch die Technologie – und sie sind bereit, sie einzusetzen. Etwas, das uns in der Tat Sorgen macht, ist, dass sich Al-Qaida nicht im herkömmlichen Sinn abschrecken lässt. Natürlich war es niemals so, dass man eine Bedrohung ignoriert, um sich mit einer anderen zu beschäftigen. Aber während wir uns mit den technologisch weniger entwickelten Bedrohungen beschäftigen, die Terroristen oder staatlich unterstützte Terroristen einsetzen könnten, ist es auch erforderlich, sich auf die potenzielle Bedrohung durch entwickeltere Technologien vorzubereiten.

Die Welt: Vermutlich hat Präsident Bush sich mit Wladimir Putin und dem chinesischen Präsidenten Jiang Zemin über diesen neuen Sinn der Dringlichkeit verständigt, als er sie das erste Mal in Shanghai traf. Hatten sie mehr Verständnis für dieses Thema als in der Vergangenheit?

Rice: Man hat sich tatsächlich darüber verständigt. Mit Präsident Putin hatten wir eine ziemlich ausführliche Besprechung. Die Russen sagen zwar weiterhin, dass der ABM-Vertrag ein Bestandteil einer stabilen Sicherheitslage ist, aber Präsident Putin hat seit dem ersten Treffen in Slowenien zunehmend anerkannt, dass es neue Bedrohungen gibt, mit denen man sich auseinander setzen muss. Er hat das in Shanghai wiederholt. Der Präsident hat dieses Thema gegenüber Jiang Zemin nur in dem Zusammenhang angesprochen, die Asien-Pazifik-Region stabiler machen zu wollen. Wir haben weitere Besprechungen mit ihnen darüber vor. Bisher hatten wir nicht die Gelegenheit, die Chinesen wirklich in dem Ausmaß zu beteiligen, wie wir es gerne hätten.

Die Welt: Putin würde also einer Änderung des ABM-Vertrags zustimmen?

Rice: Ich kann nicht für die Russen sprechen. Was ich sagen kann, ist, dass Bush und Putin große Fortschritte gemacht haben, ein besseres Verständnis zu entwickeln und anzuerkennen, dass wir bereits eine neue Beziehung haben, die nach Sicherheitsmaßnahmen verlangt, die eher den Bedrohungen des 21. Jahrhunderts entsprechen als den Bedrohungen von 1972. Wenn überhaupt hat der 11. September das wirklich verdeutlicht. Wir werden das als Basis nutzen, um einen Weg nach vorn zu finden. Es war Präsident Putin, der sagte, dass sie in wesentlichen Bereichen mit uns übereinstimmen.

Die Welt: Wenn Putin und Bush sich in Crawford treffen, ist es wahrscheinlicher, dass wir eine Einigung erleben über die drastische Reduzierung von Sprengköpfen als über den ABM-Vertrag?

Rice: Das weiß ich nicht. Wir haben immer gesagt, dass wir einen neuen Rahmen der strategischen Zusammenarbeit suchen. Dieser Rahmen hat zwei Elemente – erstens, dass er der Verteidigung dienen kann, was das alte System gegenseitig versicherter Zerstörung nicht konnte. Und zweitens, dass wir die strategischen Nuklearkräfte Amerikas reduzieren wollen auf ein Maß, das den Anforderungen der Abschreckung in der heutigen Welt entspricht. Unsere Untersuchung über die Haltung der USA zu Nuklearkraft nähert sich sehr bald dem Ende, und dann wird Präsident Bush in der Lage sein, Präsident Putin und dem Rest der Welt zu sagen, was er für die angemessenen Größen amerikanischer Nuklearkräfte in der Zukunft hält.

Die Welt: Und was eine Änderung oder einen Verstoß gegen den ABM-Vertrag betrifft, werden die Vereinigten Staaten einfach das tun, was sie für angemessen halten?

Rice: Seit dem Treffen mit Präsident Putin in Slowenien hat Präsident Bush gesagt, dass wir glauben, dass wir ein Testprogramm brauchen, das nicht durch den ABM-Vertrag eingeschränkt ist. Wir müssen wirklich so bald wie möglich das effektivste System aufbauen und in Betrieb nehmen. Und wir sind nicht dazu bereit, unser Raketenabwehrprogramm von einem Vertrag einschränken zu lassen, den wir als überholt betrachten. Wie ich bereits sagte, nach dem 11. September gibt der Präsident der Entwicklung einer Raketenabwehr eine noch höhere Priorität. Wir müssen so schnell wie wir können zu einem Punkt gelangen, an dem wir die technologischen Möglichkeiten untersuchen können.

Die Welt: Ein Resultat des 11. September scheint die Beilegung der strategischen Spaltung zu sein, die sich zwischen den Vereinigten Staaten und Europa entwickelte – bei Themen vom Raketenabwehrschild bis zum Vertrag von Kyoto. Wie beurteilen Sie das?

Rice: Der 11. September hat einen erneuerten Sinn für strategische Zwecke und gemeinsame Interessen zwischen den Vereinigten Staaten und Europa geschaffen. Er reicht weit über Europa hinaus; die Russen sind genauso Teil davon wie die Chinesen. Dennoch gilt das besonders für das NATO-Bündnis. Es war höchst bemerkenswert, dass die NATO – zum ersten Mal in ihrer Geschichte – erklärte, dass »ein Angriff gegen einen ein Angriff auf alle ist«. Wir hatten eine Reihe von schwierigen Grundsatzdebatten mit Europa, zum Beispiel über die Veränderungen des globalen Klimas. Was dabei häufig in den Hintergrund trat, waren die starken gemeinsamen Werte, die uns vereinen. Nach dem 11. September haben wir uns wieder auf diese Werte konzentriert.

Die Welt: Hat der 11. September auch die Haltung der Europäer zum ABM-Vertrag verändert?

Rice: Schon lange vor dem 11. September begannen die Europäer das Argument zu akzeptieren, dass die heutigen Gefahren anders sind als während des Kalten Krieges. Es gab zwar eine Menge Sorgen darüber, wie sich der Übergang vom alten zu einem neuen Sicherheitssystem gestalten könnte, aber es wurde mehr und mehr anerkannt, dass es an der Zeit ist, diesen Übergang zu beginnen. Wenn überhaupt, hat der 11. September diese Ansicht gestärkt.

Das Gespräch führte Nathan Gardels.

Literaturverzeichnis

Baker, James A.: Drei Jahre, die die Welt veränderten, Berlin 1996

Bush, George / Scowcroft, Brent: A World Transformed, New York 1998

Felix, Antonia: Condi. The Condoleezza Rice-Story, New York 2002

Genscher, Hans-Dietrich: Erinnerungen, Berlin 1995

Genscher, Hans-Dietrich / Wickert, Ulrich: Sternstunden der Deutschen, Stuttgart-Leipzig 2000

Gorbatschow, Michail: Erinnerungen, Berlin 1995

Gorbatschow, Michail: Wie es war: Die deutsche Wiedervereinigung, Berlin 1999

Kohl, Helmut: Ich wollte Deutschlands Einheit, München 2000

Moore Michael: Stupid White Men, München 2002

Morrison, Toni: Menschenkind, Reinbek 1989

Parmet, Herbert S.: George Bush: The Life of a Lone Star Yankee, 2000

Rice, Condoleezza: The Soviet Union and the Czechoslovak Army 1918–1938, Princeton 1984

Scott, Coretta: Mein Leben mit Martin Luther King, Stuttgart 1970

Teltschick, Horst: 329 Tage: Innenansicht der Einigung, München 1991

Wade, Mary Dodson: Condoleezza Rice, Brookfield 2003

Zelikow, Philip / Rice, Condoleezza: Sternstunde der Diplomatie, München 2001

Artikel und Internet-Seiten

Albright, Madeleine: *Munzinger Archiv*

»Alles ein großer Bluff«: *Der Spiegel ONLINE* 24/2003

Amerika lehnt Gipfeltreffen zur Irak-Krise ab: *Frankfurter Allgemeine Zeitung*, 9. März 2003

Annan warnt vor dem Gesetz des Dschungels: *Spiegel ONLINE*, 23. September 2003

Aufgespürt in einem Kellerloch: *FAZ.NET*, 14. Dezember 2003

Aufstand einer müden Amazone: *Spiegel ONLINE*, 6. September 2003

Außenpolitik con dolcezza: *Die Tageszeitung*, 8. März 2003
Baker, James: *www.2plus4.de*
Barber, Benjamin: Zweierlei Krieg, *Frankfurter Rundschau online*, 8. März 2003
Berg, Manfred: »... aber er war unser Schurke«: *Die Zeit*, 46/2003
Bierling, Stephan: Am Hebel der Macht: *Frankfurter Allgemeine Zeitung, 18. Juli 2003*
Billion, Jan: Die Mauer hielt zum Glück nicht 100 Jahre: www.stamp-core.com
Bittner, Jochen / Kleine-Brockhoff, Thomas: Das Prinzip Ofenrohr: *Die Zeit*, 45/2003
Bittner, Jochen / Drieschner, Frank: Im Zweifel für den Krieg: *Die Zeit*, 24/2003
Birmingham Sunday: *fortunecity*, 1. Mai 2003
Bölsche, Jochen: »Ekel erregend wie Arafats Unterhosen«: *Spiegel ONLINE*, 11. März 2003
Bölsche, Jochen: Der Krieg, der aus dem Think Tank kam: *Spiegel ONLINE*, 4. März 2003
Bombing of the Sixteenth Street Baptist Church: *Seattleschools*, 1. Mai 2000
Booker, T. Washington: *Munzinger Archiv*
Brill, Klaus: Im Profil: Condoleezza Rice: *Sueddeutsche.de*, 2. August 2000
Bush, Barbara: *Munzinger Archiv*
Bush berief sich auf zweifelhafte Beweise: *Spiegel ONLINE*, 22. Juni 2003
Bush, George W.: *Focus*, 2000
Bush, George W.: *magazinUSA*, 2000
Bush, George W.: Iraker brauchen Saddam nie mehr zu fürchten: *Spiegel ONLINE*, 14. Dezember 2003
Bush, George: *Munzinger Archiv*
Bush, Laura Welch: *Munzinger Archiv*
Bush, Laura Welch: *www.magazinusa.com*
Bush muss sich bewähren: *Sueddeutsche.de*, 13. Juni 2003
Bushs Nachkriegskonzept zerfällt: *Spiegel ONLINE*, 19. Mai 2003
Bushs Parteifreunde raten von Irak-Angriff ab: *Frankfurter Allgemeine Zeitung*, 16. August 2002

Bushs Täuschungen: *Frankfurter Rundschau*, 31. Mai 2003
Carter straft Bush ab: *Spiegel ONLINE*, 10. März 2003
Caspian Pipeline: *www.is.siemens.de*
Cekada, Heinz: Nathan Bedford Forrest: *www.wcc.at*
Cheneys Ex-Firma landet Öl-Aufträge: *Spiegel ONLINE*, 8. Mai 2003
CIA soll Bush-Rede abgesegnet haben: *Spiegel ONLINE*, 11. Juli 2003
Condoleezza Rice: Der Raketenschirm ist heute dringlicher denn je: *Die Welt*, 9. November 2001 (Interview: Nathan Gardels)
Condoleezza Rice: Der Sturz Saddams könnte heilsam sein: *Die Zeit*, 51, 2002 (Interview: Josef Joffe)
Condoleezza Rice: Stillhalten ist für uns nicht akzeptabel: *Frankfurter Allgemeine*, 14. Februar 2003 (Interview: Klaus-Dieter Frankenberger)
Condoleezza Rice: Der Iran hat eine aggressive Tagesordnung: *Handelsblatt*, 31. Mai 2003 (Interview: Michael Backfisch)
Condoleezza Rice Interview: *uspolitics.about.com*
Condoleezza Rice Rising Star: *BBC*, 28. Februar 2003
Condoleezza Rice schleudert Drohungen gegen Iran, Syrien und Nordkorea: *Spiegel ONLINE*, 15. Mai 2003
Condoleezza Rice übernimmt Verantwortung: *Spiegel ONLINE*, 23. Juli 2003
Condoleezza Rice: *Spiegel Online*, 16. Dezember 2002
Condoleezza Rice: *ZDF, Mona Lisa*, 2. Juni 2002
Condoleezza Rices Homepage: *www.hoover.stanford*
Das Ende des Despoten: *Der Spiegel*, 52/2003
Das Krisenkabinett von George W. Bush: *Sueddeutsche.de*, 18. September 2001
Das Öl und der »Krieg gegen den Terror«: *www.kpoe.at*
Das Regierungsteam von George W. Bush: *Cosmopolis*, Nr. 21, Dezember 2000
Das Russland von Boris Jelzin: *www.cosmopolis.ch*
Das Schreckens-Regime des Diktators: *Spiegel ONLINE*, 14. Dezember 2003
Das Zicklein des Predigers: *Bible Network News*, 28. Februar 2000
Der 11. September: *wtc-anschlag.de*
Der Busboykott von Montgomery (1955): *www.dadalos.org*
Der intelligente Falke im Pentagon: *Spiegel ONLINE*, 26. Februar 2003

Der Kopf des Kriegskabinetts: *Stern*, 19. März 2003
Der Krieg, der aus dem Think Tank kam: *Spiegel ONLINE*, 4. März 2003
Der Kriegsherr: *Stern*, 11. Februar 2003
Der Ku-Klux-Klan: *www.hpo.net; www.idgr.de; www.krref.krefeld.schulen.net; www.asg-passau.de; www:san-antonio.renegades.de; www.hpo.net; www.schueler.schulebuchs.ch*
Der Mann, der Saddam verriet: *Spiegel ONLINE*, 16. Dezember 2003
Der Präsident liebt Kriegsfilme und Komödien: *Stern*, 9. August 2003
Der Preis des schwarzen Goldes: *global reporter*, 6. Mai 2003
Der Überzeugungstäter: *Stern*, 15. April 2003
Der Ursprung der Krähe Jim: *www.toptags.com/aama/docs/jcrow.htm*
Der Zorn der Soldaten: *Sueddeutsche.de*, 28. November 2003
Die Archive des Bösen: *Der Spiegel*, 25/2003
Die Bürgerrechtsbewegung in den Vereinigten Staaten: *www.dadalos.org*
Die Herren der Welt: *Der Spiegel*, 18. Februar 2002
Die Macht des N-Wortes: *perlentaucher.de*, 21. Februar 2002
Die Männer um Bush: *Sueddeutsche.de*, 21. März 2003
Die Öl-Connection: *Spiegel ONLINE*, 11. März 2003
Die ordnende Gewalt: *Spiegel ONLINE*, 16. Juni 2003
Die USA verlieren den Krieg gegen den Terror: *Sueddeutsche.de*, 9. September 2003
Die vierte Frau: *Der Spiegel*, 38/2003
Die Wut: *Sueddeutsche.de*, 5. November 2003
Diefenbach, Annemarie: Martin Luther King: *frieden-gewaltfrei.de/king-2.htm*
Dittrich, Jürgen: Forever King: *Neue Züricher Zeitung*, 11. November 2002
Diva mit dunkler Stimme: *n-tv*, 27. Juni 2003
Dobbs, Michael: Albright's Family Tragedy: *Washington Post*, 4. Februar 1997
Dr. Condoleezza Rice discusses Iraq Reconstruction: *The White House*, 4. April 2003
Dr. Condoleezza Rice discusses Iraq to the Chicago Conncil on Foreign Relations: *The White House*, 8. Oktober 2003
Dr. Condoleezza Rice discusses Roadmap of Peace in the Middle East: Interview by John King, *CNN*, 3. Juni 2003
Dr. Condoleezza Rice: *The White House*, 28. Februar 2003

Drahtzieherin im Hintergrund: *Frizztext.de,* 27. Januar 2003
Eine »Presbyterianerin mit Hochschulabschluss« als außenpolitische Beraterin: *Frankfurter Allgemeine Zeitung*, 3. August 2000
Eine Frau fürs Grobe: *Die Woche*, 13. Dezember 1996
Eine Frau geht in die Offensive: *Hamburger Abendblatt*, Juni 2001
Eine Lawine des Zweifels rollt auf Bush zu: *Sueddeutsche.de*, 3. Oktober 2003
Einflussreich – Richard Cheney: *Frankfurter Rundschau*, 9. Mai 2003
Eisenhauer, Bertram: In Gottes eigenem Land, *Frankfurter Allgemeine Sonntagszeitung,* 22. Februar 2003
Emundts, Corinna: Kriegsgegner lehnen zu schnelle Versöhnung mit den USA ab: *Frankfurter Rundschau online*, 5. Mai 2003
Energiepolitische Interessen in Asien: *Bundeszentrale für politische Bildung*, 8/2002
Er hat jeden von uns in die Irre geführt: *Spiegel ONLINE*, 19. Juni 2003
Erdmann, Lisa: Der Barbar von Bagdad: *Spiegel ONLINE*, 14. Dezember 2003
Europa ist Europa: *Spiegel ONLINE*, 16. Juni 2003
Fielder, Maureen: *www.shadow-synod.net*
Flottau, Heiko: Der verlorene Frieden: *Sueddeutsche.de,* 13. November 2003
Frankenberger, Klaus-Dieter: Die Übersetzerin: *Frankfurter Allgemeine Sonntagszeitung*, 29. Dezember 2002
Fried, Nico: Rau warnt vor Gewöhnung an den Krieg: *Sueddeutsche.de*, 19. Mai 2003
Geheimbüro bauschte Irak-Berichte auf: *Sueddeutsche.de*, 29. Oktober 2003
Geheimprotokoll: Der Emissär des Präsidenten: *Der Spiegel,* 47/2003
Genscher, Hans-Dietrich: Der Euro war nicht der Preis für die Wiedervereinigung, *Die Welt*, 22. August 2000 (Interview: Daniel Friedrich Sturm)
George Bush in Beweisnot: *Sueddeutsche.de*, 3. Oktober 2003
Gorbatschow, Michail S.: *Munzinger Archiv*
Gottes ergebener Krieger: *Stern.de,* 23. März 2003
Greiner, Bernd: Im Morast des Krieges, *Frankfurter Rundschau online*, 22. November 302
Gruber, Peter: Präsident 0,0092%: *Focus*, 16. Dezember 2000

Gruber, Peter: Neue Töne, gleiche Linie: *Focus*, 43/2003
Gruber, Peter: USA – Schlaue Rassisten: *Focus*, 24. Oktober 1994
Gruner, Peter: Ein Nachruf auf Nina Simone: *raumzeit-online*, 27. Juni 2003
Günther, Markus: Der Tag, der nicht vergeht: *Bonner Generalanzeiger*, Jahresüberblick 2001
Günther, Markus: Die neue Art des Krieges: *Bonner Generalanzeiger*, Jahresüberblick 2001
Gruppenbild mit George W.: *Spiegel ONLINE*, 6. Mai 2003
Guru der Bush-Politik: *abc News*, 28. Februar 2003
Harter Schlag gegen Bushs Raketenschild: *Spiegel ONLINE*, 16. Juli 2003
Heftige Kritik an Condoleezza Rice: *Netzeitung.de*, 13. Oktober 2003
Heiser, Jürgen: Heimliche Präsidentin: *www.Junge Welt*, 28. Juni 2003
Henry Kissinger: *Stern*, 26. Mai 2003
Heuer, Steffan: Eine Frau fürs Grobe: *Die Woche*, 13. Dezember 1996
Hossli, Peter: Die Schule des Krieges: *Facts*, 6. März 2003
Hussein, Saddam: *Munzinger Archiv*
Hussein versteckte sich im Erdloch: *Spiegel ONLINE*, 14. Dezember 2003
Ich bin ein Nigger und schön: *www.Junge Welt.de*, 30. Dezember 2003
Im Morast des Krieges: *Frankfurter Rundschau online*, 22. November 2003
Interview of National Security Advisor by Al Jazeera, 14. März 2003
Irak-Krieg war von langer Hand geplant: *Spiegel ONLINE*, 10. April 2003
Irakische Atomwaffen noch in diesem Jahrzehnt: *Spiegel ONLINE*, 18. Juli 2003
It's Showtime: *Kinoweb.de*, 27. August 2003
Jäger, Thomas: Rumsfeld geht es um den Beweis der militärischen Stärke: *ZDF.de*, 6. Februar 2003 (Interview: Hubert Krech)
Jazzlegende Nina Simone gestorben: *mdr*, 28. Juni 2003
Jelloun, Tahar Ben: Spirale der Dekadenz: *Frankfurter Rundschau online*, 8. April 2003
Jelzin, Boris N.: *Munzinger Archiv*
Joffe, Josef: Krieg gegen das eigene Volk: *Die Zeit*, 46/2003
Kalendarium des Vereinigungsjahres 1990: *www.helmut-kohl.de*

Karsh, Efraim: Mehr Hitler als Stalin: *Der Spiegel*, 46/1997
Kastein, Julia: Wir dürfen den Traum nicht sterben lassen: *NDR Info*, 21. Januar 2003
Keller, Anett: Rassistische Mörder und Angeber: *Die Tageszeitung*, 24. Mai 2002
King, Martin Luther: *www.derriere.de; www.meinebibliothek.de; www.dadalos.org*
Kirchenbombardierung: *BBC News*, 14. Mai 2002
Klein, Sascha: Die mächtigste Frau der Welt: *tagesschau.de*, 10. April 2003
Kleine-Brockhoff, Thomas: Der verwundete Krieger: *Die Zeit*, 16. September 2003
Kleine-Brockhoff, Thomas: Der Wiedergeborene: *Die Zeit*, 12/2003
Kleine-Brockhoff: Alles prima: *Die Zeit*, 16. Oktober 2003
Koch, Gundula: Die mächtigste Frau der USA: *ZDF*, 2. Juni 2002
Koydl, Wolfgang: Amerikas Visionen: *Sueddeutsche.de*, 2. Mai 2003
Koydl, Wolfgang: Die sanfte Hand am Colt des Sheriffs: *Sueddeutsche.de*, 1. Oktober 2002
Koydl, Wolfgang: Platziert im vordersten Hintergrund: *Sueddeutsche.de*, 11. Januar 2003
Koydl, Wolfgang: Was wusste der Präsident: *Sueddeutsche.de*, 12. Juni 2003
Kolko, Gabriel: Das zweite Vietnam: *taz.de*, 18. November 2003
Kollektive Traumatisierung durch den Terror: *Bundeszentrale für politische Bildung*, 5. Mai 2003
Kornelius, Stefan: Macht und Manipulation, *Sueddeutsche.de*, 17. Juli 2003
Kornelius, Stefan: Ein Junior mit Vergangenheit: *Sueddeutsche.de*, 16. Oktober 1998
Kornelius, Stefan: USA – Macht sich ein Präsidentensohn auf den Weg ins Weiße Haus?: *Sueddeutsche.de*, 16. Oktober 2000
Kornelius, Stefan: Macht und Manipulation: *Sueddeutsche.de*, 11. Juli 2003
Kornelius, Stefan: Washingtons Weltreich: *Sueddeutsche.de*, 7. Juni 2003
Kornelius, Stefan: Die Weltsicht des Herrn Wolfowitz: *Sueddeutsche.de*, 31. Mai 2003
Kornelius, Stefan: Der gewollte Krieg: *Sueddeutsche.de*, 19. März 2003

Kornelius, Stefan: Der Prozess vor dem Prozess: *Sueddeutsche.de*, 16. Dezember 2003
Krähe Jim: *www.pbs.org/wnet/jimcrow*
Krech, Hubert: Krieg gegen den Terror: *Spiegel ONLINE*, 18. September 2003
Kritik an knalliger Inszenierung: *Spiegel ONLINE*, 7. Mai 2003
Kritik aus Washington: *Morgenpost*, 6. Mai 2003
Kröncke, Gerd: Saddam zu Diensten: *Sueddeutsche.de*, 19. Dezember 2003
Kurden sollen Saddam gefangen haben: *Spiegel Online*, 22. Dezember 2003
La fin d'un Tyrann: *Sud Ouest*, 15. Dezember 2003
Le dernier combat de Jacques Vergès: *Sud Ouest*, 19. Dezember 2003
Leicht, Robert: Jetzt könnte man ihn brauchen – der Internationale Gerichtshof: *Die Zeit*, 51/2003
Lerch, Wolfgang Günter: Der Tyrann oder ein Leben mit Gewalt: *FAZ.NET*, 15. Dezember 2003
Lévy, Bernhard-Henry: Seht euch das Tier an: *Frankfurter Allgemeine Zeitung*, 21. Dezember 2003
»Lügen, Lügen, Lügen«: *Spiegel Online*, 30. Mai 2003
Lukrativer Vertrag für US-Ölfirma in der Kritik: *Frankfurter Rundschau*, 7. Mai 2003
Männerdämmerung: *Frankfurter Allgemeine Zeitung*, 1. Juli 2003
Mailer, Norman: Unsere Religion heißt Amerika: *Der Spiegel*, 21/2003 (Interview: Gerhard Spörl)
Malek, Miroslaw: Silicon Valley – das Geheimnis des Erfolges: *berlinews.de/wista/archiv/95.shtml*
Marek, Michael / Schmitz, Matthias: Diplomatie, good will und etwas Glück: *Das Parlament*, 6. April 2001
Mindestens dreizehn Tote bei Anschlagsserie in Bagdad: *Sueddeutsche.de*, 27. Oktober 2003
Mit Weitblick in einer veränderten Welt: *Frankfurter Allgemeine Zeitung*, 12. Juni 1999
Moore, Michael: Nicht ganz Amerika ist verrückt: *Die Zeit*, 46/2003
Moore, Michael: Stupid White Men, München 2002
Morgens Moschee, abends Westfernsehen: *Die Welt*, 5. November 2003

Multinationale Konzerne und Menschenrechte in Nigeria: *www.humanrights.de*

Müller, Friedemann: Energiepolitische Interessen in Zentralasien: *Bundeszentrale für politische Bildung*, August 2002

Münch, Peter: Irak den Irakern: *Sueddeutsche.de*, 1. Dezember 2003

Münch, Peter: Saddams Ende: *Sueddeutsche.de*, 14. Dezember 2003

Naß, Matthias: Der große Bluff der Falken: *Die Zeit*, 24/2003

National Security Advisor speaks at Texas A&M University, 8. April 2002

Lemann, Nicholas: Das Hirn des Präsidenten: *Stern*, 2. Juni 2003

Naumann, Michael: Bush allein zu Haus: *Die Zeit*, 1/2003

Neumann, Eckhart: Ausdifferenzierung der Großen-Mutter-Archetypen. Vortrag am Institut für Psychoanalyse im Rheinland, Bonn, am 13. November 2003

New Counter-Terrorism and Cyberspace Positions announced: *White House*, 9. Oktober 2001

Nunnelley, William: T. Eugene »Bull« Connor: *University of Alabama Press*, 1991

Nye, Joseph: Der ungeschickte Hegemon: *Die Zeit*, 17/2003

Lee, Te-Won: Hippies und Nobelpreisträger: *tu-berlin.de/presse/tui/96jan/berkeley.htm*

Lehming, Malte: Die Heimatfront wackelt: *Der Tagesspiegel online*, 17. August 2002

Leyendecker, Hans: Bush in Beweisnot: *Sueddeutsche.de,* 3. Mai 2003

Leyendecker, Hans: Blinder Falke: *Sueddeutsche.de*, 9. Juli 2003

Leyendecker, Hans: Gesucht der Kriegsgrund: *Sueddeutsche.de,* 10. April 2003

Lohmann, Sarah Means: Fieberhafte Beratungen im »War Room« des Weißen Hauses: *Welt am Sonntag*, 6. April 2003

Ostermann, Dietmar: Mission nicht erfüllt: *Frankfurter Rundschau online*, 21. Juni 2003

Ostermann, Dietmar: Bushs Botschaft: *Frankfurter Rundschau online* 3. Mai 2003

Ostermann, Dietmar: Ein Muster, das wie ein Turbo wirkt: *Frankfurter Rundschau online*, 8.März 2003.

Paasch, Rolf: Unsicheres Imperium: *Frankfurter Rundschau online*, 22. April 2003

Peitschenhiebe für die Kriegsgegner: *Spiegel ONLINE*, 7. Mai 2003
Pentagon rechtfertigt Fernsehbilder: *FAZ.NET*, 15. Dezember 2003
Peter Ustinov vergleicht Bush mit Nero: *Spiegel ONLINE*, 26. Oktober 2003
Plan einer neuen Ära: *n-tv*, 8. April 2003
Pitzke, Marc: Bushs Vietnam: *Spiegel ONLINE*, 28. Oktober 2003
Pitzke, Marc: Triebfeder des Krieges: *Die Woche*, 18. Oktober 2001
Pitzke, Marc: Die Fahnenflucht der US-Medien: *Spiegel Online*, 13. November 2003
Poprawa, Peter: Es geht ums Ganze, nicht ums Öl: *www.n-tv.de/3106338.html*
Powell hat genug: *Spiegel ONLINE*, 4. August 2003
Presbyterianer: *www.ekvw.de; www.versoehnungskirche.de*
Profiles of the victims: *People Magazine*, 1. Mai 2003
Prügel für Kriegsgegner: *Sueddeutsche.de*, 7. Mai 2003
Randall, Kate: Ehemaliger Klansman überführt: *www.wsws.org*
Raketen auf Bushs Kriegsplaner: *Spiegel ONLINE*, 26. Oktober 2003
Rassentrennung in den USA: *www.members.aon.at; www.brgzell.salzburg.at*
Reagan, Ronald: *Munzinger Archiv*
Rechtfertigung des Irak-Krieges war Betrug: *Sueddeutsche.de*, 19. September 2003
Remarks by National Security Advisor at the 104 National Convention of the Veterans of Foreign Wars, 25. August 2003
Remarks by National Security Advisor: Arab Television Studio, 14. März 2003
Rice can't lose: *Time*, 20. September1999
Rice Shapes Bush's View of the World: *Cox Newspaper online*, 15. November 2001
Rice vergleicht Hussein und Hitler: *Manoeverkritik*, 6. Mai 2003
Rice verweist auf Blutzoll: *n-tv*, 5. April 2003
Rice wirft Berlin und Paris Geiselnahme vor: *Rheinische Post*, 3. August 2002
Rice, Condoleezza: Interview mit der BBC in London: Auszüge in: Bushs Parteifreunde raten von Irak-Angriff ab: *FAZ.NET*, 13. Mai 2003
Rice, Condoleezza: *Munzinger Archiv*

Rice, John W.: *Palo Alto Weekly*, 6. Mai 1998
Rising Star: *BBC*, 18. Dezember 2000
Roloff, Heiko: Wer hat die Macht im Weißen Haus: *Die Welt*, 9. September 2001
Ronald Reagan: *prisma*, 20. August 2003
Roy, Arundhati: Wie man einen Krieg verkauft: *Frankfurter Allgemeine Zeitung*, 2. Oktober 2002
Rüb, Matthias: In roter Morgendämmerung: *FAZ.NET*, 14. Dezember 2003
Rumsfeld, der Gehörnte: *Spiegel ONLINE*, 8. Oktober 2003
Rupp, Rainer: Bush umgibt sich mit Schwarzen: *Junge Welt*, 19. Dezember 2000
Rupp, Rainer: USA halfen Saddam bei Chemiewaffeneinsatz: *Neues Deutschland*, 19. August 2002
Schaaf, Stefan: Verspätete Gerechtigkeit: *Die Tageszeitung*, 3. Mai 2001
Schlag ins Gesicht der USA: *Der Spiegel*, Nr. 52, Seite 140
Schlötzer, Christian: Ein Bypass für den Westen: *Sueddeutsche.de*, 18. Juli 2002
Schmitt, Uwe: Zorn auf die Zauderer: *Welt.de*, 10. April 2003
Schönauer, Tim: Palmen, Parties und Pauken: *tu-berlin.de/presse/tui/96jan/stanfort.htm*
Schwabe, Alexander: Die unsichtbaren Toten: *Spiegel ONLINE*, 28. November 2003
Schwabe, Alexander: 250 Tage Jagd auf Saddam: *Spiegel ONLINE*, 14. Dezember 2003
Schwarze in Amerika: *www.hcji.org*
Schwelien, Michael: Die Kennedys der Republikaner: *Die Zeit*, 12. November 1998
Scowcroft, Brent: *Munzinger Archiv*
Scowcroft, Brent: Die falsche Front: *Weltwoche*, 19/03
Shockley, William B.: *Munzinger Archiv*
Sicherheitsberaterin Rice: *Tagesschau*, 10. April 2003
Sicherheitsberaterin von Bush und das Gleichnis vom verlorenen Sohn: *Jesus*, 3. August 2003
Silicon Valley – das Geheimnis des Erfolges: *www.berlinews.de*
Simons, Stefan: Superstar der Konservativen: *Der Spiegel*, 18. Dezember 2000

Sixteenth Street Baptist Church Bombing: *www.spartacus schoolnet.co.uk; www.afroamhistory.about.com*
Sklaverei in Amerika: *www.thg.hn.bw.schule.de*
Sklaverei, Rassismus und Dr. Martin Luther King in den USA: *www.american-products.de*
Sklaverei: *www.in-beckum.de*
Smoltczyk Alexander: Tyrannosaurus Lex: *Spiegel ONLINE*, 18. Dezember 2003
Solidarität mit den rebellischen Frauen im Niger-Delta: *www.linkeseite.de*
Spector, Nancy: »Theater der Grausamkeit«: *www.mip.at/de*
Stanford – das Herz des Silicon Valley: *www.br.-online.de*
Stanford Provost Condoleezza Rice Appointed Hoover Senior Fellow: *Hoover Institution Newsletter*, 1999
Stanford University: *Amerika-Live*, 1. September 2003
Stanford University: *Campus Report*, 1. April 1092
Star in Waiting: *National Review*, 30. August 1999
Steinberger, Petra: Die Niederlage träumen: *Sueddeutsche.de*, 5. Juli 2003
Steinberger, Petra: Regeln für den Sieger: *Sueddeutsche.de*, 3. Mai 2003
Steinberger, Petra: Unsere schwarze Vergangenheit: *Süddeutsche Zeitung*, 18. Dezember 2003
Streck, Michael: Die Sirene des Präsidenten: *Die Tageszeitung*, 8. März 2003
Tanner, Robert: USA blieben Beweise schuldig: *Frankfurter Rundschau*, 10. April 2003
Tariq Ali: Die Wut: *Sueddeutsche de*, 5. November 3003
»The coalition« an Op-Ed from Condoleezza Rice: *Wall Street Journal*, 26. März 2003
The day the children died: *People Magazine*, 1. Mai 2003
Thumann, Michael: Vorbild Stalin: *Die Zeit*, 52/2003
Tochter will die besten Anwälte für Saddam: *Spiegel ONLINE*, 16. Dezember 2003
Trauer um Nina Simone: *Spiegel ONLINE*, 28. Juni 2003
Türken kritisieren US-Statthalter: *Spiegel Online*, 28. Dezember 2003
Ulrich, Stefan: Der Sündenfall: *Sueddeutsche.de*, 16. April 2003
Urban, Martin: Sicher ist sicher: *Sueddeutsche.de*, 10. September 2003
USA drohen mit atomarem Gegenschlag: *Spiegel ONLINE*, 10. April 2003

USA erwägen Anklage wegen versuchten Mordes an Vater Bush: *Spiegel ONLINE*, 16. Dezember 2003
USA geben Russland im Pipeline-Poker am Kaspischen Meer freie Hand: *Handelsblatt*, 4. Dezember 2001
USA hatten keine neuen Beweise für Waffenprogramm: *Spiegel ONLINE*, 9. Juli 2003
USA mit der Brechstange: *Focus*, 9. Dezember 1996
USA sollen Sicherheitsrat ausspioniert haben: *Spiegel ONLINE*, 2. März 2003
USA-Totengräber der Friedensdiplomatie: *Merkur*, 10. März 2002
US-Division rechnet mit Nachkriegspolitik ab, *Spiegel ONLINE*, 28. November 2003
Verbrechen des Jahrtausends: *Spiegel ONLINE*, 16. Februar 1998
Verrier, Michel: Saddam Hussein mis hors jeu: *Sud Ouest*, 15. Dezember 2003
Vom kalten Krieg zum grauen Krieg: *Bundeszentrale für politische Bildung*, 2. Mai 2003
Vom Wunderkind zur Sicherheitsberaterin: *Netzeitung*, 17. Dezember 2000
Von Ilsemann, Siegesmund: Der Emissär des Präsidenten: *Spiegel ONLINE*, 17. November 2003
Wallace, George C: *Munzinger Archiv*
Was ist das Nationalinteresse: *Stiftung Wissenschaft und Politik*, August 2000
Weg ins Desaster: *Die Zeit*, 11/2003
Weidenfeld, Lord: Höhere Ämter für Condoleezza Rice und Hillary Clinton: *Welt am Sonntag*, 6. Juli 2003
Weiland, Severin: Lügen, Lügen, Lügen: *Spiegel ONLINE*, 30. Mai 2003
Weingarten, Susanne: Die Schwarze für Weiße: *Der Spiegel*, 16. August 1993
Wer verurteilt Saddam: *Sueddeutsche.de*, 18. Dezember 2003
Werden Sie Präsidentin, Frau Clinton: *Sueddeutsche.de*, 12. Juni 2003
West Point: *magazinusa*, 7. März 2003
Weyhofen, Hans-Theo: Afrika und der Sklavenhandel: *www.wirtschaft.bos-muenchen.de*
Who is Condoleezza Rice: *mtv*, 28. Februar 2003

Why we know Iraq is lying: A Column by Condoleezza Rice, *New York Times*, 31. Januar 2003
Widmann, Carlos: Sklavenhandel am Gazellenfluss: *Spiegel ONLINE*, 27. Juli 2000
Widmann, Carlos: Der Traum von Black Power: *Der Spiegel*, 21. Dezember 2003
Widmann, Carlos: Herrin mit forscher Zunge: *Spiegel ONLINE*, 9. Dezember 1996
Wie schwarz ist Amerika: *www3.mdr.de*
Wie sich Spenden an Bush für US-Firmen auszahlten: *Spiegel ONLINE*, 31. Februar 2003
Wieland, Leo: Vor Madeleine Albrights Weltreise eine Reise in die Vergangenheit: *Frankfurter Allgemeine Zeitung*, 10. Februar 1997
Wieland, Leo: Das Ebenbild seines Vaters, nur etwas quadratischer und populistischer: *Frankfurter Allgemeine Zeitung*, 9. März 1999
Wieland, Leo: Erst einmal in der amerikanischen Geschichte wurden Vater und Sohn Präsident: *Frankfurter Allgemeine Zeitung*, 2. August 2000
Widmann, Carlos: Die Schlacht im Sonnenstaat: *Spiegel ONLINE*, 30. Oktober 2000
Wir müssen handeln: *Spiegel ONLINE*, 31. Mai 2003
Wirbel um Bush-Interview: *Spiegel ONLINE*, 17. November 2003
Wo soll Saddam der Prozess gemacht werden: *FAZ.NET*, 15. Dezember 2003
Wurde Saddam von einem Verwandten verraten: *Stern.de*, 21. Dezember 2003
Zwei-plus-vier-Verhandlungen, Chronologie: *www.fdj.de; www.2plus4.de*
Zwischen Gewalt und Größenwahn: *FAZ.NET*, 14. Dezember 2003

Personenregister

Bildnachweis

Alle Abbildungen aus den Archiven der Buchverlage Langen Müller Herbig, außer S. 97 (Stanford News Service/Ed Souza), S. 103 (Stanford News Service/L.A. Cicero); S. 55, 73, 77, 159 (Penrose Library, Special Collections and Archives Department, University of Denver); S. 39 (ullstein bild/Interfoto Rauch), 107 (ullstein bild/Camera Press Ltd.), 129 (ullstein bild/ADN-Bildarchiv); S. 85, 111, 147, 167, 180, 183, 191 (Reuters/E-Lance Media).